380
360
440
480
560
460
500
540
480
660
620
680
540
600
720
780
540
-9999
380
500
460
480
700
580
340
520
420
280
-9999
300
260
220

荒野求生

杨濡池 编著

中国华侨出版社
北京

图书在版编目 (CIP) 数据

荒野求生 / 杨濡池编著 . —北京：中国华侨出版社，2014.12（2021.2 重印）

ISBN 978-7-5113-5089-3

Ⅰ . ①荒… Ⅱ . ①杨… Ⅲ . ①野外－生存－基本知识 Ⅳ . ① G895

中国版本图书馆 CIP 数据核字（2015）第 001631 号

荒野求生

编　　著：杨濡池
责任编辑：白　豫
封面设计：冬　凡
文字编辑：贾　娟
美术编辑：李丹丹
插图绘制：战　阳
经　　销：新华书店
开　　本：720mm × 1000mm　1/16　印张：15　字数：313 千字
印　　刷：三河市华成印务有限公司
版　　次：2015 年 3 月第 1 版　2021 年 2 月第 2 次印刷
书　　号：ISBN 978-7-5113-5089-3
定　　价：45.00 元

中国华侨出版社　北京市朝阳区西坝河东里 77 号楼底商 5 号　邮编：100028
法律顾问：陈鹰律师事务所
发 行 部：（010）88893001　　传　　真：（010）62707370

前言

很多意外看起来离我们很远，事实上每一个人都处于一定的安全风险中。在现实生活中，意外随时都会发生，各种各样的意外都在威胁我们的安全。如果你乘坐的飞机、船只坏在半路，将你留在一处深山密林或者海上，你该如何凭借仅有的物资来保障自己的生存呢？如果你是一个人外出旅游却迷失在山林中，你该怎样找到走出山林的路？假如你认为上述情况发生的概率太小，都不可能发生在你的身上，而轻视对一些求生知识的了解，那就是你对自己的生命的不负责任，要知道，你的生命不仅属于你自己，更属于每一个爱你的人。

无论你是旅游迷路还是不幸遭遇事故身陷荒野，求生都是第一位的。面对突发情况，我们不能以侥幸心理来应对，而是需要掌握必要的野外求生知识。懂得自救急救的方法，学一些野外生存技能，了解野外避险常识，让我们在各种各样的情况下都能保护自我，处变不惊。最终走出荒野，成功获救。

如果你正准备收拾行囊外出旅游，那么，你的背包里一定少不了这本书！本书是露营者、徒步旅行者、探险者、极限运动者、向导以及其他需要熟悉野外活动的人士的必备手册，也是日常生活中每个人都能用得上的生存知识手册。

编者搜罗了各种险境中的生存技能、面对各种问题的对策，旨在解决读者所有的户外生存难题。本书系统介绍了野外生存方面的知识和技能，包括必备装备、辨向定位、行进技巧、搭建庇身所、饮水的采集和净化、食物的获取、如何在不同环境中行进、制造工具、野外急救、发求救信号等方面的内容，并对山地、丛林、沙漠、寒冷地区、海洋等不同境地的求生方法进行了详细的阐述，让读者从容应对，成功脱险。本书图文并茂，近500幅精致的手绘图及详细生动的讲解，教会你户外生存的技能，让你一看就懂，一学就会，让你的安全有保障。

在荒野中如何生火？怎样找到水源并进行净化？如何获得食物？怎样搭建庇身所？白天和晚上的方向该如何辨别？遇到野生动物怎么办？不小心受伤该如何处理？如何判断植物是有毒的还是无毒可食用的？如何发求救信号？这些问题都能从书中找到答案。书中所介绍的生存技巧都是经过实际检验的，已经被无数次证明是非常有效的，在人迹罕至的偏远地区可能会决定人的生死存亡。阅读本书，你就可以在任何地点、任何气候、任何条件下生存下去！

目录

1 第一章 身处荒野

2 第二章 必备装备

3 第三章 辨向定位

4 第四章 行进技巧

5 第五章 建立庇身所

6 第六章 获得水源

7 第七章
获得食物

8 第八章
遭遇险情

9 第九章
急救与救援

10 第十章
山地求生

1

第一章
身处荒野

假设你被困在文明社会之外的荒野之中，请先保持冷静。无论你是因迷路还是其他事故而身陷荒野，都一定是突然的。尽管如此，你还是要收起恐惧和惊愕，想想到底该做些什么。记住，只有先保证自己能够生存下去，才能想办法离开荒野。

荒野生存的基本要素

荒野求生的最终目标是保证自己能够生存下去并找到重回文明世界的路。那么，要保证这一目标的达成，请你牢记几个荒野生存的基本要素，并将这些基本要素按照其重要程度排序，了解哪些是最重要的，哪些是可以稍后再考虑的。只有这样，你才能保证自己的生存。如果颠倒了先后次序，后果可能会不堪设想。而本书也会按照这些基本要素的重要次序来讲述。

安全和救援

在荒野中求生，最重要的一点就在于保住自己的生命，不做那些可能会对自己造成伤害的事，这是求生的基本条件，如果不考虑这一点，即使你有再多的求生知识也无法派上用场。如果你是遭遇飞机或者其他事故身陷荒野，在落地之后，首先要远离可能会给你带来伤害的危险物，如即将爆炸的飞机。当你开车被困时，最好不要离开车子，尤其是在极其炎热的气候下，因为对于搜救人员来说，一辆车无疑要比你本人更容易搜索一些，同时车子本身也能为你提供较好的保护。不要在极冷的温度下穿着潮湿的衣服，或在高温环境中毫无遮蔽地暴露在阳光下，这些都可能会夺走你的生命。事故发生后，首先要保证自身的安全，接着就是寻求援助。你可以试着把石头或手上的任何材料拿到栖身处附近，排列成大大的“SOS”字样，这能够帮助救援人员发现你的踪迹，不要让自己置身于没人能发现的地方。如果你的处境安全，就应该待在原地，不要乱动，冷静地等待救援，毕竟被救援者救助总比自己开展野外生存容易得多。如果等待多时而救援人员还没有出现，那你就需要展开自救了。即使是你想要靠自己的努力去寻找出路，也别忘了在行进过程中用石头或任何能够找到的东西留下信号，这既能防止你失去方向而在原地打转，又能给搜救人员留下寻找你的线索。

水

一旦决定了需要展开自救，你就要明白生存自救的要素都有什么。

想要生存下去，你就需要充足的水。水是最最重要的东西，一个成年人每天要消耗 2~3 升的水，人体正常的生理活动，如出汗、排尿、排便等都会消耗身体的水分，如果遇到暴露于酷暑或严寒、剧烈运动、高纬度、灼伤、疾病等特殊情况，身体消耗的水分会更多，一旦体内水分流失过多无法及时补充，就会造成脱水。脱水会让你的工作效率降低，甚至会造成休克。如果连续几天都未饮用任何形式的水，这可能会要了你的命。如果你有足够的水资源，不要等到口渴的时候才去喝，要定时补充水分以防止脱水。如果身体已经脱水，就要饮用任何能找到的可饮用的液体，如水、果汁、软饮料等来补充身体失去的水分。如果体力消耗很大，或者情况比较严重，可以适当增加水的摄入量。要喝足够的水，保证 24 小时至少排尿 0.57 升。在任何情况下都不要喝海水和尿液，尽管它们可以暂时止渴，实际上会造成更多的水分流失，导致脱水，喝多了还会导致死亡。

食物

在保证饮水之后，你还需要充足的食物。尽管人的身体中储存了许多的肌肉和脂肪，在没有食物的情况下依然可以存活几天，但是如果长期没有足够的食物来补充体力，会使人变得虚弱无力，而没有办法来完成求生活动。更重要的是，长期的饥饿状态会影响你的精神，让你变得暴躁、沮丧，甚至失去求生的信心，这无疑是非常可怕的。

自然界中可以食用的东西有很多，比如昆虫和植物。有时候，你找到的食物也许难以下咽，但要知道，它们能够帮助你获得能量，以便从荒野中逃脱，因此不管你有多么讨厌它，都一定要吃下去。如果你非要耗费许多力气找到自己想吃的食物，那么需要考虑的是，你寻找食物所耗费的力气是否能通过这些食物补充回来，如果你寻找食物的消耗超过所找来的食物能够补充的能量，这无疑是不划算的。另外需要注意的是，如果你没有充足的水，就应该限制自己的饮食，避免摄入过多的蛋白质，因为消化这些食物是需要消耗体内的水分的。

清洁

即使是一个人身陷荒野，你也要注意清洁。这时候注意个人卫生并不是为了让你有一个整洁的仪容，而是为了保持健康，防止感染疾病，因为在缺少医疗条件的野外感染疾病无疑是很危险的。在野外环境中，你很可能没有机会去洗澡，也没有卫生洁具，但你依然可以脱掉衣服，让身体暴露于阳光和空气中来一个“空气浴”，这是因为空气中的氧气具有一定的杀菌作用。除了全身的清洁，你更需要注意手部的清洁，因为手部的细菌可能会污染食物，也可能造成伤口感染。注意保持毛发和衣物的清洁，因为你身上的毛发和衣物很容易成为跳蚤、虱子等寄生虫或细菌的栖身场所。所以在可能的情况下保持毛发的清洁。对于衣服，要在合适的时候进行清洗或者放在阳光下长时间暴晒，尽量保持其清洁卫生。

求生意志的重要性

无论是在灾难纪录片还是在探险纪实类的书籍当中，我们常常会听到这样一种情况，即一个人既没有十分强健的身体，也没有非常出众的野外生存能力，但最后却生存了下来。而在同样的情况下，一个装备精良、求生知识丰富的人却没能生存下来。出现这样的结果，绝非偶然，而是求生意志在发挥着作用。人的潜能是非常巨大的，坚强的求生意志能够帮助人战胜许多困难，甚至创造生存的奇迹。

在发现自己深陷荒野、与外界失去联系的初期，一般人都会被恐惧、惊慌、沮丧等负面情绪所包围，这些负面情绪会让人难以作出正确的抉择，而不考虑实际情形；它们还会使人紧张，导致另一些消极情绪的产生。在巨大的压力之下，有些人甚至会精神错乱，失去生存意愿，进而丧失处理各种状况的能力，这就相当危险了。镇静下来之后，一定要想办法驱除这些负面情绪，多想一些积极的事情，想想你的家人和朋友，想想以后想要做的事情，面临困境绝不屈服的顽强意志会给你精神上、体力上带来巨大的力量，忍受种种痛苦，从而坚持下去。

有一些因素如受伤、疾病、严寒、酷热、干渴、饥饿、疲劳、孤独等都可能会让你的消极情绪变得更加严重。因此，你一定要警惕，想办法解决它们。

》饥饿

刚开始时，饥饿也许不会对你产生什么影响，但长时间的饥饿却会影响你的态度和求生意志。当你变得冷漠、易怒，意志消沉，对什么都不感兴趣，说明饥饿已经对你产生了影响，如果不能及时补充食物，无法改善情况，你可能还会出现虚弱、晕眩、休克、心跳减慢、怕冷等多种状况。此时，你必须利用你的野外生存知识找到可食用的东西，无论它们是多么难吃，只要能让你恢复精神，你都应该吃下去。

》干渴

水在野外生存中的重要性

前面已经说过，一般的干渴会让你变得反应迟钝，难以应对突如其来的危险状况。当你已经出现幻觉，就说明你的干渴程度比较严重，你可能已经脱水了，这是野外环境尤其是海洋或沙漠等缺水环境中常见的问题。干渴对你的影响很可能会更严重，你会变得焦虑，甚至做出不理智的事情。干渴时只有及时补充足够的水，你才能恢复过来。如果你没有足够的饮用水，那就不要吃过多的食物，因为身体需要额外的水来处理食物中的无用成分，这会加速脱水的发生。当干渴程度已经相当严重但暂时无法解决时，你一定要树立起坚定的信念，相信自己可以渡过难关，绝不会就这样死去。

》疲劳

对一些没有准备好就出发的人来说，劳累可能从旅途的开始就存在。而对于另一些人来说，长期缺乏睡眠、用力过度或者劳神过度都会引起疲劳，甚至一些心理因素（如沮丧、无望、厌倦等）也会导致疲劳。疲劳会使你在精神上和肉体上都处于衰弱的状态；疲劳会削弱你的心智，使你对一切都不再关心。如果疲劳已经对你的身体和心灵造成很大的影响，你将能自己感觉到。这时候，你就需要对自己进行一些调整。休息当然是缓解疲劳的最佳方法，但在一些紧急的情况下，你可能无法停下来休息，这时你需要振作精神继续前进，想想自己生命中重要的人和对自己有意义的事，如果你的身旁还有其他人的话，也可以试着和别人谈话交流来缓解疲劳感。

》疼痛

在野外求生的过程中，你很可能会遇到意外受伤、患病的情况，伴随伤病而来的，则是身体上的痛楚。疼痛本身并不能对你造成什么大的伤害，但是疼痛会让你感到不适并产生负面情绪。当你感到疼痛时，应当将注意力集中在别的事情上，从而帮助你减轻疼痛。如果你无法不注意到自己身上时刻产生的疼痛，你就要学会忍耐它，决不能被疼痛击垮。

》寒冷

身处野外，尤其是气温在0℃以下的地区，寒冷很可能会对你的身体和精神造成双重影响。寒冷引起的体温过低会使你思维迟缓、注意力不集中、记忆衰退，还会造成动作障碍，降低你的工作效率，使你作出一些错误的决定或者不理智的行为，这些后果是十分危险的，如果你不采取行动，你的求生意志很可能会被寒冷消磨殆尽。此时正确的做法是找到合适的庇身所并生火取暖，一旦你暖和过来，寒冷所带来的消极情绪也就会离你而去。

》酷热

在一些炎热的环境（如沙漠）中，酷热所带来的影响是不容忽视的。酷热可能会造成你干渴、虚弱，但你应该尽量慢慢适应。尽量不要在一天中温度最高的时候行动，实在无法避免的话，则不要让自己毫无遮蔽地暴露在阳光下，记得遮盖住头部。

》负面情绪

在荒野环境中独自求生，你很可能会变得紧张、焦虑、沮丧、厌倦，甚至会有孤独感，这些负面情绪都会让你灰心丧气甚至绝望，并最终失去求生意志。要克服这些情绪，就一定要坚定生存下去的决心，并将这一决心付诸于行动。

》晕船

在特殊的环境下，还有一个因素可能会对你的精神和身体造成影响，那就是晕船。晕船的情况只会发生在你身处海洋环境的情况下，尽管晕船发生的概率似乎不大，但一旦你流落海上，而恰好晕船的话，这就非常糟糕了。严重的晕船会让人精神崩溃，在物资缺乏、与外界失去联系的生存困境中，它带来的危害会更加严重。让眼睛凝视于一处或者不停地小口喝水（当你有足够的饮用水的时候），这些措施可以帮你缓解晕船的症状。

无论你身处什么样的困境，也不管你到底感觉多糟糕，而有一点是你需要记住的，那就是永远不要放弃求生的意志。你要相信，你坚强的求生意志，一定能够指引你摆脱一切困境，生存下去并最终回到正常的生活当中。

如何进行危险评估

无论你处境如何，都要对自身情况以及周围环境有明确的了解。在日常生活中，这可能会帮你避免一些疾病的产生，但在荒野环境中，这种评估却可能救你一命。当你身陷荒野时，也许你首先会感到震惊和恐惧，如果你还想活着回到家人的身边的话，就不要在这些情感上浪费太多时间。当你从恐惧、沮丧等负面情绪中摆脱时，就要迅速冷静下来，对自己的状况做一个全面而客观的评估。这样的危险评估能够清楚有效地帮你了解自身的处境，从而合理地规避风险，制订出切实可行的逃生计划。

对环境的评估

首先，你应该对自己所处的环境有一个大概的评估。这是因为你需要根据自己求生的环境来调整求生的计划。你是身处山地、丛林、沙漠、寒冷地带，还是海洋环境中？你所在的环境直接影响着你该搭建一个什么样的庇身所，你该怎样寻找食物和水，以及你可能会面临什么样的危险。你必须对每一种自然环境的特点有一个大致的了解，这将能够帮助你更好地在这一地区生存。当你了解了周围的环境之后，你就可以将大脑开启到这一模式，以寻找食物，规避危险。当你身处山地环境中，

你就可以在山间的溪流中找到肥美的鱼；当你身处沙漠环境中，你就可以在植物的聚集地寻找水源；当你身处寒冷环境中，你就需要一个雪洞或者冰屋来抵挡严寒；当你身处海洋环境中，你需要担心的是海洋中凶猛危险的鱼类，而不是陆地上的毒蛇猛兽。这些看似简单的问题在危急时刻很可能会被人们忽略，如果你能事先静下心来评估一下周围的环境，就可能会给自己省下很多力气。

除了了解所处环境的气候、地形等特点之外，你还要对所处地点当前的形式有一个准确的判断，因为即使是同一个地点，在不同的时间段也可能呈现出不同的特点。在旱季和雨季，或者在冬季和夏季，同一地点的具体情况也大不相同，比如身处雨季的山区地带，就要小心泥石流的发生。所以说，不仅要掌握与环境有关的知识，更要有敏锐的观察力。

对自身状况的评估

对自身状况的评估与环境评估同样重要，因为人才是荒野求生的主体，周围环境的影响也是通过对人的影响而实现的，无论周围环境具体如何，都不能将人自身的因素排除在外。即使同样处于恶劣的自然环境中，如空着肚子在暴雨中行进，对不同人的影响也是不相同的。

在评估自身状况时，首先要对自身的健康进行一个评估，因为你很可能是因为一些意外的原因（如飞机失事）被留在荒野之中，那么这些事故很可能已经对你的身体造成了伤害。仔细检查一下自己是否受伤，因为突如其来的刺激很可能会使你没有发现自己已经受了伤，如果没有做任何处理而又带着伤行动的话，很可能会造成更严重的伤害。如果发现自己受伤了，要马上检查伤口，并自己进行急救，尽量避免身体进一步受到损伤，同时还应该评估一下伤痛会给自己的体力、行动能力等方面所带来的影响。

在日常情况下，我们通常对自己的体力和行动能力有大致的了解。但在极端的环境之下（缺水少食、承受着巨大的心理压力），这些数据可能是不准确的。因此，我们应该根据具体情况来估算一下哪些事情是自己当前力所能及的，哪些则比较冒险。尽管有时候信念甚至可以创造奇迹，让我们做出一些平时无法做到的事情，但在还有选择的时候，我们最好不要冒险。

心理状况也是自身状况中很重要的一个组成部分。当你感到焦虑、烦躁、沮丧、自暴自弃时，不妨想一想有意义的事，要知道，你的家人现在就在远方等着你回家，而你在不良心理状况下作出的错误决定则可能会将你置于险境。

对装备的评估

尽管装备只是荒野求生的辅助工具，但良好的装备也是十分重要的，在特殊情况下，装备甚至能救你一命。在对自身所处的环境和身体状况有了具体的评估之后，还需要对装备进行一下评估。比如装备中有一个宽大结实的雨披，你就可以用它来搭建一个简单的庇身所，而不必四处寻找其他材料来搭建庇身所；如果装备中有一些高热量的口粮，你就可以将它们用在必要的时刻，当你十分饥饿而又暂时找不到食物时，它们能帮你渡过难关，为你增添新的力量；如果装备里有一把工兵铲，它就能为你解决许多问题。

在对装备的评估中，有两点是需要注意的。

一是你要充分发挥自身的想象力和创造力。有很多装备也许并不是设计成某种用途的，但它却能被你改造成你需要的样子，比如针线包里的缝衣针用来做钓钩真是再合适不过了，关键在于你需要自己动脑动手。

二是你应该考虑到装备的损耗程度。在恶劣的环境中，装备也许已经遗失或者受损，检查一下你剩下的装备以及它们的性能。也许你要在荒野中待很长时间，而在这段时间中，你通常是无法补充自己的装备的，所以这些珍贵的装备一定要爱惜，一定要把这些装备用在最需要它们的用途上。

尽管对环境、自身状况、装备的评估能够很好地帮助你了解危险、制订逃生计划，但在荒野之中，一切都是变化着的。因此，你应该做的是，根据情况随时做危险评估，并随机应变，根据情况对自己的计划做相应的调整。

制订身陷荒野的逃生计划

当你了解了基本的生存要素，又树立了坚定的求生意志，还对自己的危险状况做了评估，接下来，你要做的就是给自己制订一个身陷荒野的逃生计划了。

行动前的准备

这个计划应该包括你出行之前需要做的准备。如果你是一个人去那些比较偏僻的地方徒步旅行，你就应当考虑到自己可能遇到的意外情况。毕竟，旅途中总是充满了变数，在出行之前仔细考虑有哪些潜在的问题和风险，思考规避风险和应对风险的方法，这样当你遇到变故时，就不会束手无策。

仔细考虑一下你的出行计划，确保你带上了合适的装备。另外，钱和证件也是不可缺少的，毕竟你最终还是要逃出荒野的。在文明世界中，这些东西还是用得着的。在出行之前不要忘记接种一些疫苗，除了比较常见的疫苗外，你还应当了解目的地附近是否还需要接种其他特殊的疫苗。接种疫苗能够使你远离一些疾病，这也给万一不幸身陷荒野的你增加了生还的可能。

如果你是有计划地去某地出游，则可以针对出游地点进行一些相应的训练，除了增强体能之外，还能帮你更好地适应当地的环境。

即使你已经做好相当多的准备，还是有可能会有变故发生，有时你不得不依靠别人的力量来帮助自己逃出荒野。因此你需要让别人知道你的行踪，在出行之前，你应该将自己的路线告知亲人或者朋友，并确保其记下了你的路线。这样，当意外发生时，救援人员能够根据你的路线信息较快地发现需要救助的你，这就会为可能已经受伤的你争取到更多的时间。在你行进的同时，尽量每隔一段时间就和他人联系一下，说明自己的方位，这样，当你遇到意外情况的时候，马上就会有人了解，并联系其他人去营救你。

应急计划表

因为单纯的口述是可能遗漏信息的，你的亲友在紧急的情况下，也未必记得你提供过的所有信息，因此，制作一份应急计划表是十分有用的。

在应急计划表中，你首先应该写明自己的基本信息，如姓名、生日、证件号码，这些基本信息是救援人员需要了解的；其次，你需要写下自己的体貌特征，比如身高、

应急计划表			
护照（身份证）上的全名：	生日：	身高： 体重： 发色：	
特殊标记（伤疤，纹身）：	所讲语言（流利/略佳）：		
护照（身份证）号码： 有效期至：	驾照号码： 有效期至：		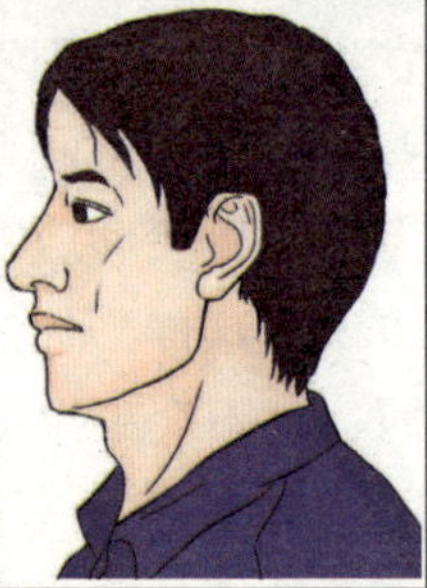
病史： 过敏药物：	游泳能力： 野外生存技巧/经验：		
近亲一：	近亲二：		
电话：	电话：		
E-mail：	E-mail：		
旅程安排：	预测的问题/意图：		
沟通计划：			
日期：			

体重、肤色、发色，身上有无明显的标记等，这些信息将为寻找你的搜救人员提供更多的便利；你还应该在应急计划表中写明自己的病史、过敏药物、有无野外生存的能力等，这些信息能够帮助救援人员判断你的状况并更好地实施救援；在计划表上填写自己一两个近亲的名字以及有效联系方式，当然别忘了把自己的联系方式也写上，万一你遇到意外无法与外界保持联系时，你的亲人也会需要知道你的信息；最后，要写进应急计划表的是你的行进路线，你需要将自己的行进路线和路上可能会遇到的问题详尽地写进应急计划表中，以确保在你遭遇意外时，搜救人员能够知道更多的有用的信息。如果有更多需要注意的地方，就写进应急计划表里吧，有时候只是短短的几行字，却可能会帮到大忙！

制订逃生计划

如果你是遭遇意外而身陷荒野，并且没有花时间做出行前的各种准备，这时候一个事后的逃生计划对你来说就尤为重要。要想从荒野中逃生，首先要牢记庇身所、水、食物等要素。在没有慎重思考和做详细的计划之前不要冒进，因为此时你很可能会犯下不可挽回的致命错误。

确定你在地图上的位置并且画出它和周围地形的关系，判断方位并计划路线。将你的救生物资（食物、水、庇身所、火、急救用品、信号）按重要性的次序排列好，根据不同环境中不同的生理需要改变生存方案。你需要预想可能会发生哪种事情使你陷入求生困境中，有了这样的认识之后，你就能做好准备，采取措施来增加生存的机会。

另外，你要对自己的情况有一个清楚的预估，不要过于乐观，永远要为自己留一条后路，比如你在沙漠等干旱地区时，身上只有有限的水而且不知道自己什么时候能够找到水源，那么你一定要节约用水，不要一次喝过多的水，直到你找到水源为止。

第二章
必备装备

选择合适的装备出行就像给你的安全上了一把锁，但选择合适的装备对于很多人来说都是一个难题。选择最合适的装备，还要从多方面来进行权衡，才能使其在你的旅程或者探险过程中发挥最大的作用。

你该如何选择适合自己的装备呢？

》预算

大多数人认为户外装备越贵越好，其实不然。适合自己的户外装备不必是最好的，却一定是能发挥最大效用的。用有限的预算尽量满足自己出行的需要，一味追求好和贵而不考虑实际用途是不可取的。还需要注意的是，不要在购买一项装备上花费过量的钱而影响了其他装备的购置。

》性能

挑选合适的装备，性能当然是最重要的参考因素。

★首先，应考虑的是装备的防护性。你所挑选的装备应当能在适当的时候发挥出预期的作用，它们要能够保护你的安全。除了装备本身应该具有的性能之外，如果装备是能够满足其他需要的多功能装备，就更好了。多功能装备能够帮助你减少需要携带的物品，从而减轻装备的重量。

★其次，装备的耐用性也很重要。要保证装备能够长期在严酷的环境下正常使用，则一定要结实才行，如果在探险途中遭遇重要装备损坏，后果是不堪设想的。更何况花费高价买回的装备，谁也不希望它是只能使用一次的“一次性装备”。

★再次，装备的操作性也是评判装备是否适用的重要标准。太过烦琐的操作步骤会浪费你的时间和体力，也会增加装备破损的概率。

》旅行、探险方式

所带的装备一定要考虑自己的出行方式，你是打算徒步、骑行，还是自驾？出行的方式对装备的选择有很大的影响。

》出行的时间和地点

出行的时间和地点在很大程度上决定了你需要的装备类型。在出行之前，应该充分了解将要出行的地点在你出行的时间段是怎样的气候，还有当地的地形，这些都有助于你挑选更为合适的装备。

》装备的重量

对于很多不经常旅行或者探险的人来说，装备的重量是一个容易忽视的问题。人们总是认为更多、更齐全的装备能让其在路上有备无患，其实这是一个误区。过重的装备会损耗你的大部分体力，让你在行进途中变得疲惫不堪。因此，在选择装备的时候，一定要根据自己的身体情况配置合适的装备，千万不要超出自己的承受力。当你处于一个多人的旅行或探险团队中时，可以将一些可公用的装备分散携带在各人身上，以减少每个人背负的重量。

现在，你对挑选装备的方法已经有了大致的了解。接下来，让我们具体了解一下一些必备的装备。

背包

千万不要小看背包！你的大部分装备可都在里面，拥有良好防水性能的背包可以保护你的装备不被水浸湿，而水是某些装备的克星，一个合适的背包能够让你更为舒适地负重。你应根据旅途的长短以及实际需要选择不同容量的背包，选择过小的背包无法装上所有需要的装备，而过大的背包则可能使你为了塞满它而带上很多无用的东西从而增加负重。背包的尺寸不仅要符合装备的需要，也应该符合自己的体型。当你背上背包时，背包要比你的上背部稍高一点，而不是低于你的上背部。选择一个大小合适的背包可以使你的旅程更加舒适。

背包的类型

背包一般可以分为以下几种：

》小型背包

小型背包指的是容量较小的背包，一般小型背包的容量在10~50升不等，但30升的算是比较标准的容量。小型背包比较适用于以下几种情况：

一日游或徒步旅行：短时间的旅行一般只需要带上少量的装备（如食物、水、地图等），因此不需要大容量的背包。在这种情况下，选择一个带有侧袋和夹层的小型背包可以方便你将水壶和小物件放好以便随时取用。

野外跑步：在这种情况下，应该选择一个较小的背包或者腰包，这些包最好不会随着人的动作而移动，而且可以保持背部的通风和排汗。

》内架包

内架式背包指的是外表无明显框架，采用可拆式或隐藏式侧袋的大型背包，也被称为“直立式背包”，这种包的内置框架多用铝合金等材料制成，跟外架包相比，外观较为狭长。内架包的背负系统能够紧贴背部曲线，使肩部、背部及臀部同时分担背包的重量，也更适于移动，且不易发生重心突然移位的情况。内架包的缺点在于，由于包和背部贴合比较紧密，长时间背负可能会导致背部闷湿。因此，一些内架包与背部贴合处会采用透气材料做垫背并带有透气沟槽，以改善这种问题。另外，内架包的物品装填取用稍有不便，不过这可以通过良好的装填技巧来改善。

内架包适用于登山活动，相比于外架包，内架包的重心更低，更适于保持平衡的攀登场合；由于内架包简单而狭长的外型特点，也更适于在茂密树丛和竹林中行进而不易被勾到。

内架包

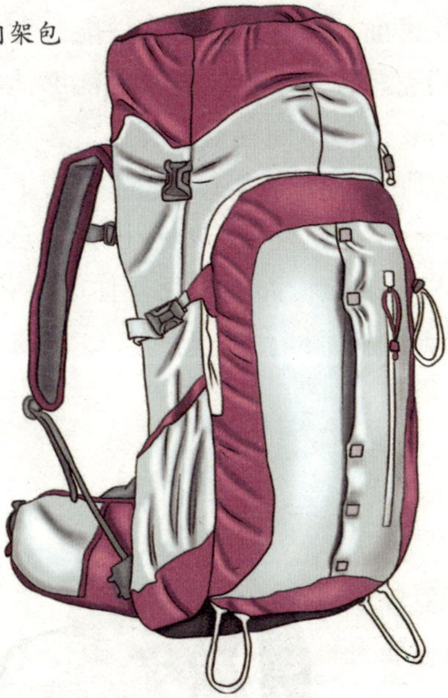

外架包

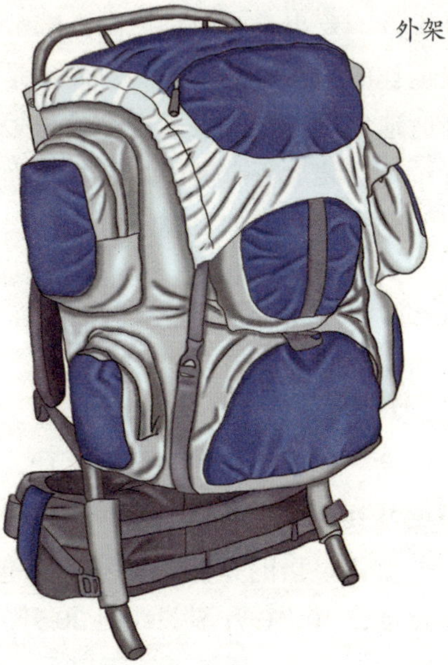

》外架包

外架式背包是一种将背袋固定在一个坚硬的框架上，并有可拉紧的尼龙肩背带及臀部固定带的背包。外架包的重心比较高，一般在肩部或肩部以上。外架包的优点在于这种背包易于物品的装填取用，并且背部透气性良好。外架包的缺点为：这种背包在攀登或滑雪时易因重心突然移位而失去平衡；在密林、竹丛中穿行时，容易被勾住、卡住。背外架包行走在平坦的路上会让人觉得十分舒适，因此外架包比较适合于在平坦路途行走的时候背负。

装包

对于即将出行的你来说，装包是一项必须完成的任务。合理、有序的装包方式能够让你在旅行中更加省时省力。一般来说，装包应当遵循以下几个原则：

一是将较轻的物品放在包的底部，较重的物品则放在包的中部和上部靠近背部的位置。尽量使包两边摆放的东西重量几乎相等，以免包的重量集中在底部或者一侧，而将包拉离你的肩膀或者使你的身体倾斜于一侧。

二是按照逆序打包。将不太用得到的物品先放入包中，常用的物品最后放进包里。常用的物品最好是随手就能拿到。还有一点需要注意的是，要在背包外面的口袋里放上一定量的饮用水。

三是合理利用背包的外挂。一般背包的外面都会有许多的外挂，可以挂上诸如水壶、三角架等东西。是否将装备挂在背包外面要视情况而定，将帐篷等挂在包外的确十分方便，但也可能导致背包者被挂住或者绊倒。可以把睡袋、防潮垫等放进包中，将衣物塞到这些东西的缝隙里，再把吃的和其他杂物放在上面，常用的物品如手纸、手电筒、水壶等放在背包的侧袋或者上面的袋子里。由于帐篷比较重，所以适宜放在背包比较靠上的位置。

四是要将背包填满。保证背包下部被填满之后，再将其他物品放在背包上部。对于背包中装填的物品，最好都进行防水处理，即将不同种类的物品分别放置在防水的密封袋中，以免取用时因被水浸湿而失去某些功能。

以上只是装包的基本原则，在遵循基本原则的同时，要探寻出最适合自己的装包方法。

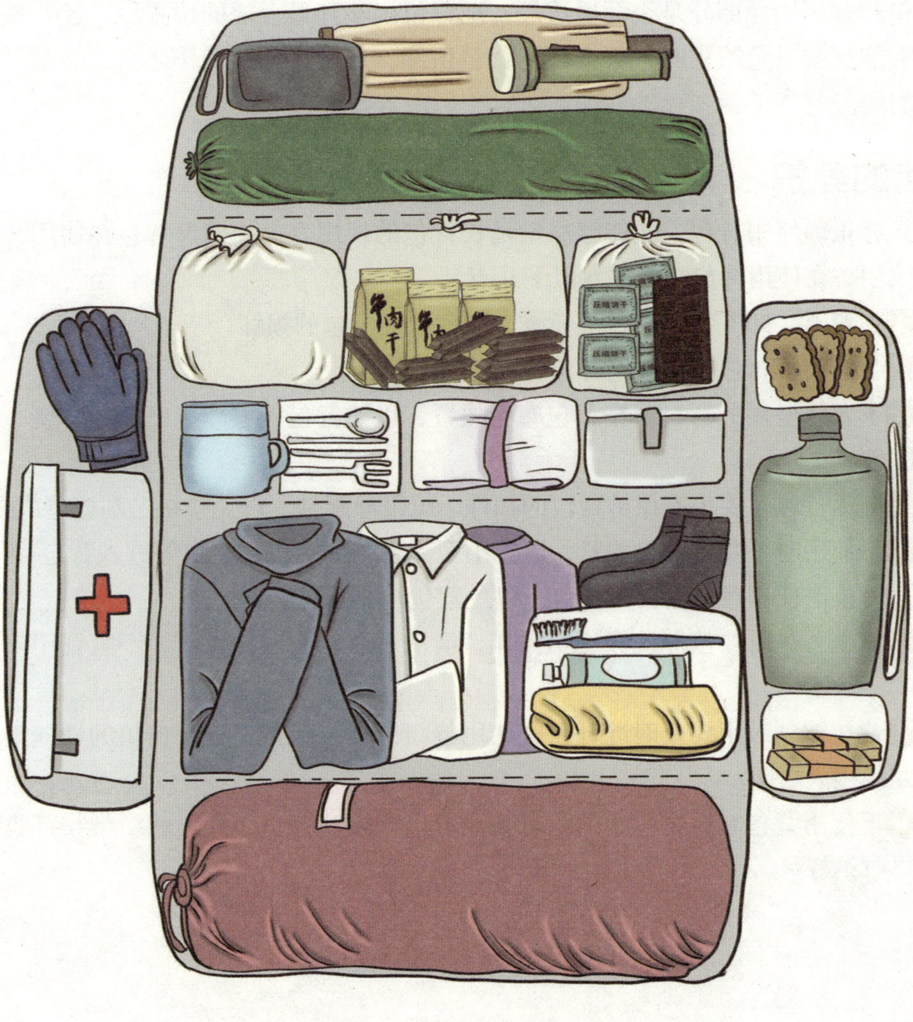

正确的背包方式

选择了一个大小、式样、功能都适合自己的背包，还要学会正确的背包方式，才能让自己感觉更舒服。

一般来说，较为大型的背包上都有一些可以调节的松紧带，分别有着不同的功能，如腰带用来调节腰部负重；肩带用来调节肩部负重；胸带用来调节两条肩带之间的距离；背包压缩带用来调节背包容量；重心调节带用来调节重心位置等。通过调节这些带子，可以让自己获得更为舒适的背负体验。由于男女体形不同，有些厂家专门为女性设计了特别款式的背包，这些包的背负系统是根据女性的身体特点特别制作的，女性在挑选背包时可以选择这样的背包。

选择背包时，应先将所有调整带松开再加上重量，以了解背包背起来的感觉、背负调整范围是否合适；背上背包后应检查内藏铝条弧度和背部曲线是否吻合，以及背包和背部接触部分是否舒适透气；把背包调整到最合适的位置后，还要检查一下头部的视线以及抬头时是否会碰到背包顶部。当做完这些工作之后，你就可以以更好的姿态上路了。

背包的养护

只有正确使用背包，才能够尽量延长背包的使用寿命，确保背包在使用时发挥最大效用。在使用背包时要注意以下几点：

1. 在背上、卸下背包时尽量轻缓，以免造成背包的损坏。
2. 合理装填背包，尽量使背包各部分受力均衡。
3. 不要将坚硬的器材紧贴背包布料放置，以防背包外表摩擦坚硬的岩壁、栏杆时被磨破。
4. 搬运背包时要小心保护背包的扣件、织带等配件，以免拉扯、刮擦造成损坏。
5. 不使用时，要将背包关紧，避免小型动物，如老鼠、小虫等进入背包。
6. 入夜需使用背包套覆盖背包，以免背包被露水打湿。
7. 清洗背包时要按照洗涤说明操作，清洗后放在阴凉处风干，不宜置于阳光下暴晒。
8. 背包被划破则要及时缝补，应选用较粗的针线或专门缝补椅垫的针缝牢，结尾尼龙线用火烤断。
9. 不使用背包时要将包中的所有物品取出，确定背包干燥后将织带扣都收紧扣上，再收纳好。

着装

无论是徒步、骑行，还是登山、攀岩，户外运动的着装都是十分重要的。专业的着装不仅可以保证穿着者的舒适度和对运动的投入，还可以保护人的身体，在一些关键时刻，甚至可以救人一命。

服装

在进行户外活动时，我们应该根据活动的类型、行程的远近和活动地点的气候来决定服装。但服装的选择和穿着者的体质、天气的变化也有着很大的关系，那么，到底如何选择合适的服装呢？根据这一情况，专业的户外运动者一般会采取分层着装的方式来解决多变天气以及因户外活动而产生的汗水的影响。

》分层穿衣法

⊙基本层：排汗层

贴身衣物一般比较薄，穿着比较舒适，拥有很好的排汗性能，能够保持皮肤表层的干爽，不闷热，汗水不会直接在皮肤表面蒸发，不会造成皮肤表面温度因水汽蒸发吸收热量而降低。

⊙中间层：保暖层

中间层服装具有隔绝外界冷空气和保持体温的效果。抓绒是一种比较常见的制作保暖衣服的材料，抓绒保暖性好，触感轻柔，同时还具有速干的特点。

⊙最外层：阻绝防护层

外层服装需要兼具防水、防风、保暖、透气等多种功能。外层服装要能将外界环境对身体的影响尽量减小，同时也能将身体产生的汗水等排出，因此需要选择以防水透气的材料制成的衣服。

了解了户外服装的基本穿着，我们还应该根据所在地的自然环境来考虑具体所需。

排汗层

保暖层

阻绝防护层

》温暖天气下的着装

在天气较热的环境下，着装应该选择透气性较好的服装以便排汗排湿，不要让皮肤过多暴露在阳光下，以免引起晒伤。

温暖天气下的着装

寒冷天气下的着装

》寒冷天气下的着装

在比较寒冷的天气，“分层穿衣法”显得十分重要，这种穿衣方式使得人们可以根据体温的变化来调节穿衣的层数，以此让自己感觉更舒适。另外，不要忘了帽子和手套，它们能够帮助我们保护身上的重要部位。

》潮湿天气下的着装

在多雨的环境中，应该选择透气、防水、排汗性能俱佳的材质制成的衣服，以保证身体的暖和、干燥。当然，准备一件雨披也是十分必要的。

鞋

当你徒步戈壁、穿越峡谷、攀登峭壁的时候，一双合适的鞋能够带给你更舒适的户外体验和尽可能的保护，还能为你节省一定的体力。因此，选择一双合适的鞋是十分重要的。一般来说，我们应该根据不同的用途来选择适合自己的鞋。

》运动凉鞋

运动凉鞋一般都具有良好的透气性，穿起来也比较舒适。一些水陆两用的运动凉鞋还具有很好的排水性，适用于溯溪等活动。

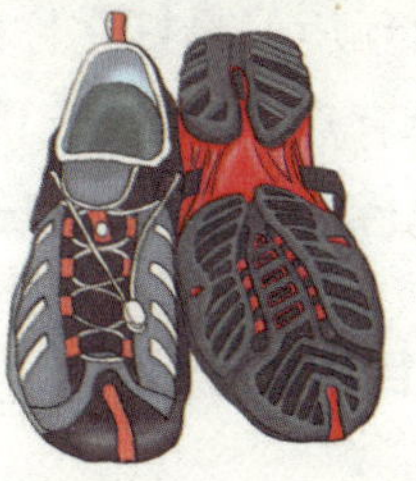
运动凉鞋

》一般徒步鞋

穿着舒适，低帮，没有对脚踝的保护，适用于一般的远足、郊游、野营等活动。

一般徒步鞋

》多功能皮革鞋

这种鞋的鞋面一般是防水的，鞋帮支撑力较强，对脚踝的保护性较好，兼顾了耐用性和安全性，适应中长距离负重徒步。

多功能皮革鞋

》丛林靴

丛林靴一般是由经过防腐处理的皮革和帆布制成的，脚踝位置的密封性和活动性都比较好，鞋上的排气孔有助于在湿热环境中排出湿气。

丛林靴

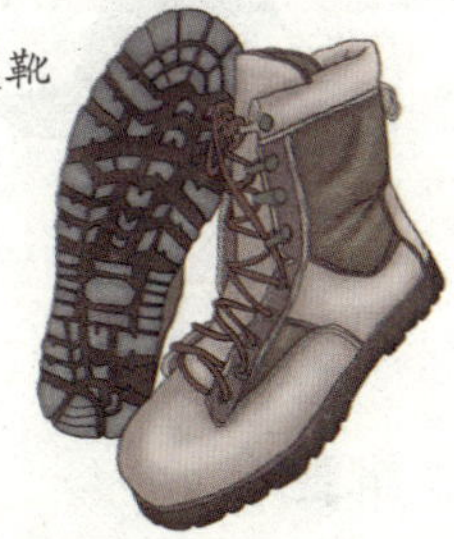
沙漠靴

》沙漠靴

沙漠靴的鞋帮一般比较高，能够保护足踝，鞋口密封性较好，以防沙粒进入，鞋底有一定硬度，同时还有比较好的隔热性。

》重型攀登鞋

这种鞋的鞋帮通常较高，能够有效保护双脚，抗冲击力强，鞋底带有冰爪或者可用捆绑式冰爪。适合攀爬冰壁、冰雪混合的岩壁，或者在冰面、雪面行走。

重型攀登鞋

一般来说，选择户外鞋要从几个方面来考虑：❶为了适应户外复杂的地形，满足负重状态下的登山或徒步，户外鞋要有良好的支撑力；❷为了减轻身体在震动中的冲击，要有良好的减震性；❸在一些险峻、湿滑的地形行走时，鞋子应具有良好的防滑功能；❹行进在多雨地区时，鞋子应该具有良好的防水功能。除了上述几个标准以外，户外鞋的耐用性也十分重要，户外运动严酷的环境对任何装备来说都是一个考验，如果耐用性不好，将会对穿着者的行程造成很大的影响。

另外需要注意的是，在选择出行需要的户外鞋时，如果不是完全了解目的地的自然环境，最好在你的备选鞋子中选择等级比较高的一双；在长时间行走后人的脚部会有点“膨胀”，因此可以选择一双稍大一点的鞋子；在出行之前应该先穿着新鞋进行一些磨合，以适应鞋子。

其他必备品

》帽子

无论是在炎热的环境下还是在寒冷的环境中，你都可能会需要一顶帽子。在较为炎热的环境下，一顶合适的帽子能够帮助你遮挡阳光，这种情况下要选择快干透气的材料制成的帽子；在寒冷的环境中，选择一顶保暖的帽子显得十分重要，因为人体大部分的热量都是从头部散失的；在下雨的时候，你需要一顶能够防止雨水滴落在脸上或者颈后的雨帽；穿行在丛林时，则需选择有防树枝、防虫子功能的丛林帽。

炎热环境下的帽子

雨帽

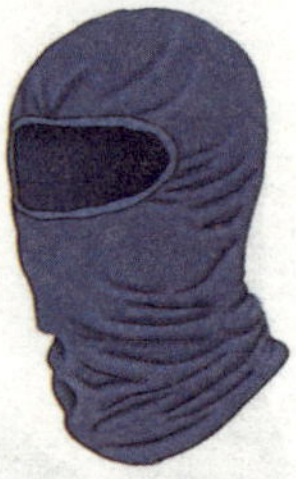
寒冷环境下的帽子

绑腿

》绑腿

在温带环境中，绑腿能够帮助腿脚保持干燥；在严寒环境中，绑腿则能帮助腿脚挡住风雪。

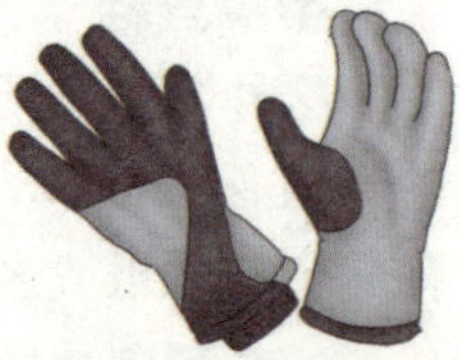

》手套

在寒冷的环境中，戴上一双手套是十分明智的选择，它能保证你的手不被冻伤。根据环境和用途的不同，户外活动时也要选择不同的手套。在佩戴手套时，可以选择戴上不止一双手套，这样可以根据需要随时增减手套的厚度。

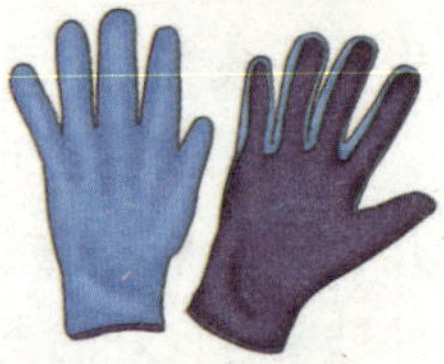

》袜子

与脚密切接触的袜子对于脚的舒适程度有很大的影响，袜子能够保持脚的干燥和温度，也能使脚在行走时得到一定的缓冲和保护，避免脚因与鞋子的直接摩擦而产生损伤。在不同的环境中，应该选用不同材料的袜子来穿着。在寒冷的条件下，应该选择保暖性能较好的袜子；在比较炎热时，可以选择质地

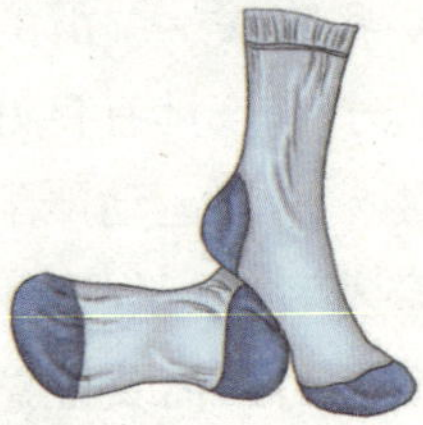

轻薄、排汗功能好的袜子。

》太阳眼镜

户外活动中准备一副太阳眼镜以备不时之需，它能够保护你的眼睛，购买时最好选择防紫外线系数较高的太阳眼镜。

户外遮蔽物

当你需要在野外过夜时，就必须给自己搭建一个能够遮风挡雨的庇护所。你可以选择帐篷、露宿帐、雨披或吊床作为户外遮蔽物。

》帐篷

帐篷是长途户外旅行中最常用的户外遮蔽物，这是因为帐篷具有防雨、防风、防晒的特性，并且搭建简单，使用广泛，可以重复使用。同时，帐篷的空间不狭窄，让人感到比较舒适，并能够将自己的装备放置在其中。

帐篷要根据实际用途来选择。一般需要考虑的因素主要是使用三季帐篷还是四季帐篷；帐篷容纳的人数；所需要的空间和帐篷的重量；预算等。

三季帐篷一般适用于春、夏、秋三季较为温和的气候中。这种帐篷通常较轻，难于应付过大的降雪量，一旦遇到强降雪容易造成帐篷的垮塌。

四季帐篷的设计则能够让帐篷更好地抗风防雪，并且能够用于较为温和的气候条件下，但这类帐篷的缺点在于自重大，价格也比较高。

帐篷的尺寸和重量也是应该考虑的。如果出行的人数是两人，自然不能选择一顶单人帐篷。对于帐篷的使用人数来说，也是比较灵活的，如果使用者体型较瘦，双人帐篷往往也可以睡下三个人。如果你独自出行但希望在休息时有更大的空间的话，也可以选择双人帐篷，但这也会导致装备重量的增加。不管怎么说，你需要在空间和重量之间进行权衡，制造商一般会提供许多不同尺寸、重量与设计的组合，自己可根据需要进行选择。

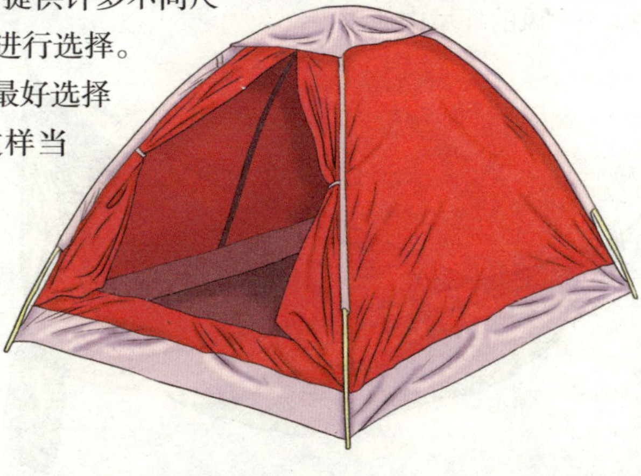

还有一点需要注意的是，选择帐篷时最好选择黄色、橘色或红色等比较显眼的颜色，这样当你在野外被困时，也比较容易被发现。

常见的帐篷有三种支撑方法：

1. 内撑外披。用支架撑起内帐，然后将防水外帐披上，然后固定好。这种撑法比较便捷，目前大多数帐篷都采用此支撑方法。

②外撑内挂。先撑起外帐，然后把内帐挂到外帐上。这种撑法更利于防雨，因为内挂的内帐总是和外帐保持一定的距离，但第一次支撑时要费些时间。

③单架支撑，再用地顶和拉绳固定。这种帐篷支撑环境有局限性，必须是能够扎地钉或系绳子的环境，在水泥地面和硬石地面，帐篷不能自动站立。单杆帐和屋脊型帐篷使用这种支撑方法。

》露宿帐

露宿帐也可以算是一种简易的单人帐篷，适用于单人使用，它的质量很轻且易于使用，但可供活动的空间很小。

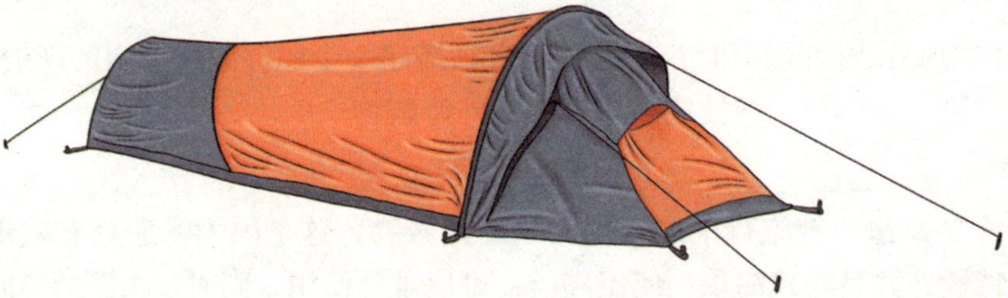

》雨披

即使没有帐篷，搭建得当的雨披也能给你提供一个好的庇身所。选择雨披时，最好选择可以用别针或按扣收叠在一起的样式。

在使用雨披作为户外遮蔽物时，最好选择一个头顶有天然遮蔽物的位置。搭建时可以将雨披撑平放低，使用者直接匍匐在雨披之下，或者在雨披中间用木棒撑起一个高度。也可以将雨披的一边固定在壁面上，另一边固定在地面上，以获得一侧的天然保护。如果你携带了两个雨披，也可以将之拼在一起，以获得更大的空间休息。

由于以雨披作为户外遮蔽物无法获得温暖，不能完全保持干燥，也没有帐篷那样坚固，因此不宜在寒冷、多雨和大风的环境中使用。

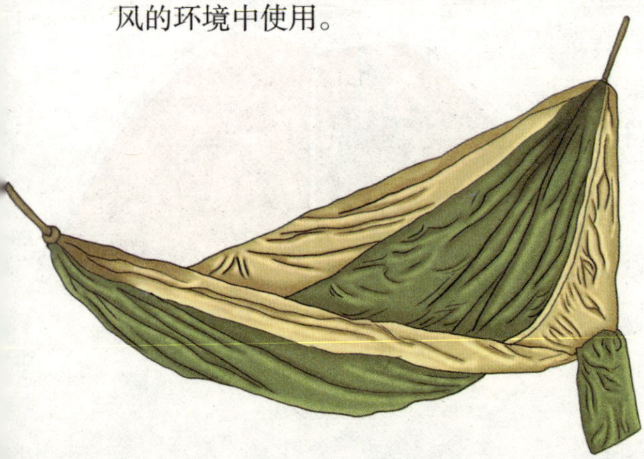

》吊床

在丛林中，吊床能够帮助你离开地面，免受昆虫和野兽的侵扰。一体化的吊床可以拉出顶篷直接拴在树上，如果没有自带的顶棚，可以用雨披代替顶棚，吊床的优点在于质量较轻，易于搭建。

睡袋

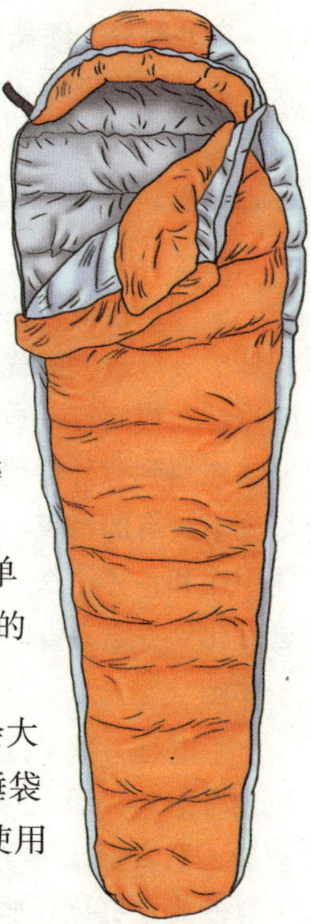

睡袋就是睡觉用的袋子。由于帐篷等户外遮蔽物的作用是遮挡风雨等，并没有保暖的作用，因此，出行时还要带上睡袋，这样你才能休息得更加舒适。

睡袋最主要的指标是温标，温标包括三个数据——最低温度、舒适低温、最高温度。最低温度是指该睡袋使用的最极限温度；舒适低温是指该睡袋使用最舒适的理想温度。在这个温度下，人可以非常舒适地入睡；最高温度是指温度使用范围的上限，高于这一温度，使用者将热得无法忍受。但是温标只具有参考意义，它因人而异，因环境而异。因此，挑选睡袋时不妨选择舒适低温更低一点的睡袋。

睡袋的填充物主要有两种：羽绒和化纤棉，此外，还有单层的抓绒睡袋。好的填充物能够让睡袋在保持良好的保温功能的同时又能被压缩到最小的尺寸。

使用睡袋时要注意保持干燥，因为睡袋潮湿后保暖程度会大大降低，尤其是羽绒睡袋，会完全不保暖。在长时间不使用睡袋的情况下，尽量以宽松自由的状态保存睡袋，以延长睡袋的使用寿命。

》防潮垫

要想在户外睡得更舒服，你还需要带上防潮垫。因为在户外旅行时很难找到一个平整的地方宿营，这就需要防潮垫来让你睡得更舒服。防潮垫不仅能够让你免于在坚硬、不平坦的地面上受硌，还有保暖和隔潮的作用。防潮垫也有许多不同的种类，在选择时应该考虑到防潮垫的重量、体积、舒适性和使用环境等来选择适合自己的防潮垫。

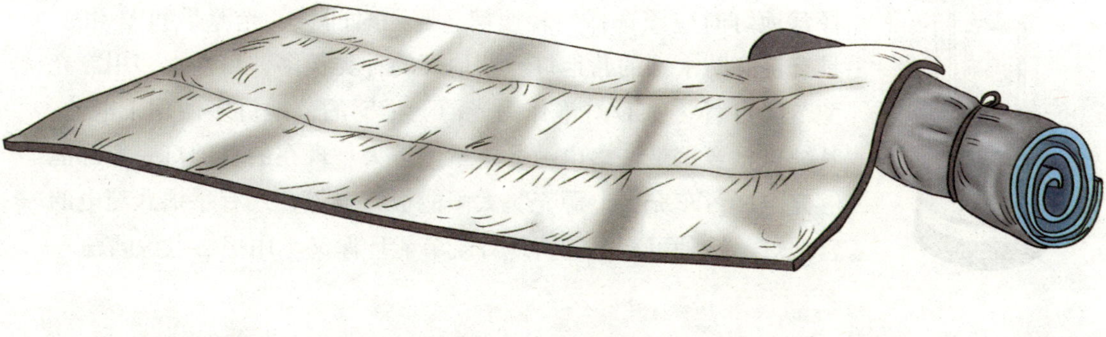

照明设备

身处寒冷、漆黑的夜间户外，或者在一些探洞活动中，好的照明设备无疑是十分重要的。能够驱走黑暗的光源会让人获得安全感，并能减少危险的发生。当然，即使没有照明设备，我们也可以借由自然的材料获得光源，关于这些技巧，我们在后面的章节中会具体讲到。

》头灯

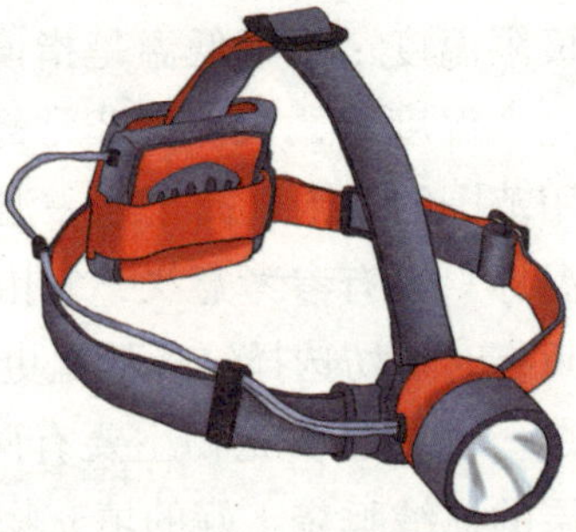

头灯是指戴在头上的灯，是一种常用的户外照明工具，头灯最大的优点在于它能够解放双手，使得我们能够在夜间行动或者扎营时获得更大的便利性，也能够在遇到意外情况时更好地处理，这是手电、营地灯等不具有的特点。在选择头灯时应该根据自己的具体用途和预算，在对头灯的防水性、抗摔性和耐寒性进行充分考虑之后，作出正确的选择。

》手电

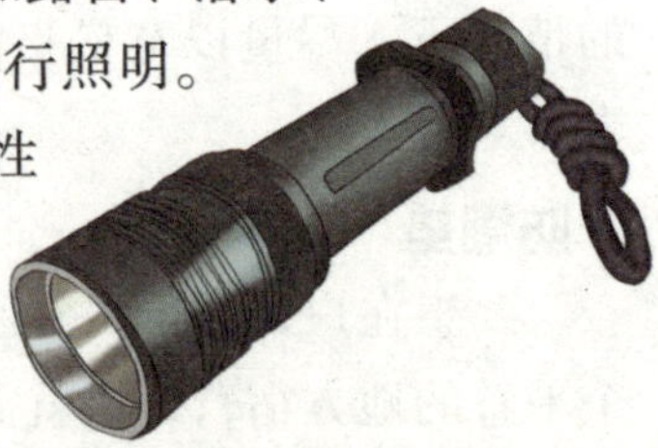

手电是一种手持的照明设备，在户外活动中经常会用到。在选择手电时，首先应该考虑购买手电的用途是什么，在不同的户外活动（如露营、潜水、救援、洞穴探险等）中，需要选择不同类型的手电来进行照明。手电的光束亮度、照明时间、光通量、耐冲击性和防水性能都是购买时应该考虑的因素。在选择了适合自己的手电之后，还有一点需要注意，那就是不要用手电直射任何人的眼睛，否则会对视力造成严重损害。

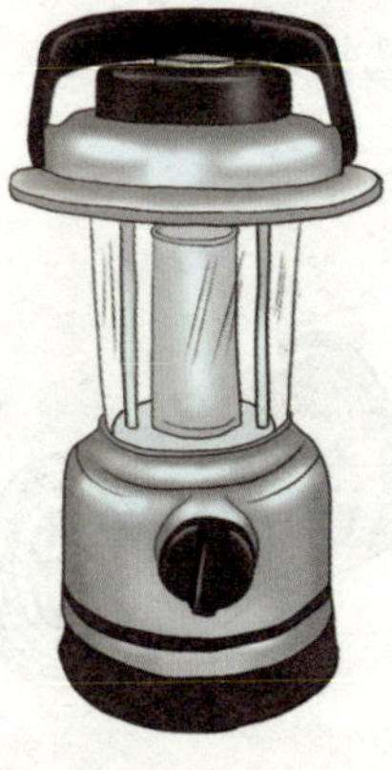

》营地灯

营地灯是一种可以移动的照明灯具，一般在户外扎营时使用，能够起到为营地提供照明、吓跑野兽、指示营地位置等作用。选择营地灯时应该选择质轻便携、照明时间长、光源柔和无频闪、具有良好防水性的营地灯。营地灯的种类很多，目前大多用冷光型节能灯管、LED 灯泡作为光源。早期的营地灯多使用干电池，其缺点是要携带许多电池，重量比较大。现在的营地灯一般都能够充电，可车充、电源充、太阳能板充电等，还有手摇式充电的营地灯，这种可充电的营地灯既节能环保又不用担心电源问题。

》蜡烛

进行户外活动的时候不妨也带上几根蜡烛，因为将溶化的蜡油滴在火柴头上不仅能够保证火柴不被打湿，还能在紧急的时候作为照明工具使用，但在使用蜡烛照明时一定要注意安全。

通讯设备

》口哨

户外旅行时最好随身带上一个轻便实用的口哨，别看口哨体积小，但吹响起来声音响亮，在关键时刻也许会救人一命。

》对讲机

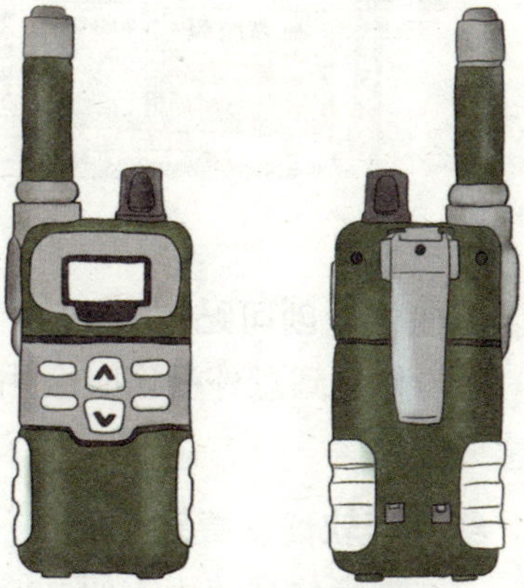

对讲机是在户外活动中经常用到的一种通讯工具，尤其是在多人组队的活动中，组内成员之间使用对讲机联络十分方便。在选择对讲机时，需要了解的是功率越大的对讲机耗电量就越大，而在野外是无法给对讲机充电的。如果一味追求距离而选择大功率的对讲机，其结果很可能是在需要用对讲机联络时却发现对讲机没电了。所以选择对讲机还是要考虑实际需要，同时可以准备一些备用电池来防止没电情况的发生。

》全球定位系统（GPS）

行走于户外，无论是寻找目的地还是定位自己的方位，GPS都是非常有用的。GPS能够给出非常精确的定位，但作为一种复杂的电子仪器，它对使用环境的要求也很高。

一个需要在户外使用的GPS，必须要具有防水、防震、防尘等多种功能，否则很容易在行进过程中损坏，较长的导航时间也是户外GPS装备应该具备的。另外，一个设计良好的GPS设备应该有较好的灵敏度和稳定性，同时在各种情况（包括阳光直射）下都应该能够让人看清屏幕上显示的数据。尽管GPS的定位性能优良，但对行走于深山密林里的旅行者来说，过分依靠电子仪器显然是不可取的。

急救箱

急救箱可谓户外活动中的百宝囊，这里不仅有能够处理户外受伤和疾病情况的工具，还可以放下许多拥有各种用途的小物件。

》药物

根据自己的体质和需要准备一些常用的药物，如抗生素、止痛药、止泻药等。

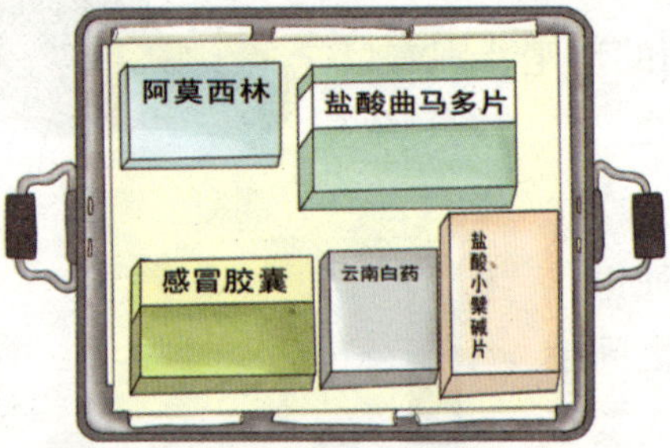

药物

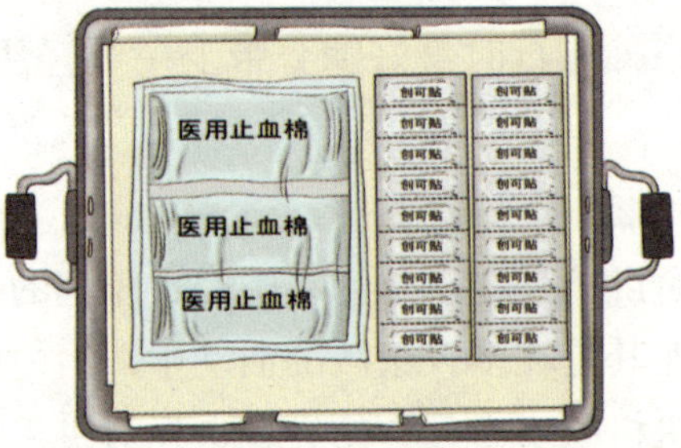

止血棉、创可贴

》止血棉、创可贴

当你遇到意外受伤时会用得着这些东西，创可贴十分便携，能够保护伤口不受感染。

》红霉素软膏、高锰酸钾

红霉素软膏使用方便，能够用来缓解脓疱疮、小面积烧伤、溃疡面的感染等引起的症状，而高锰酸钾则可以用来净化水或者清洗伤口。

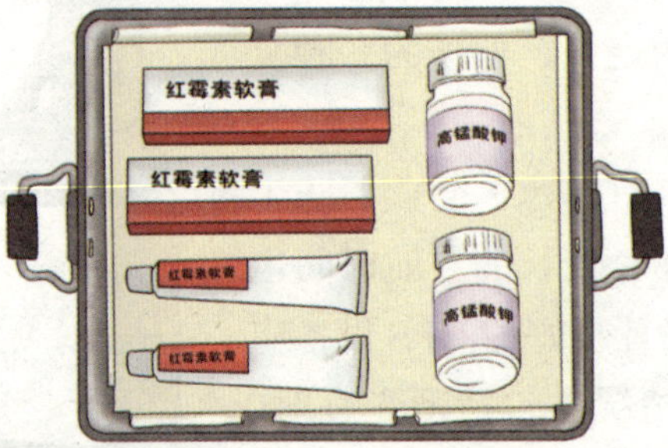

红霉素软膏、高锰酸钾

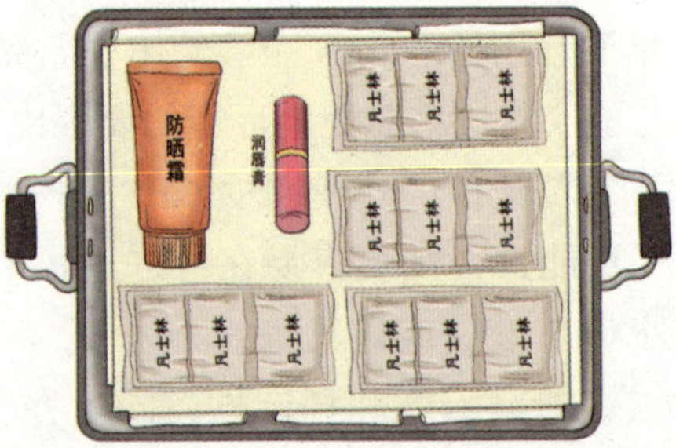

唇膏、防晒霜

》唇膏、防晒霜

在干燥、炎热的环境中，唇膏和防晒霜无疑能够为暴露在外的皮肤提供很好的保护。

》水质净化药片、安全套

水质净化药片能够让你在野外喝上比较干净的水，它们的原料一般来自优氯净和碘，如果你对碘过敏的话，就不要用。

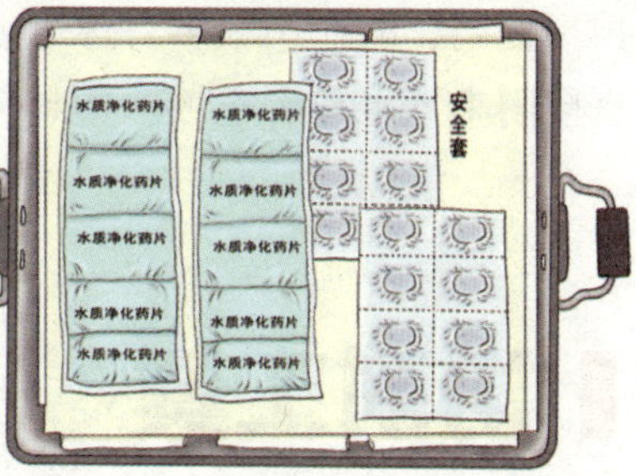

安全套可以用来保持物品的干燥，还能当作盛水的工具，你也可以用安全套来保护自己受伤的手指和脚趾。需要注意的是，你需要准备的安全套应该是不带润滑油的。

》鱼钩、鱼线、别针

鱼钩和鱼线能够让你的捕鱼计划变得更简单，而安全别针则可以用来修补睡袋、帐篷等。

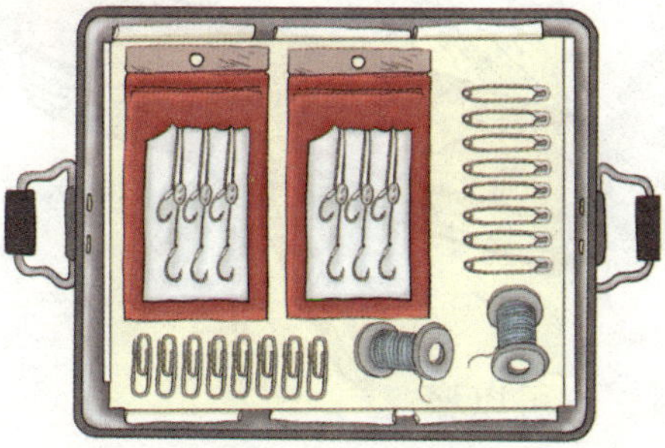

鱼钩、鱼线、别针

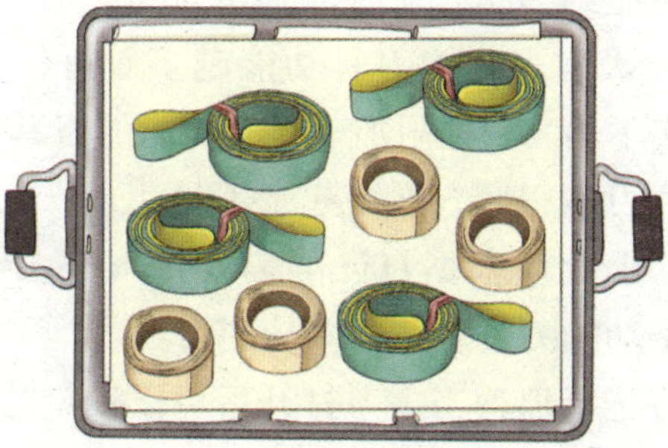

尼龙带、胶带

》尼龙带、胶带

尼龙带和胶带可以用来捆扎或修补东西。

炊具

对于长期的户外生存来说，获得食物是十分重要的。当然，很多食物是需要熟食的，所以我们不妨来了解一下有哪些炊具可以在户外使用。

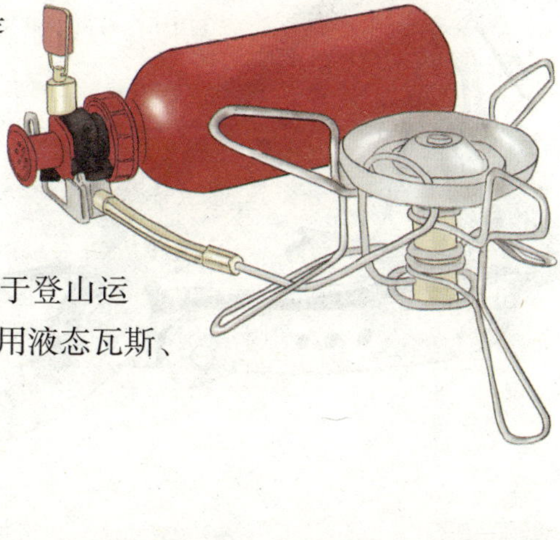

》炉具

炉具能够让户外野炊变得更加便捷，对于登山运动来说，更是十分重要的。一般来说，炉具是用液态瓦斯、燃料用油或者酒精等做燃料的。

》金属杯、塑料勺

金属杯的作用很多，你可以用它来烧水、煮东西，然后直接用来饮水或者吃饭。塑料勺可以用来吃东西。

切割工具

》多功能刀具

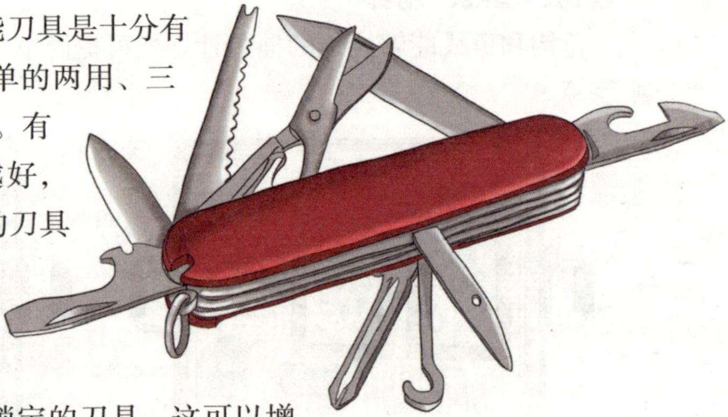

行走在户外，选择一款多功能刀具是十分有必要的。一把多功能刀具从最简单的两用、三用功能到多达几十种功能的都有。有些人认为多功能刀具功能越多越好，其实不然，一把附加了很多功能的刀具往往刀柄很厚，握持起来不易用力，因此应根据自己的需要选择多功能刀具。选择多功能刀具最好选择那种当主刀打开后可以锁定的刀具，这可以增加刀具使用时的安全系数。

》工具钳

工具钳也是一种多功能工具，除了钳子之外，还附带了刀、锯、改锥等工具，在野外十分实用。如果工具钳和多功能刀具功能重复，你可以按照自己的需要选择一个。毕竟在野外，你需要精简装备，减轻负重。

》刮胡刀片

小巧的刮胡刀片可以用来处理伤口或者是捕获到小型动物，但在不使用时要注意包好。不要用其切割较为坚硬的物品以免刀口崩裂。

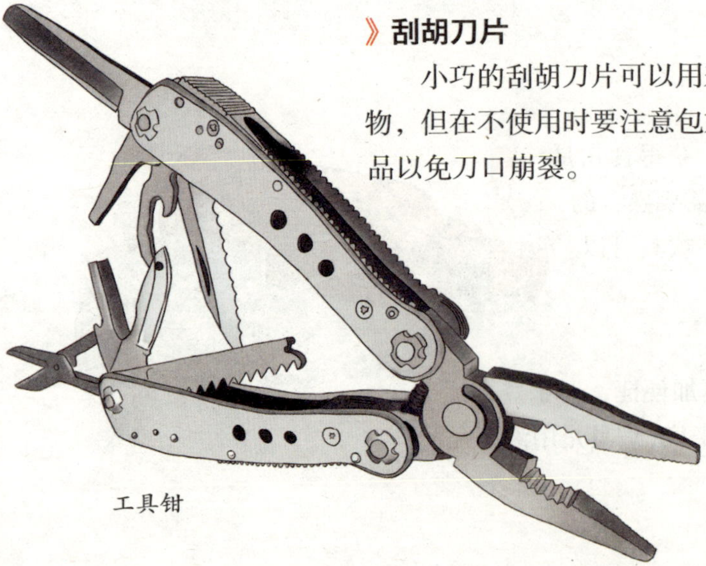

工具钳

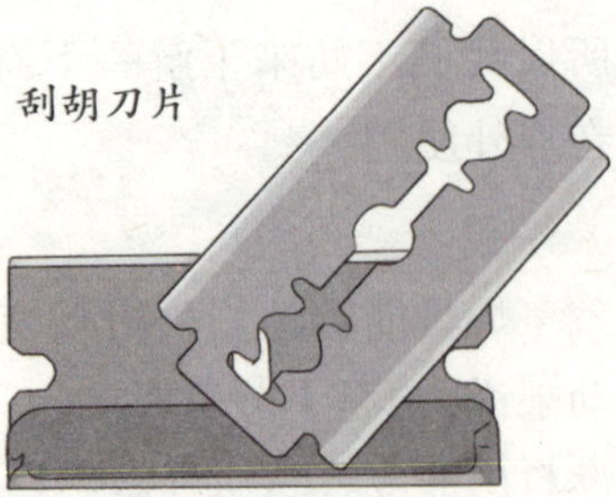

刮胡刀片

》钢丝锯

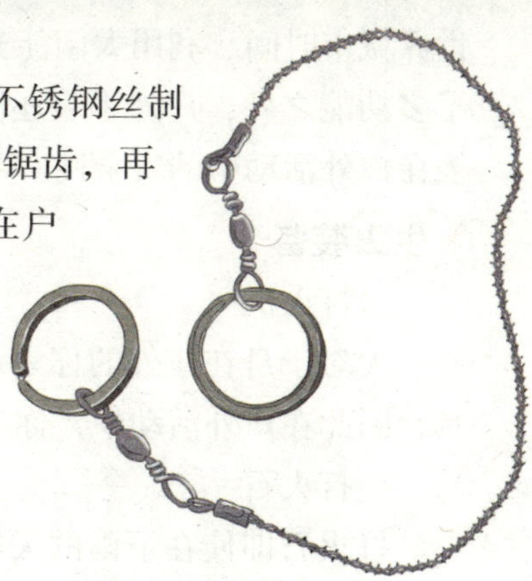

钢丝锯又被称为口袋锯，一般是用高强度拉伸的不锈钢丝制成。它是由细小的钢丝缠绕较粗的钢丝形成丝绕丝式的锯齿，再由四股丝绕丝制成锯锋，锯齿锋利而又平滑不伤手，在户外有很多用途。钢丝锯可以用来切割骨头、木头等多种东西，还可以用来制作陷阱。

选择刀具时有一点是需要注意的，那就是一定不能违反你所在的地方的法律，否则后果可能是严重的。

其他装备

》指南针

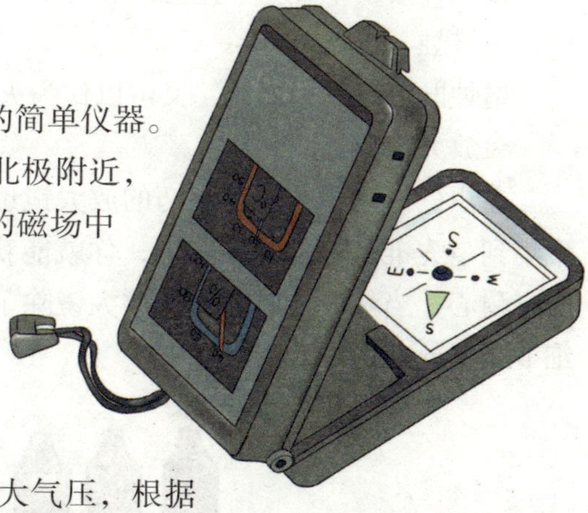

指南针又称指北针，是一种判别方位的简单仪器。因为地球是个大磁体，其地磁南极在地理北极附近，地磁北极在地理南极附近，指南针在地球的磁场中受磁场的作用，就会一端指南一端指北。在户外活动中，指南针是变相定位的好助手。

》高度计

气压高度计能够测量出不同高度点的大气压，根据气压差得到高度差，但由于气压也会受除高度以外的因素影响，因此这种高度计测量出的高度值有时也会存在偏差。高度计常用于登山活动中。

》气压计

气压计能帮助你在户外环境下了解当时的大气压力值，为户外爱好者及户外作业者提供测量数据。

由于将这些小装备一一带上十分麻烦，现在很多的装备都具有多功能的特点，指南针上有时也装有气压计和高度计，甚至温度计等。

》户外手表

对于喜爱滑雪、登山等户外活动的人来说，拥有一块户外手表会带来更多的方便。户外手表通常兼具温度计、气压计、高度计、计时器、电子背光、闹钟、资料存储、全自动月历、

世界城市时间、利用太阳能充电等多种功能，有些甚至会带有GPS等新兴功能。除了多功能之外，户外手表还能够防水、防震、防撞击、防摩擦，最大程度保证了手表在户外活动中的安全性。

》生火装备

⊙打火机

火对于身在户外的你来说无疑是十分重要的，而打火机又是操作简单的生火工具，因此在户外活动中，你不妨多带几个打火机以备不时之需。

⊙打火石

打火石即使在下雨的天气中仍然能够使用，在购买到打火石后，需要把表面的保护层去掉再使用。

⊙火柴

在户外活动中带上一盒防风、防水的火柴用来应急，真是再好不过了。

⊙蜡烛

蜡烛既可以作为光源，又可以作为火源。

⊙放大镜

在户外活动中，一个小巧的放大镜也能帮你解决生火问题。利用放大镜将热量聚集到事先准备好的易燃物上，你就能获得火种。但是，使用这种方式取火，你需要有耐心，当然，还有阳光。放大镜除了可以用来取火，也能够帮你查看地图上的细节或者处理伤口。

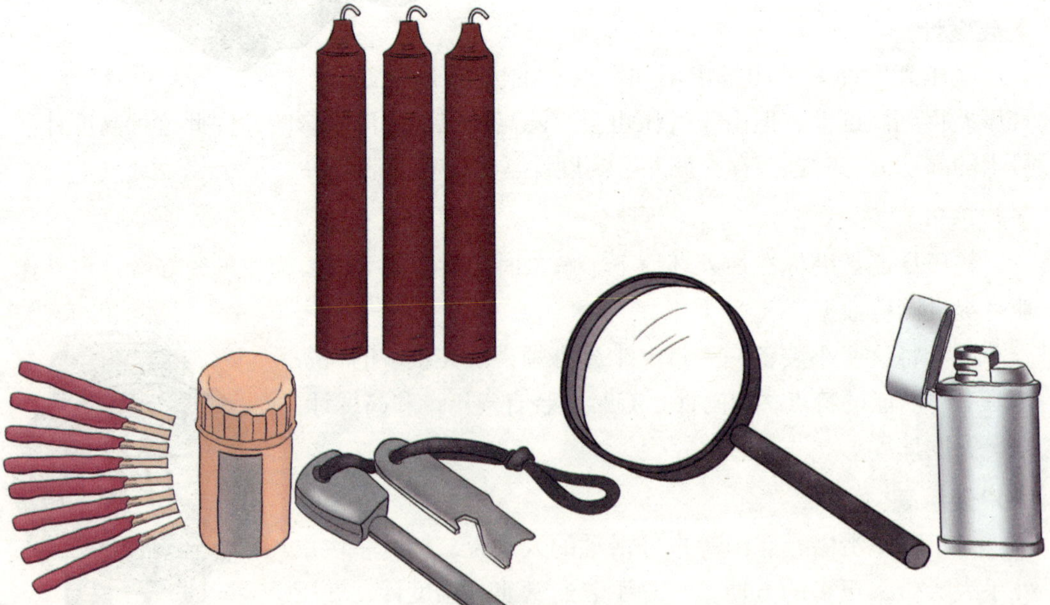

》针线盒

在户外活动中，一个针线盒可以帮你很多忙，你可以用针线来修补衣服或者装备，也可以用它来制作一个捕捉小动物的陷阱，针还能用来制作鱼钩、指南针，以及挑出伤口中的杂物碎片。

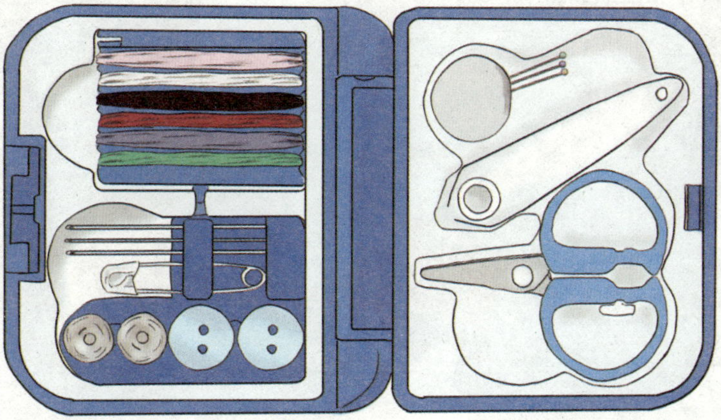

》伞绳

伞绳是一种重要的户外求生工具，它的用途很多，可以用来固定帐篷，修补装备，制作陷阱、渔网、钻木起火时的火弓等。伞绳不仅实用，而且牢固、便携。当你的伞绳长度有限时，应该尽可能将之使用在最需要的地方。

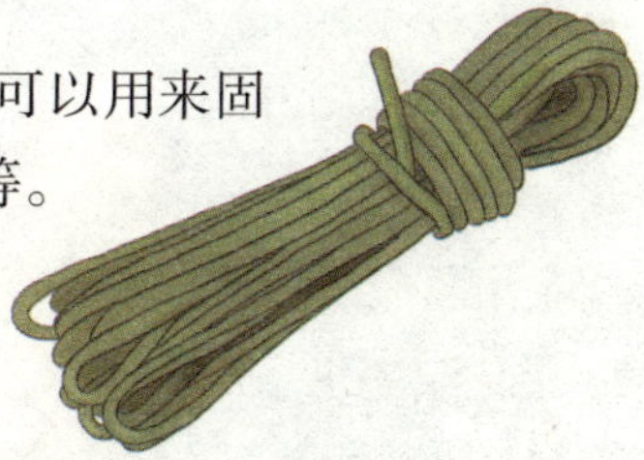

》笔记本、铅笔

进行户外活动时最好带上防水的笔记本和铅笔，它们能够帮助你记录一些有用的事情，也能够用来书写计划或者绘制草图。

》水和食品

随身带上一些水和食品是十分必要的，特别是一些热量较大的食品，如巧克力和牛肉干，这些可是你在野外找不到的。另外，别忘了带上一点盐。

第三章 辨向定位

在户外运动中如果不能辨向和不能判断自己的位置，那可真是件糟糕的事。一般来说，当你有计划地在野外登山、徒步时，会事先计划好行进的路线，可一旦当你真的进入深山或者森林之中，就很可能会迷失方向，这就需要你具有判断自己身处的位置、辨别方向的能力，只要你掌握了这些能力，就能够重新找到正确的道路。当你意外身陷荒野时，很可能既没有准备地图，也没有随身携带指南针，这时候你是不是一定就找不到正确的方向了呢？别担心，神奇的大自然会为你指明前进的方向。

如何使用地图

对于任何一个身处野外并想要寻找回到文明世界之路的人来说，地图都是一件重要的装备。你能够从地图上了解到一个地区的地形，知道哪里有河流，哪里有峭壁，你能够了解到自己该向什么方向前进或者通过计算得出自己需要前进的距离。如果失去地图，你将失去重要的信息来源，因此，要好好保护自己的地图。你可以裁去地图上的白边或者其他不必要的部分，以使地图更加方便使用；你也可以将地图折叠成合适的大小，使得对外的一面显示你将要前往的区域，这可以帮助你将注意力集中在行进路线上。最好使用防水的地图，因为地图沾上水之后会变得模糊不清。如果地图不能防水，你可以将地图放在一个防水的透明文件袋中；不要将地图放在地上，而去干别的事情，如果地图被风吹走或者遭遇“其他意外”，肯定是你不想看到的。

想要学会如何使用地图，首先就要了解地图，要对地图的比例尺、标示等有一

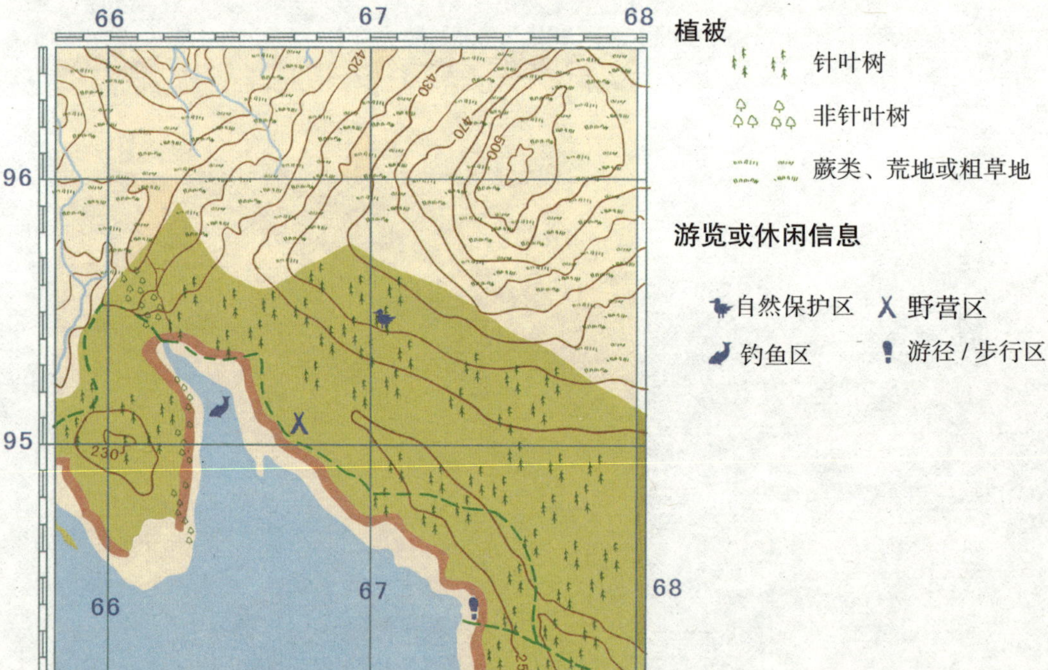

个具体的了解，你才能说你看懂了地图。

》比例尺

地图是按一定比例运用符号、颜色、文字注记等描绘显示地球表面的自然地理、行政区域、社会经济状况的图。在利用地图寻找方位、计划路线之前，要先认真研究地图上的符号与标记，检查比例尺。一般地图的比例是 1∶50000 或者 1∶25000。1∶50000 表示地图上的 1 厘米代表实际地面的 500 米。一些特殊用途的地图有不同的比例尺，比例尺较大的地图可以让你了解很多细节，而比例尺小的地图则可以让你对全局有一个更好的概览。每张地图的比例尺都会在图上有所标示，你需要使用这个比例尺来测量距离。

》等高线

等高线指的是地形图上海拔高度相同的各点所连成的闭合曲线。把地面上海拔高度相同的点连成的闭合曲线，垂直投影到一个标准面上，并按比例缩小画在图纸上，就会得到等高线。在等高线上标注的数字为该等高线的海拔高度。如果等高线上未标注数字，一般可以在地图的图例处找到等高间隔值的说明。比例尺为 1∶25000 的地图，通常每条线之间的垂直间隔是 5 米，而在多高山的区域，这个值可能会升到 10 米。

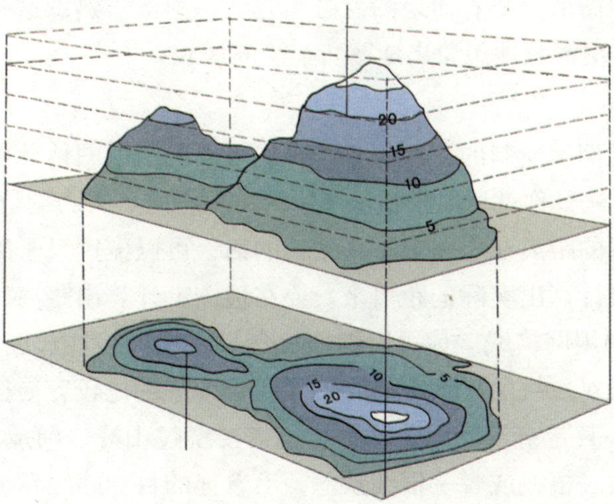

等高线具有以下特点：同一等高线上任何一点海拔高度都相等；相邻等高线之间的高差相等。等高线的水平间距较大时，表示这一区域坡度较缓；等高线的水平间距较小时，表示此区域的地形坡度较陡。等高线都是连续、闭合的曲线，除了悬崖等特殊情况之外，等高线一般不会相交或者重叠。等高线在图纸上不能直穿横过河谷堤岸和道路等，一般来说，水流方向垂直于等高线。当你学会读等高图，就能通过想象把它们转化成实际的地貌，它能帮助你了解一片地域的陡峭程度，你将会更有效地利用地图并进行路线规划。

》网格线

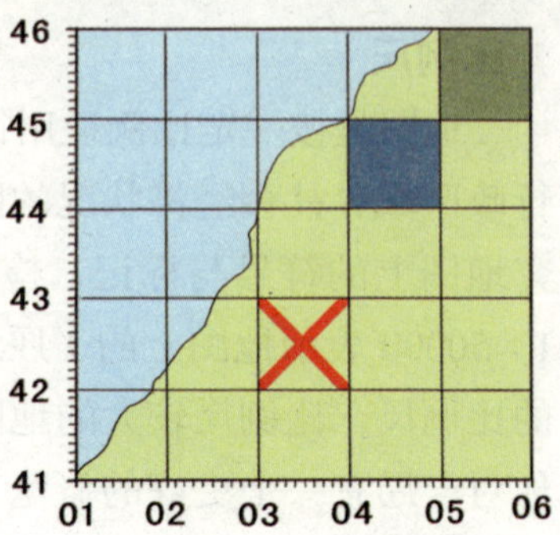

很多地图都标有网格线，这种自上而下和自左而右绘制的细黑线，将地图划分为大小均匀的方块。实际上，这些网格线很有用处，它能够帮你设置指南针或者帮你定位到地图上任何一个特定的地方。垂直方向的网格线叫作“东距线”，而水平方向的网格线叫作“北距线”。读取某一位置的格网坐标时，要先读取东距线上的数值，再读取北距线上的数值，如图所示，要表示图中蓝色区域，可以用一个四位的坐标值0444，如果要表示图中较为精确的一点如图中画红色记号交叉点的方位，则可以用一个六位的坐标值 035425 来表示。

》图例

图例是集中于地图一角或一侧的地图上各种符号和颜色所代表内容与指标的说明，它们能够解释图上的各种标志代表的信息，帮助你更好地认识地图。图例应该具有完备性和一致性，符号的设计要能表达地面景物的形状、大小和位置，而且还能反映出各种景物的质和量的特征，以及相互关系。因此，图例常设计成与实地景物轮廓相似的几何图形。要看懂地图，必须先认识图例，熟悉这些标志符号的意义很重要，这能帮你更清楚地想象出地图所描绘的地貌。

》计算距离

地图是按照比例尺绘制的，这就意味着你可以根据地图估计出实际的距离。掌握了估算距离的方法，你就可以根据地图制订出更省时、省力的行进计划。

如果你要计算的距离在地图上不算太长的话，可以先用尺子测量两点之间的距离，再对照比例尺计算出实际的距离来。要在地图上计算出距离，还有一个比较简单的办法，就是利用网格线。你可以参照比例尺得出网格线长度代表的实际距离，也可以得出网格线对角线的大致距离。上面两个方法都比较容易操作，但在实际情况下，你不可能一直走直线，因为你很可能需要绕过山峰、河流或者其他的地貌。此时，你可以拿出一根线或者一根细铁丝，沿着你的目标路线弯曲，然后再捏住两头拉直，用尺子测量出长度或者拿到比例尺图例处去读。

》绘制地图

在一些情况下，你可能没有准备所在区域的地图。这时，你也可以选择自己来绘制地图。自己绘制的地图虽然在精准度和详细程度上无法和标准地图相比，但它足以让你把重要的信息标记出来，为自己设计一条逃生之路。当你获得了完备的生存要素（包括水、食物、庇身所）之后，你就可以开始制作自己的逃生地图。

当你决定开始绘制地图时，要先进行地理考察。你需要尽可能地来到一个制高点，从那里进行观察，记下关键地标、障碍物、危险以及求生的资源。你需要将这些记录在纸上，以免忘记。

在绘制地图之前，首先要设置一个合适的比例尺，再按照自己估计的距离开始绘制。在你的地图上，你需要标记出地形的关键特征以及绘制出大致的等高线；标记出河流、悬崖、森林、障碍物以及一些可以用作标记的特殊事物；你还需要在地图上标记出水源、食物以及其他资源的位置，这对你的逃生计划将发挥很大的作用。除了在平面上绘制地图，你也可以利用自然环境中的树枝、泥土、石头等来制作一个立体的地形沙盘，这有助于你更直观地观察地形和选择路线。

有一点需要注意的是，当你离开营地去观察地形或者寻找水和食物时，不要忘记留下一张纸条或者标记来表明你的境况、去向以及你何时能够回来，以引起救援人员或者路过的人的注意，或许你会因此而获救。

如何使用指南针

在寻找正确的行进路线时，指南针和地图是你最好的帮手。在前面的必备装备中已经简单提到过指南针的工作原理，在这一节中，将会详细介绍指南针的使用方法。熟练地使用地图和指南针，能够帮助你在野外迅速找到正确的行进方向，这是一项十分重要的技能。

》挑选指南针

指南针的种类很多，所以对于新手来说，挑选指南针并不是一件容易的事情。有些指南针（如纽扣指南针和固定表盘式指南针）的体积很小，也具备指南针基本的功能，很适合用来作为备用指南针随身携带；基本型的野外定向指南针，使用起来则十分方便；体积较大的军用罗盘和地质罗盘，结实且辨向精准，但比较贵。

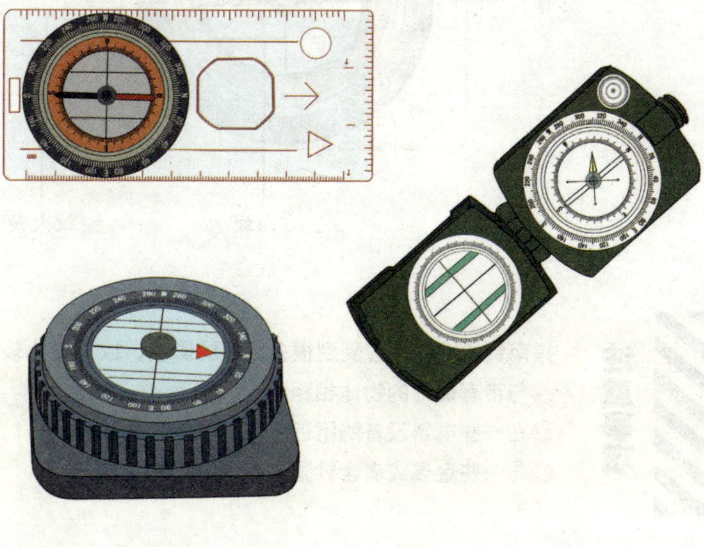

选择指南针不一定要选择最贵的，只要选择一个符合自己需要的就可以了。你选择的指南针要结实耐用，以免在关键时刻出现差错。另外，最好选择具有发光功能的指南针，这可以让其在黑暗中同样发挥作用。

》了解指南针

要学会熟练使用指南针，就先要了解指南针的构造。下图以一个常见的标准指南针为例，标明了指南针各部分的名称以及作用。

⊙可旋转刻度盘

可旋转刻度盘能够帮助你了解自己所处的方位。

⊙悬挂孔

你可以将绳子穿过悬挂孔，挂在脖子上，以防指南针丢失。

⊙方向线

在罗盘内平行排列的方向线，用于在配合地图使用指南针时与地图上的东距线对齐。

⊙放大镜

放大镜可以用来更好地研究地图的细节。

⊙行进方向箭头

行进箭头所指向的方向，就是你需要前进的方向。

⊙距离刻度

指南针上的距离刻度，可以用来测量地图两地之间的距离，有些指南针上的距

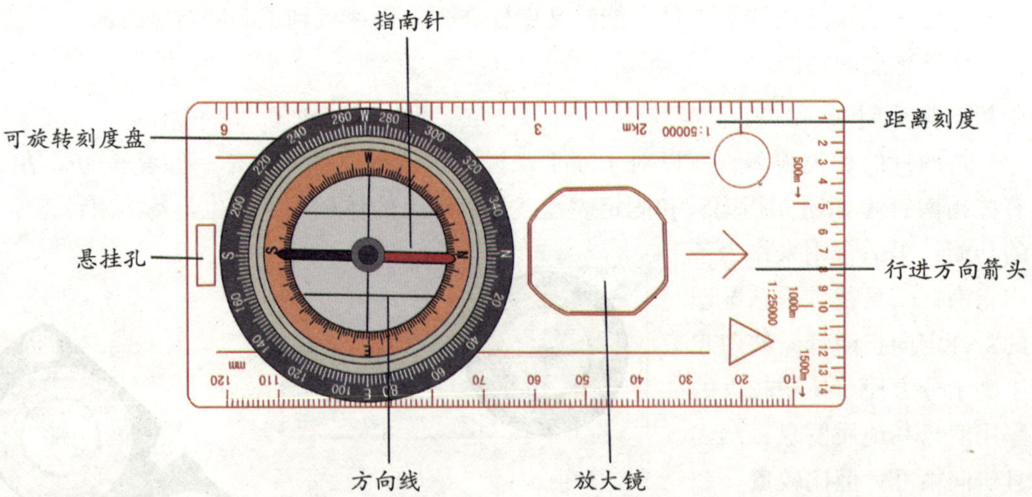

注意事项

指南针的准确性会受到很多因素的影响，以下为比较常见的几种：

❶与带有磁性的物体相距太近。

❷在一些电器设备的附近。

❸与一些金属或者含铁量较高的岩石相距较近。

离刻度是按照某一特定比例尺的地图来标示的，如果你的地图与指南针上的比例尺不匹配，就需要自行换算得出两地之间的距离。

⊙指南针

罗盘中的液体上浮着指针，这些液体能够使指针保持润滑，更快地做出反应。

》校正磁偏角

一般我们常说的北方是有三种不同的含义的，其中真北（也称正北）方向是沿地面某点真子午线的切线方向；坐标北（也称图北、方格北、网格北）方向是高斯投影时投影带的中央子午线的方向，也是高斯平面直角坐标系的坐标纵轴线方向；磁北方向是磁针在地面某点自由静止后磁针所指的方向。

之所以会存在不同意义上的北方，是因为地球周围存在一个天然磁场——地磁场，地球磁力线方向垂直于地面的点，叫作地磁磁极，靠近地理北极的是磁北极，靠近地理南极的是磁南极，而地磁南北极与地理南北极是不重合的。而坐标北与真北有偏差则是因为地图是平面的。

磁北与真北的夹角叫磁偏角，以真北为准，磁北偏于真北东侧叫东偏，则磁偏角为正；磁北偏于真北西侧叫西偏，则磁偏角为负。

真北与坐标北的夹角叫子午线收敛角，以真北为准，也有西偏和东偏之分，坐标北偏于真北之东叫东偏，坐标北偏于真北之西叫西偏。

磁北与坐标北的夹角叫磁坐偏角，以坐标北为准，磁北偏于坐标北东侧叫东偏，磁北偏于坐标北西侧叫西偏。因为地图上用的最多的是坐标线，而测量方位最经常使用的就是指南针，所以磁坐偏角是很重要的参数。

》三北方向之间的关系：磁坐偏角 = 子午线收敛角 − 磁偏角

有的指南针有磁偏角设定校正的功能，只要通过拧指南针上一个特定的螺丝，地盘就会旋转形成角度差。如果指南针没有这一功能的话，自己通过手动来校正磁偏角也是可以的。

要校正磁偏角，首先要了解当地磁偏角的大小，因为在不同的地点磁偏角是不同的，在出发之前，你可以通过上网搜索来了解当地的情况。在一些比较好的地图上，会将真北、坐标北和磁北的角度标出，这能够帮助你减少很多麻烦。需要注意的是，磁极也是随着时间变化而变化的，因此过于老旧的地图上的资料未免不准确，要及时更新。

》调整地图

按照地图的指示来行进，能够使你在经过某一地标时迅速在地图上找到这一地标的对应之处，这将大大降低走错路的概率，一旦你偏离了预定的行进方向，你能很快发现。你能够借助指南针，很好地实现这一点，即将行进路线与地图对应起来。

1 将地图平放在地面上，确保周围没有物体能够干扰指南针的运作。将指南针放在地图上，转动刻度盘，使“N”处于刻度的上方，同时使指南针的方向线与地图上的东距线相平行。

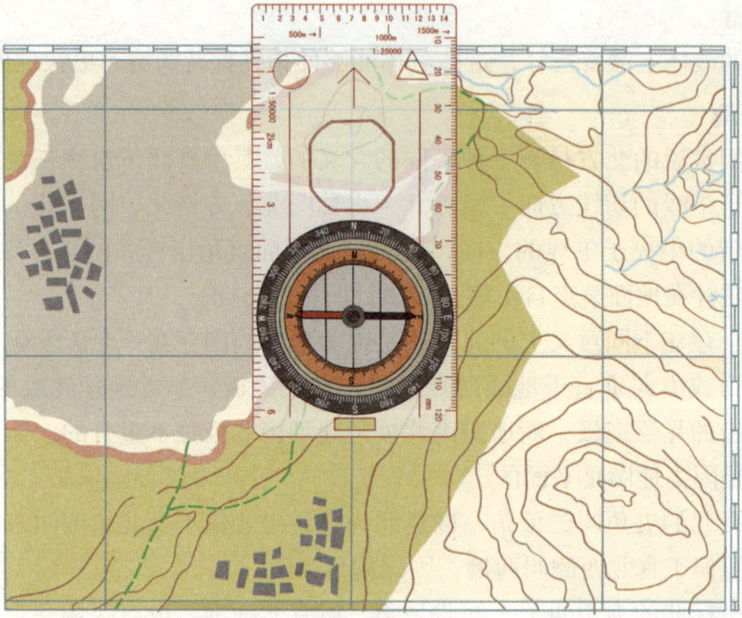

②让指南针的方向线和地图的东距线保持在平行的状态，转动地图，直到指南针上指向北方的磁针正好指向可旋转刻度盘上的“N”，此时地图的北端也正好对着北磁极，你就可以将地面上的物体与地图上的标识一一对应起来了。如果你所在的地区磁偏角较大的话，你还应该做一些相应的调整。

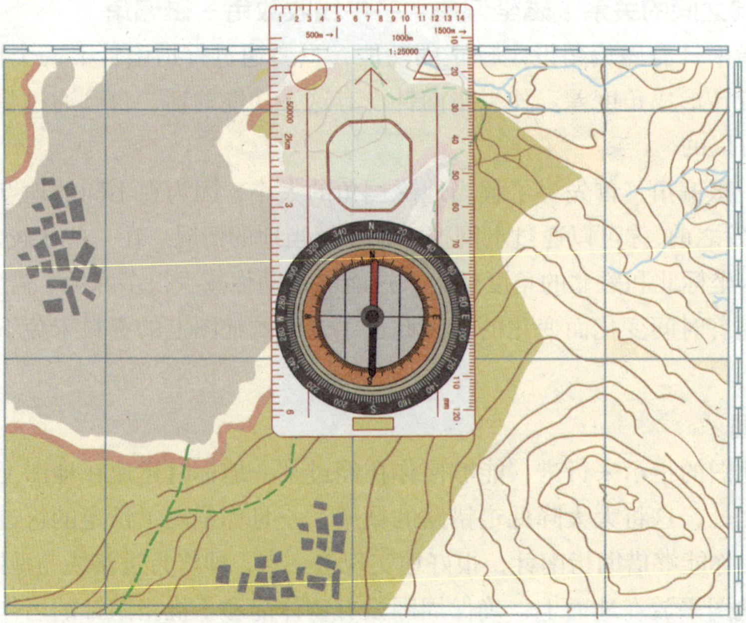

》测定方位

利用地图与指南针，你也可以确定自己的行进方向。

❶将指南针放在地图上，使其边缘一头挨着你现在所在的位置，另一头挨着你的目的地，确保指南针的行进方向箭头指向的是你想要到达的方向。

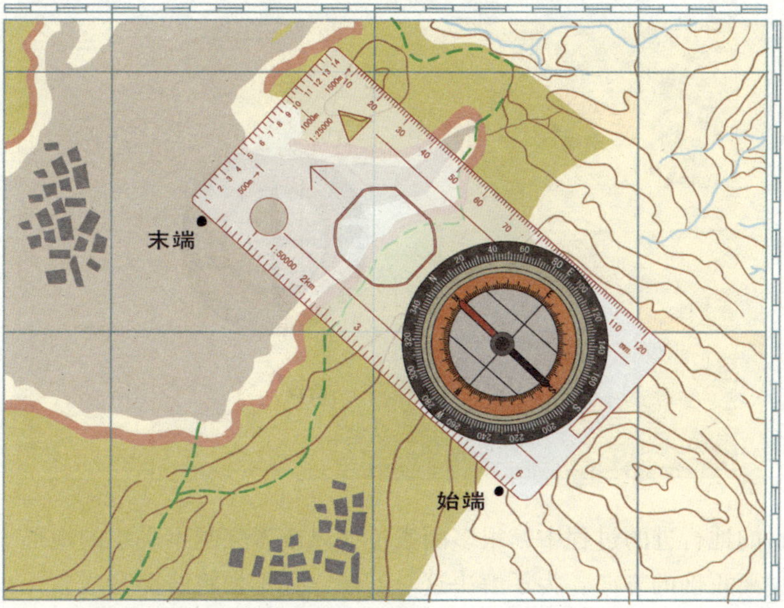

❷旋转指南针上的可旋转刻度盘，使得指南针上的方向线与北向指针都指向网格北方向。如果你所在的地区磁偏角较大的话，你还应该做一些相应的调整。

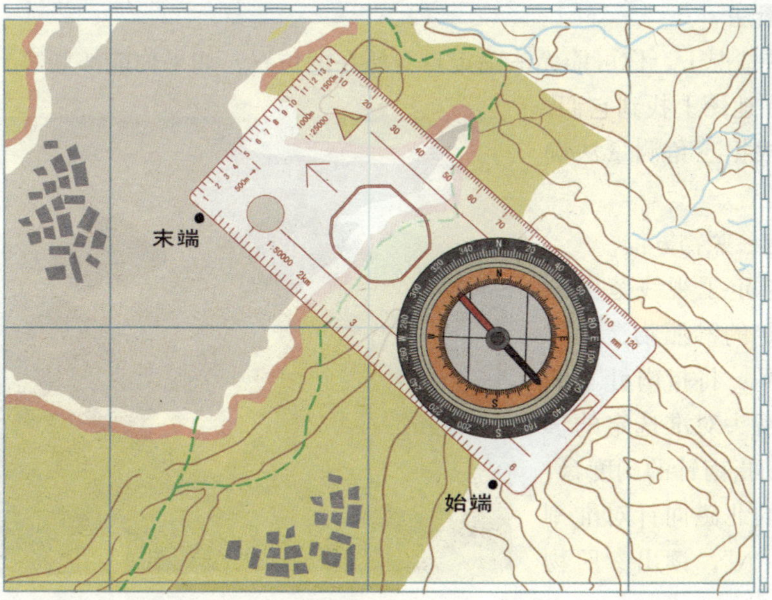

③ 将指南针放平，贴着你的胸部或腹部，使你低头就能够看见指南针，转动身体，直到磁北极指针对准刻度盘上的“N”。此时行进方向箭头所指的方向，就是你要去的方向。

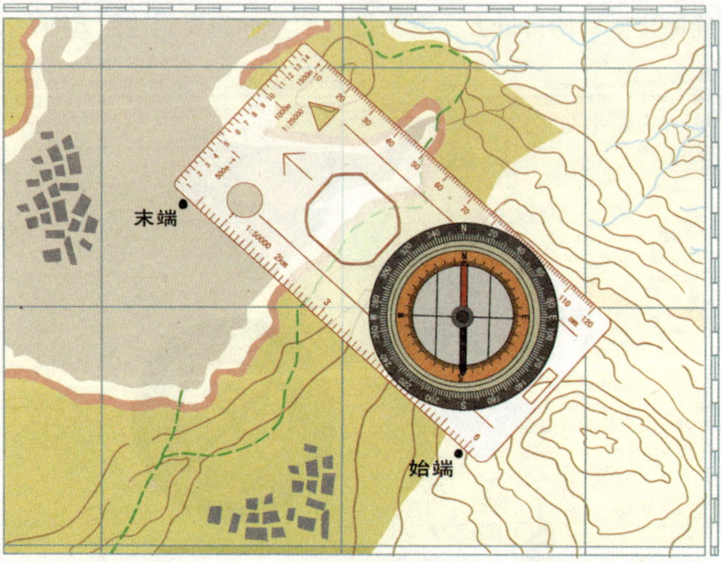

在朝目的地行进的过程中，很多因素（如风或者穿越不平坦的地形）会使你不知不觉地偏离正确的方向。为了解决这一问题，你不妨将线路分成若干小段，在每段路的起点设定一个不太远的固定目标，当你走到目标时再重新将指南针贴于身体一侧重复测定方向的第三步来找到正确的行进方向，这样才能有效地减少误差。需要注意的是，不要不小心移动了指南针的刻度盘，否则你就需要重新定位了。

》三角测量法

在一些情况下，你可能无法确定自身所在的位置，如果你能够观察到周围的一些事物并在地图上找到它们，你就能够根据三角测量法确定自己的位置。

⊙确定参照物方位

当你选定了视线范围内的某个特定的参照物，就将指南针端平，将指南针上的行进方向箭头对准选定的参照物，转动指南针的刻度盘，使指南针的北磁向针对准刻度盘上的“N”，读出参照物的磁向位即可。

⊙标注参照物方向

现在你已经得到参照物的磁向位角的度数了，你可以根据磁向位角和磁坐偏角计算出这一参照物的坐标向位角。

把指南针的箭头拨到这个方向，将指南针底盘的左上角放在地图上你选中的参照物上，在这个位置转动指南针，直到指针与地图的纵坐标平行。从参照物沿着指南针底盘左边沿画一条线，这就是你要的方向。

⊙在一个已知的参照物附近

如果你在地图所示的已知参照物（如河流、公路上）附近，并且你还能看到另一个可识别的参照物，你就可以根据这个参照物定位，根据上文介绍的方法测量出选定参照物在地图上的方位并标注出来，从选定参照物引出的线与你附近的参照物（河流、大路等）的交点即为你目前所在的位置。

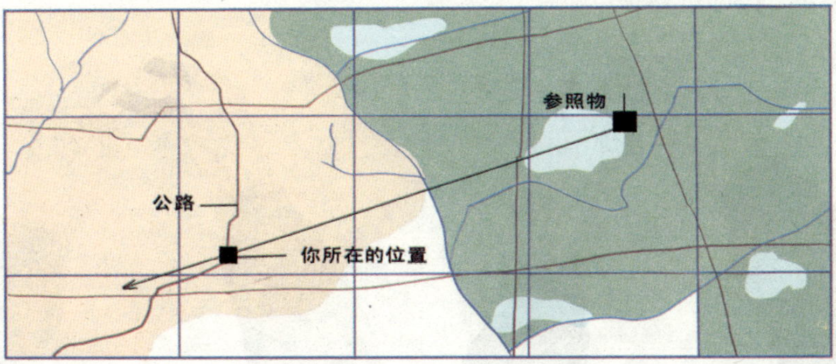

⊙附近没有已知参照物

在附近没有已知参照物的情况下，你也可以根据地图上标示出的参照物来确定自己的方位。找到至少两个你可以看到的标示在地图上的参照物，保证这两个参照物的距离至少有 1 千米，错角至少有 40° 。通过测量，你可以将两个参照物转换到地图上，从两个特定参照物上引出的两条线的交点就是你所在的位置。如果你找到三个已知参照物来定位，三个参照物引出的直线会形成一个三角形，而你的位置就在三角形之中，借助三个参照物来定位的方法要比借助两个参照物定位的方法更为精确。

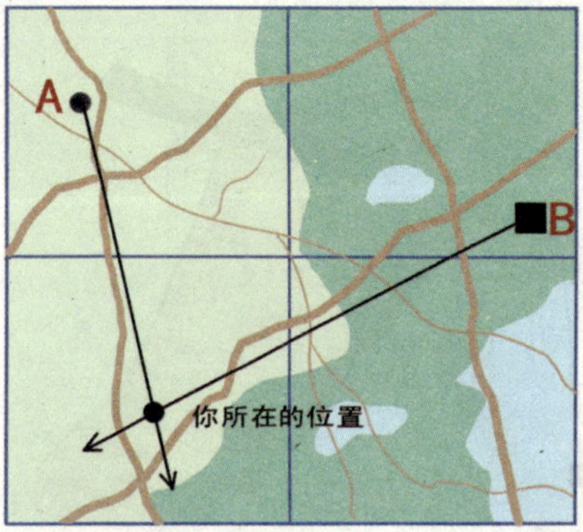

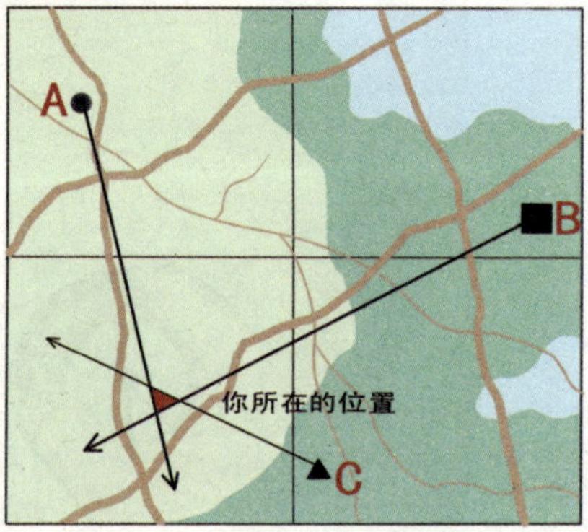

》自制指南针

在野外环境中，很多时候你不能期待自己会有完备的装备来走出荒野。当你没有随身携带指南针时，你不妨用手边的器具自己制作一个指南针。只要有一根金属针或者一个刮胡刀片，你就能够制作属于自己的指南针。

制作指南针最重要的步骤就是，你需要让手边的材料（如针或者刮胡刀片）被磁化，一般来说，越细小的针就越容易被磁化。

准备一根针，如果没有针的话，找一个曲别针或者铁丝代替也可以。

如何磁化呢？用丝绸来摩擦针十分有效，你可以用衣服或者睡袋的内衬等丝织品来摩擦针使针磁化。你也可以用针来摩擦磁铁以使针磁化。将针放在磁铁上，朝一个方向反复摩擦即可达成。

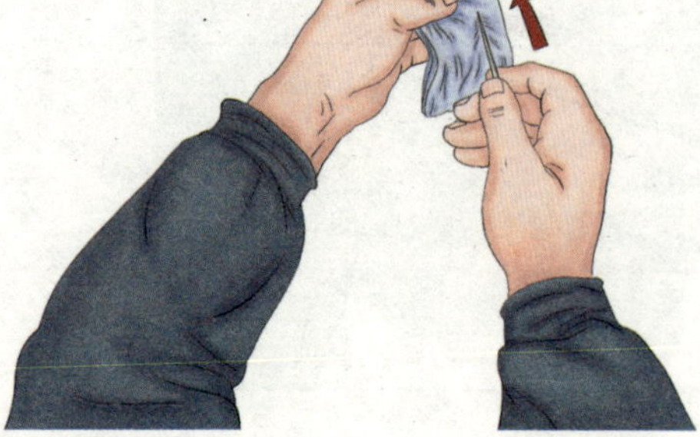

你可以捏住针的尖端，慢慢靠近自己的头部，在自己的头发上朝一个方向摩擦，反复摩擦直到针被磁化。你也可以将刀片或者针在自己的手里摩擦，无论你采取的是哪一种方法，都要小心，不要让自己受到伤害。

有一些技巧能够帮助你将针更好地磁化。你需要朝一个方向摩擦，从针尖摩擦到针眼的位置，至少摩擦 50 下；如果你没有选择在头发上摩擦使针磁化而是用其他方法使针磁化的话，你最后可以将磁化了的针在头发上蹭一点油脂，这能够帮助针更好地漂浮在水面上；用这种方法来磁化针或者其他材料往往不能保持长时间的效果，所以要不时地重新进行磁化。

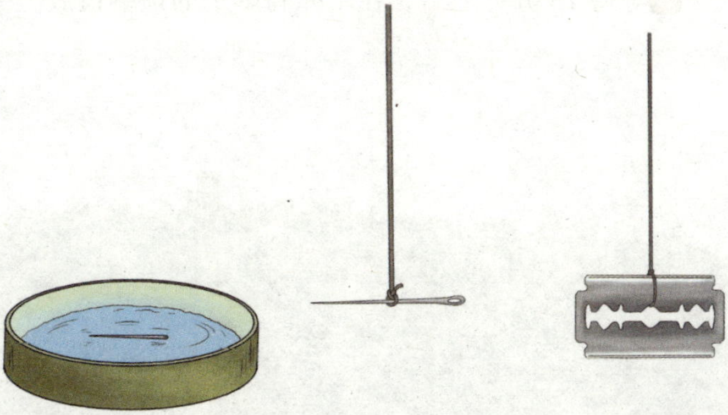

尝试将针吸附到金属上，如果针能够被吸附到金属上，说明你已经成功使针磁化了，这时你就可以进行下一步的工作了。

将针放到静止的水里，如一个盛水的盘子中。如果你无法找到这样的地方，也可以用细线将针悬挂起来，但这种方法没有放在水里效果好，因为线会产生一定的阻力。如果你手中被磁化的材料是一块刀片，你同样可以将它悬挂在细线上来指示方向。

当你借助针指出南北方向后，你需要配合太阳或者其他辅助物来断定自制指南针哪一侧指向南方，哪一侧指向北方，并在指南针上标示出来。如果你有一块磁铁那事情就好办多了，你只需要将针吸附到磁铁上，如果针被吸附到磁铁的 S 端，则针尖指向北方。

在使用自制指南针时，有一些事情是需要注意的，那就是如果指南针附近有铁质材料，则会对指南针的准确性产生影响。另外，对于悬挂式的指南针来说，周围的环境（如风等）也会影响指南针的准确度。

通过观察星象辨别方向

当你的现代设备都失灵了甚至连指南针都不能使用时，你该如何辨别方向？别惊慌，只要抬头看清天空，你就能找到正确的方向。要知道，身处在荒野之中，先进的仪器很容易就会损坏，而大自然却总是能够指给你正确的方向。你可以通过太阳、月亮、星星的位置来辨别方向。

》利用太阳辨别方向

由于太阳的运行很有规律，因此在晴朗的天气里，太阳能够清楚地为你指明方向。

太阳从东方升起，在西方落下。正午时，在北半球，太阳在南方；在南半球，太阳在北方。你可以利用木棍的影子来判断方向。你需要一根约 1 米长的木棒、一些石头和一块平坦的地面。

1. 将准备好的木棒垂直地插在平坦的地面上。
2. 将一块石头放在木棒阴影的顶端。
3. 等待 15 分钟之后，在木棒新影子的顶端再放上一块石头。

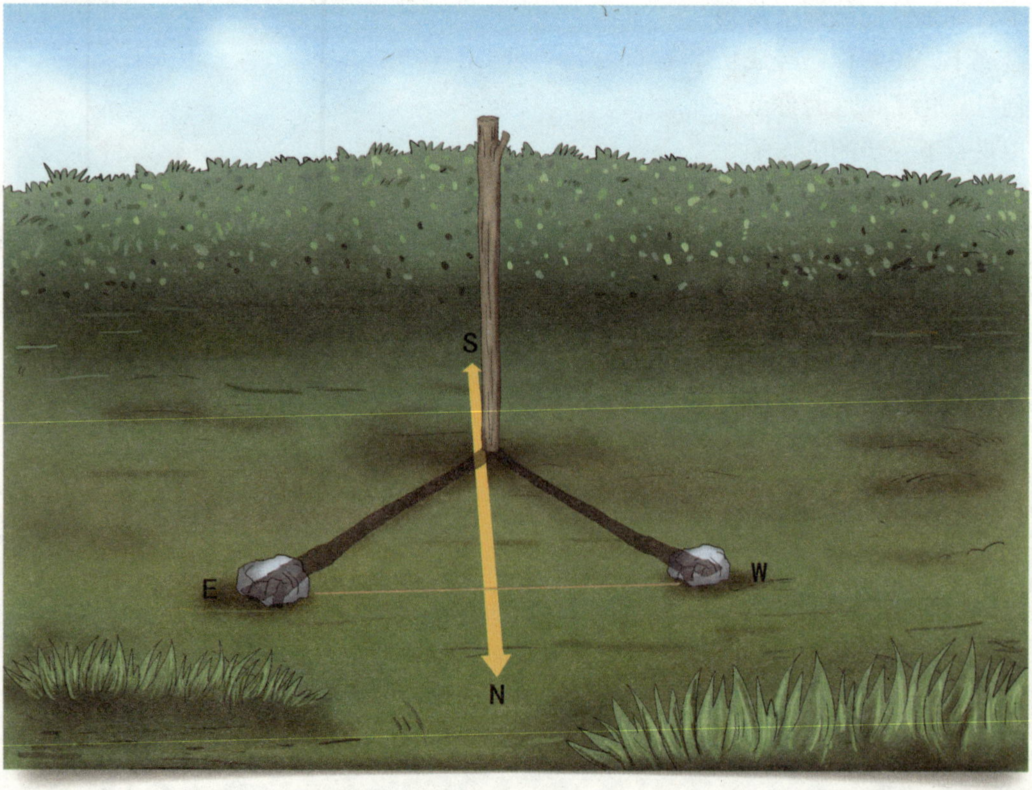

④在两个石头之间画一条直线，这就是东西方向线，第一次放石头的点就是西面的指向。

⑤垂直于东西方向线，画一条垂直线，就是南北方向线。在北半球，木棍的影子在东西线的北端；在南半球，木棍的影子在东西线的南端。

⑥如果你从早晨开始，在整个白天都规律地标记出木棒顶点的阴影，当影子最短的时候，就是正午。

在北极圈和南极圈之间的任何地区，都可以使用影子棒测出方位和时间。在纬度分别高于南北纬 66.6° 的地方，太阳可能始终处于地平线附近。在这种情况下，太阳在其最低点和最高点都将是指向正北或者正南（分别在北半球和南半球）。

利用太阳运行的规律不但能判定方向，也能帮你判断大致的时间。

①根据上面的方法，你已经画出了东西方向线和南北方向线，现在你需要将木棒插在南北方向线和东西方向线的交点上。

②在木棒上系上一根绳子，在绳子另一端系上一根较小的木棒，拉紧绳子，以大木棒为中心，从东西方向线上的一点开始用小木棒画一个半圆，在半圆与东西方向线的两个交点处各放一块石头。

③将半圆平分成 12 段，画出 11 个刻痕。当木棒的阴影指向其中一个刻痕时，说明时间是一个整点，当木棒的阴影指向中间的刻痕时，就是正午 12 点。

你也可以采用这样的方法来判断时间：当出现第一缕阳光之前，在地面上垂直插入一根 1 米长的木棒，记录下第一个阴影出现时木棒阴影顶端的位置，这时大概是早晨 6:00；在木棒上绑一根绳子，从第一个记录点开始，以木棒到第一个记录点的距离为半径画一个半圆；当阴影点达到弧线的末端，记下这个位置，此时约是 18:00；将弧线平均分为 12 段，从 6:00 至 18:00，每一小段就代表一个小时。

》利用石英手表辨别方向

如果你有一块带有指针的手表，并且你能够看见太阳，你就可以利用手表来辨别大致的方向，尽管这一方法没有利用木棒阴影辨别方向的方法更准确，但却是十分快速和便捷的，不过需要注意的是，在你那样做之前，要记得将手表调整到正确的当地时间。

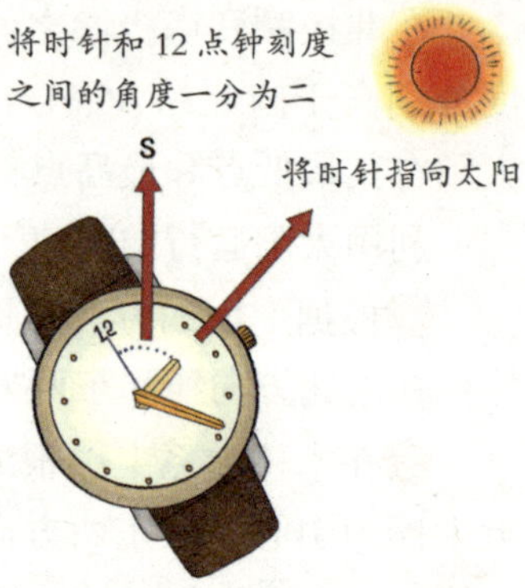

⊙北半球

将你的手表放平，将时针指向太阳，将时针和手表上 12 点钟的刻度之间形成的夹角平分为二，这时平分线所指的方向就是南方，而相反的方向为北方，你还能据此判断出东方、西方。

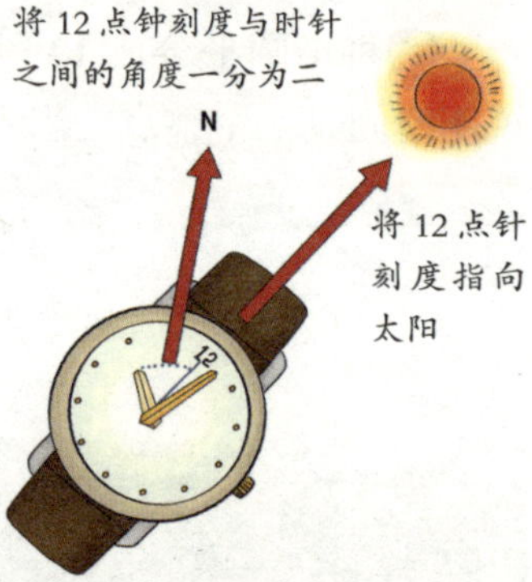

⊙南半球

将 12 点钟刻度指向太阳。将 12 点钟刻度与时针之间的夹角平分，平分线指向的方向即为北方。

如果你没有表，但是知道时间的话，你可以在纸上画一个表盘并标出 12 个时刻和当时的时间来模拟石英表盘，从而辨别方向。

》利用月亮辨别方向

在夜晚，月亮能够给你提供一定的光线，还能帮助你辨别时间和方向。尽管月亮本身并不发光，但月亮却能够反射太阳的光线，因此被照亮的部分就会对着太阳。在晴朗的月夜里，你可以用阴影法来辨别方向。当你看到一轮新月，将新月的两个角连成一条线并指向地面，在北半球，新月两角之间的连线会大致指向地平线南方；在南半球，大致指向地平线北方。尽管这不是一个十分精确的方法，但这已经足够让你辨别大致的方向了。

》利用星星辨别方向

在晴朗的夜晚，你可以通过天上的星星来辨别方向，这是因为虽然太阳和月亮在天球上的位置有所变化，但恒星在天球上的位置是固定的，所以可根据它们的位置来定位。

⊙北半球

在北半球，人们一般会寻找北极星来辨别方向。北极星属于小熊星座，距地球约 400 光年，是夜空能看到的亮度和位置较稳定的恒星。由于北极星离北天极很近，从地球北半球上看，它的位置几乎不变，因此可以靠它来辨别方向。

通常情况下，我们可以依靠寻找北斗七星的方法来寻找北极星。北斗七星属大熊星座的一部分，位于“大熊”的背部和尾巴。从形状上看像一把勺子，将“勺子”外侧的两颗星连成一线，顺着这条连线你就能看见北极星，北极星比别的星星要更明亮一些，并且北极星与北斗星之间的距离大概是北斗星外侧两颗星星之间距离的 5 倍。

正对着北斗七星星座的是仙后星座，其形成的符号是 W 或者 M。从 W 的第一颗星到北斗七星的第一颗星的连线大致会穿过北极星，北极星大约在其连线中间的位置。

只有当你在北半球的时候，才能看见北极星，越往北走，北极星在空中看起来就越高，当你到达了极高的纬度时，就无法再依靠北极星辨别方向了。

⊙南半球

在南半球是无法看到大熊座、仙后座和猎户座等星座的。在这里，你不能依靠北极星辨别方向，也没有单独的某一颗星能够指向北或者南。这时你应该在天空中找到南十字座，沿着南十字座较长的轴线寻找天空中较黑的区域。将半人马座两颗最亮的星连成一条线，然后假想从线的中心点射出一条垂直线，这条垂线与假想的南十字座轴线相交点下方就是正南方。

通过自然环境辨别方向

尽管通过星象来辨别方向是个不错的办法，但当天气不好的时候，你很可能看不到或者看不清天空中的星体。然而，你还可以通过自然界的其他事物来辨别方向。在自然界中，有很多标志都可以作为你辨别方向的标示，比如风吹树形成的形状、地形、动物行走的路线、太阳对环境的影响等，只要你掌握了一定的知识，并善于观察周围的环境，你就能通过周围的自然环境找到正确的方向。

》通过风向辨别方向

当你了解了一个地方在某一季节的风向时，就能够通过辨别风向来分辨方向了。要了解一个地区在某段时间内的风向意味着你应该在出发前做好功课，事先进行了解，如果你并没那样做，就要通过常识来判断风向。一般来说，在南北半球的中纬度，风都是来自西边；在多数的低纬度地区，一年中的大多数时候，风都是在北边和东南边之间吹；在赤道，风通常是来自东边。

★当有风的时候，你通常能够通过自身的感受判断风向。如果你感觉没有风，也可以将一只手指蘸湿然后举起来，如果你感到一侧有些凉，就表明风正从那个方向吹来。

★被风吹的树会指示风向。你能够发现，树在被风吹的方向会有些变形。一些树在迎风面长得比较稀疏，而在背风面则长得比较繁茂。

★风是塑造沙漠地表形态的重要因素。在单风向地区，一般以新月形沙丘及沙丘链为主。沙丘和沙垄的迎风面，坡度较缓；背风面，坡度较陡。

★如果下雪的地方下的是粉末状雪，形成的“雪丘”通常是与风向平行的。

★悬崖及石头的迎风面比背风面要光滑些。

★在多风的地区，多数动物和鸟都将它们的巢穴建立在背风面，而蜘蛛会在背风的地方织网，如果你在一个地方看见很多残破的蜘蛛网，那么这个地方最近可能改变过风向，而且风向与常规风向相反。

》通过太阳的影响辨别方向

太阳对于自然界动物、植物等的影响是十分大的，应该对你即将要去的地方所生长的植物有一定的了解，同时了解一下这一区域常见动物的习性，这会对你非常有好处。当你了解了太阳对自然界的影响，即使是没有太阳的阴天，你也能够通过这些迹象来辨别方向。

★在北半球，朝向太阳的树冠的一侧会长得比较茂密。落叶树在向阳的一面长得更加繁茂一些，而在背侧斜坡上则会长一些常青树。

★有些树木背阴的一面树皮颜色较为暗淡粗糙，而向阳面则较为光滑。

★树桩的横截面上，向阳的一面年轮较为紧密，而背阴的一面要稀疏一些。

★秋季里许多果树朝阳面的果实结得较多，尤其以苹果、红枣、柿子、柑橘等比较显著，果实在成熟时也是朝南的先变色。

★苔藓和地衣喜阴湿不喜光，因此生长在树木或其他物体的背阴面。一般来说，山的阴坡上低矮的蕨类和藤本植物比阳面生长得更加茂密。

★在沙漠地带，一些植物（如仙人掌）会朝着太阳的方向生长。

尽管我们可以通过自然环境来辨别方向，但自然环境通常是受多种因素影响的，比如独立的大树通常向阳面的枝叶较茂密，而背阴面的枝叶较稀疏。但植物的生长也会受到风等其他因素的影响，因此在利用自然界特征判定方位时，要注意具体情况具体分析，并且要注意多种方法综合运用，互相补充、验证，不能盲目做出判断。

测量距离的基本方法

对于在野外行进的人来说，会测量距离是非常有用的。无论是你要计划每天行进的路线，还是计算何时能够到达更为安全的地点，或者你需要在某一特定时间到达指定地点，你都需要用到这一技能。如果你掌握了这一技能，就能估算出自己大概走了多远，还有多远的距离要走，从而在预定时间到达目的地。反之，你可能就得在荒野中的某个陌生地熬过漫漫长夜。

》步测

步测是一种用来估算自己行走过的距离和行走速度的简便而常用的方法。你需要找到一块平坦的地面，标记出 100 米的距离，计算出你行走 100 米需要多少步以及所需的时间，然后你就能够据此计算出自己行走的时速，再结合地图和指南针，就能够更好地规划自己的路线。但是有一点你应该知道，你的速度一定会随着地形的变化而发生变化。一般来说，在行进时遇到爬坡的情况你将比在平地上行走的速度慢一些，而遇到一般的下坡，你的行进速度将比平地上快一些，如果遇到的是陡峭的下坡，你的行进速度则要比在平地上慢一些。你的行进速度与自身的身体情况和负重情况以及风向也有很大的关系，这些因素都应该被计算在内。

》借助参照物

要计算自己走过的距离，也可以借助参照物来估算。你可以事先在地图上选定一些关键的具有明显特征的参照物，计算出各个参照物之间的距离，当你经过这些参照物时，就在地图上标出来，这样你就能计算出走过的距离以及还有多远可以到达目的地。

》简易测距工具

你可以制作一个简易的测距工具来记录所走过的距离，如果有条件的话，你也可以使用计步器来计算你走过的距离。

★你可以找一根长木棍作为手杖，在你的手杖上刻 11 个凹槽，将橡皮圈套在最上面一个凹槽上，以后每行进 100 米就将橡皮圈移到下一个凹槽上，当你的橡皮圈从最上面的一个凹槽移到最下面的一个凹槽，就说明已经行进了 1 千米。

★在一条绳子上穿上珠子或者塑料紧固扣，每走 100 米就滑动一个，从而计算自己走过的距离。

★在一侧口袋里放 10 个小石子，每走 100 米就将一个石子放到另一个口袋，以此计算自己走过的距离。

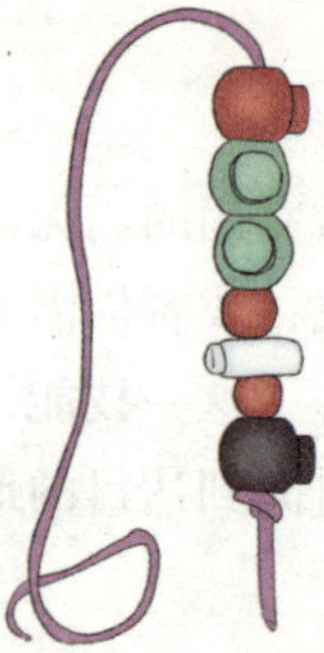

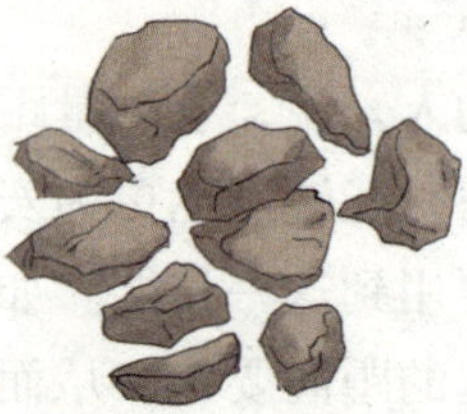

》目测

在很多时候，目测能够帮你快速地估算出距离，尽管这一数据不是十分准确，但是在一些情况下还是有用的。你可以选定一些物体甚至一个人来作为自己判断距离的依据：如果你视力正常，你可以看清一个距离你 50 米的人的嘴巴和眼睛；当一个人在你对面 100 米处时，他的眼睛会变成一个点；当他在距离你 200 米处时，衣服的细节可以辨认出；当他在距离你 250 米处时，你可以看到他的脸；当他距离你 450 米时，你能辨别出其衣服的颜色；当他在距离你 750 米处的时候，人看上去就像个筒子。但是，目测会受许多外部环境的影响而产生偏差。当你往山上看时，看过一片雪地、水面或光滑的沙子时，或者物体有明亮的光线时，物体清晰可见并有清楚的轮廓时，物体比周围的东西大时，物体看起来比实际的要近；当你往山下看时，向下看一个特征地貌呈隧道效果时，你看过一片波状起伏的地面时，或者物体的颜色与地面较为接近时，物体比较模糊时，物体与周围的东西相比较小时，物体看起来比实际的要远。

》手指方法

一般来说，人们两只眼睛之间的距离为眼睛与伸展开手臂上的手指尖之间距离的 1/10。根据这一规律，你就可以用手指估算出大致的距离。将你的手臂伸展开，将食指向上。用一只眼睛将你的食指瞄向远方的一个特征地貌。不要移动手指，用另一只眼睛观察那个特征地貌。估算指向的那个特征地貌，你手指移动的距离，这样到特征地貌的距离将是你两根手指位置之间距离的 10 倍。

》增加估算的准确性

有时候，你的估算可能没有那么正确，这时你可以利用一些办法帮助你增加距离估算的准确性。

你可以将一些因素考虑进去，运用上述方法之一对半程距离进行估算，然后将得到的结果乘以 2 即可。

如果你是一个人行进，你可以用两种或者两种以上的方法对距离进行估算，从而得到一个平均数值。

如果你不是一个人行进，可以让团队中的每一个人用任意一种方法估算距离。然后综合所有人的结果计算出一个平均值。

》进行合理的调整

在计划路线时，你不仅要考虑路程的合理性，还需要将食物、水源、露营地也考虑在其中。你可以将自己的线路计划分解成若干段，这样不容易因看不到参照物而弄错方向，也可以让你在心理上感觉到达目的地的道路不是那么漫长。当你们是团队行进时，这些参照物也可以作为紧急集合处让失散的队友找到团队。

在很多时候，当你朝着自己设定的参照物行进时，很可能会发现一些不得不绕开的参照物，这时候，你绕过所选定的参照物行进，很可能比穿越它们更容易，因此你的行进方向就会偏离预定的方向，你走过的距离和原来的计划也会有所不同，这时要根据实际情况对行进计划进行合理的调整。

第四章

行进技巧

无论身处何种野外环境，行进都是你不得不掌握的基本技巧。行进并不是单指徒步前进，无论是徒步、游泳、攀爬，甚至借助牲畜、汽车等行进都可算作不同的行进方式。尽管行进看上去很简单，实际上是有很多技巧的。在不同的环境下行进，需要用到不同的技巧，不同路面和不同的交通工具行进方法也是不同。而这些技巧能够帮助你减轻疲劳，让你在行进中效率更高，还能保证你的安全，在一些极端的情况下，甚至还能救你一命。

在行进之前，最好先研究地图并观察地形，选择最平稳的道路，避开山岩、河流、崎岖的小路等，以保持体力和保证安全。

徒步行进技巧

徒步行进是野外比较常见的一种行进方式。你在出发之前，应该做好准备，携带合适的装备，穿上合适的衣服，选择合适的鞋子。鞋子在行进过程中对你的影响很大，要确保鞋子合脚。另外，不要穿新鞋去野外徒步，因为新鞋和脚部需要一定的磨合，如果你把这个工作留到野外做的话，很可能会使脚部受损，从而影响行动能力。

》平路

在平坦的路上行走时，应该把步幅放大，这样做有助于节省体力且便于休息。

》爬坡

爬坡行进的时候，身体要微微向前倾，保持一定的速度，但是步幅要放小，手臂有节奏地摆动以保持平衡，不要东张西望，脚要尽量平放在地面上。如果坡度较大可以借助外物（如登山杖）来支撑身体。

》下坡

下坡时，身体要稍向后倾，目视前方，全脚掌着地，两腿呈弓步行进，用胳膊保持平衡。行进速度不要太快，保持稳定的速度，以免失控发生危险，切勿并脚停下，否则很可能会跌倒。

》穿越碎石坡

徒步行进途中，如果遇到碎石坡是让人厌烦的。穿越碎石坡时，无论是上坡还是下坡，脚下滑动的碎石都会给你带来很多困难，它们会减缓你的行进速度，还可能导致一些意外的伤害，所以你在穿越碎石坡时更应该了解一些相关的技巧。

当你穿越碎石坡时，最好选择一条“之”字形路线，并沿着石块大小差不多的路径行进，一般来说，石坡边缘的石头更大、更稳。当你走上碎石坡之前，应该先用脚尖试探一下石头是否稳当，再迈上去行走。爬石坡时要把脚掌张开，让身体的

重量落在脚的内侧。下石坡时，要保持平衡，慢速滑动，如果失去平衡，就用胳膊帮助身体保持稳定，再慢慢下滑，下滑的时候要注意，不要让大石头伤害到脚踝。

徒步行进在山路上时，一定要保持警惕，行进时不要一味追求速度以致步幅过大，毫无节奏；要关注周围的情况，切忌只盯着脚面；不要将重心全部放在脚心或脚掌，不能将双手插在口袋中，因为你很可能要用双臂保持平衡。

》夜间行进

在一些特殊的情况下，你可能需要在夜间行进，比如在炎热的沙漠中，你可能选择在温度较低的夜间行进，或者你需要赶时间，也可能会在夜间行进。夜间能见度低，可能会有意想不到的危险。如果你不得不在夜间行进，一定要给自己找到合适的光源，如果实在没有光源，就要让自己的眼睛适应夜间的微弱光线；用登山杖探路，以避免脚下或者前方情况不明带来的意外伤害；提高警惕，保持步伐的缓慢、平稳，注意力集中；每隔一段时间用指南针等器材查看一下自己行进的方向是否准确，因为在夜间，你很可能会失去方向感，如果行进了很远的路才发现方向错了，不仅白白浪费了体力更会使人产生负面情绪。

》团队行进

如果是一个团队在一起行进，那么要保证所有队员的步伐是一致的。在这种情况下，掌握好行进的节奏是很重要的，团队行进时要定期停下来休息，让体力较差的人得到休息，确保每个队员都知道路线，在行进途中不会掉队。

在徒步行进过程中，保持愉快的心情尤为重要，如果只想着尽快到达目的地，容易引起疲劳，进而产生负面情绪。

攀爬行进技巧

攀爬具体来说就是攀登和爬越。指一个人用双脚和双手攀住某一样东西向上运动，而在这一过程中借用的工具很少，简单来说，也就是没有绳索的攀登。攀爬的关键在于“三点固定法”，也就是自始至终要保持与岩石的三点接触，攀爬的方法是保证身体或两手一脚，或两脚一手固定后，再移动其他点，使身体重心逐渐上升，

这要求攀爬者的手脚动作协调，能够很好地配合。在攀爬中，双腿的主要作用是支撑攀登，而胳膊则用来平衡身体。

在攀爬中，要注意稳、轻、快，并根据自己的情况，选择最合适的距离和最稳固的支点，小心前进，保持平衡，切忌窜跳或猛进，并避免两点同时移动，更不要跨大步和抓登过远的点。

由于攀爬的危险性较大，难度较高，因此如果能够避免就尽量避免，在规划行进路线的时候，要尽量避开需要攀爬的地点，选择能够绕开障碍的路径，只有万不得已再考虑攀爬。在攀爬时，有几点是一定要记住的，那就是要事先预估好自己和随身携带的装备的重量，这样才能在攀爬时做到更有把握；在攀爬时不要冒进，如果一次没有成功，还可以进行多次尝试，千万不能冒险，否则不小心从岩石上跌落可能会造成十分严重的后果；在攀爬时一定要保证自己在爬不上去的时候能够爬下来，否则将很可能造成进退两难的情况。

攀爬时最重要的是要保持身体的平衡，在行进时，要平均分配身体的重量，选择最能平衡身体的手足支撑点，当无把手点或踏足点时，也可以将手或脚摆在特定的位置，以保持身体平衡，臀部和肩膀也可以用来调整身体平衡，要好好利用。

》选择合适的手足支撑点

在攀爬时，山岩上的一些凸起或凹陷会给你提供合适的手足支撑点，当找到这些支撑点之后，先测试一下这些手足支撑点的稳定程度，然后再用它来支撑你的重量。

你可以用手抓住岩石的凸起部分或者用手抠住岩石的棱角、缝隙和边缘，通常情况下，这些搁手的地方越大，你攀爬的时候也就越稳。

身体侧向岩壁，以身体对侧手脚接触岩壁，紧紧抓住岩石，另一只腿伸直用来调节身体平衡，侧拉能够帮助你保持平衡或者将你拉过岩石。

将手伸进岩石的缝隙里，拇指弯入手掌中，手呈弓形挤入岩石裂缝。

当岩石上的立足点较小时，你可以以足内侧踩踏在岩石的立足点之上，而不是使用脚尖支撑身体，因为这可能会给你的脚趾造成很大的压力。

当岩石上有凹陷时，你可以将脚插在凹陷处，以保持身体的平稳。

如果岩石上有比较大的立足之处，你可以将脚全部踩上去，如果岩石上的立足之处只能容纳前脚掌，你就需要将后脚跟放低一些，尽量不要让后脚跟悬空。

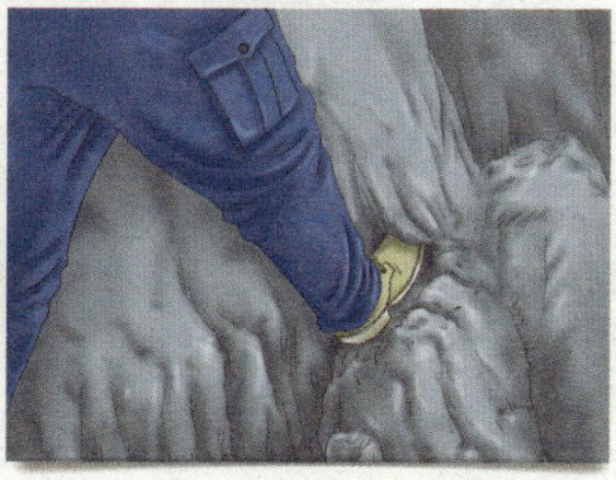

》攀登技巧

⊙撑起式攀登法

遇到岩石突出的部分而高处又没有把手点时，你可能需要采取撑起式攀登法，先将脚抬上岩石，然后用膝盖着力，以撑起身子越过障碍物。尽管这种攀登技巧有时候很有用，但十分耗费体力。对于一些比较平缓的岩阶来说，也可以将双手平放在与胸同高的岩石边缘，掌心向下，双手手指相对，手臂伸直撑起身体，脚先向上走几步或自踏足点跃起，较易撑起身体。然后将一只脚提到岩阶，再站起来。但比较高、陡的岩阶可能不适合用这种攀登法攀登。

⊙狭缝攀登法

在行进时遇到岩石狭缝时，可以采用狭缝攀登法。采用狭缝攀登法时要双手抓住裂隙的一侧，手臂尽量拉直，以减轻肌肉之紧张，身体向后靠往手臂处，双脚抵住对侧岩壁，推挤跟进。这种攀登技巧十分费力，因而攀登时的动作要迅速有效率。使用这项技巧向上攀登时还有一点是一定要注意的，那就是在攀登时要保证自己的退路，因为在岩石缝隙中向上攀登很可能会遇到阻碍。

⊙跨越攀登法

如果岩石间的缝隙相对较宽，不能使用狭缝攀登法，则可以尝试一下跨越攀登法。双腿分开，一只脚抵住一面岩壁，另一只脚或对侧的手抵住另一面岩壁，用腿使劲促使身体缓慢上移。

攀登是一门需要训练的技术，还需要过人的体力，在行动时，很可能会遇到各种危险，除非万不得已，否则最好不要进行尝试。如果有条件的话，利用保护设备（如绳子、头盔等）进行攀登要安全得多。如果你是想攀登冰面的话，一定要有破冰斧、钉鞋等专业装备，同时也要受过专门的训练，否则千万不要冒险。

涉水行进技巧

在行进的途中，你很可能会遇到不得不涉水前进的情况，这时候一定要小心，当你涉水行进时，可能会被湍急的水流冲倒，这是非常危险的，即使你能够安全过河，也可能会把自己弄得又湿又冷，在野外环境中，这对你是非常不利的。如果能够避免涉水行进，那么就尽量避免。你在计划路线的初期，就应该参照地图，找到能从河流附近绕过去的路，如果你事先没有做好计划的话，当你遇到河流拦路，最好还是设法从旁边的陆地上过去，只有在迫不得已的情况下，才能选择涉水行进。

在涉水行进时，一定要穿上鞋子，因为脱掉鞋子虽然能够让鞋子保持干燥，但很可能会导致脚部受伤。在野外环境中，一旦脚部受伤，你的行动能力就会受到很大的影响。在下河之前，要确定自己过河之后有干燥的衣服穿或者能够很快将衣服弄干，为保持裤子的干燥，你可以选择在过河前脱掉裤子或者将裤子挽得尽可能高，这样做能够帮助你减轻过河的阻力。

当你决定要过河的时候，千万不能随便选择一个地方就出发，由于光的折射，在岸上看上去不深的河水实际上可能没及胸部或头部。因此，在仔细观察后，再确定渡河的地点和方法。从什么样的过河点过河比较好呢？首先你可以顺着河流走一段路，如果运气好的话，甚至可以在四周找到桥。如果你要过的是独木桥，过桥时，两脚要外分呈“八”字形，尽量伸开双臂保持平衡，目视前方，切忌向桥下看，以免产生恐惧感，造成意外。一般来说，沿着河流向上游走一段距离，有可能找到比较浅的水域。不过即使在河流较浅的地方，也不能掉以轻心，因为较浅的河流也可能水流湍急或者有暗礁。在河流中露出的石头上立足时一定要小心，因为它们可能很湿滑，切忌在河流拐弯处过河，因为那里的河水是很湍急的。如果水流泛滥或者翻着白浪，最好不要选在此时强渡。

》单独涉水行进

涉水行进是十分危险的，单独涉水行进则更不可取。但当你孤身一人又必须要渡过河时，就只好借助登山杖，如果你没有随身携带登山杖，那么在野外寻找一根结实的长棍也可以。登山杖能够给你提供支持，帮助你在水流中保持平衡，你还可以用登山杖来感知河床深度、硬度的变化。

当你独自涉水行进时，要面向水流，斜向过河，脚在河床上踩稳，并时刻注意

脚下的情况；以登山杖为支撑，在移动时倚靠在登山杖上，始终要保证登山杖、两只脚这三点至少有两点与河床接触；在涉水行进时，一定要提高警惕，注意全局。

》多人涉水前进

多人一起过河要比一个人过河安全一些，这是因为多人可以构成一个较稳定的整体来共同抵御水流，如果一个人不慎跌倒，其他人还可以将其快速搀扶起来，无疑增加了过河的安全性。

当多人一起过河时，可以采取三个人围成一团的过河方法。让身体比较强壮的人站在河流的上游，也就是水力最强的地方，其他人起到稳定和支持的作用。每个人的胳膊都放在相邻的人的肩膀处，身体稍稍向中心倾斜，慢慢过河。

多人一起过河，也可采取三个人或四个人站成一条直线的方式过河。过河的时候，要让体重最轻的人站在中间，身体强壮的站在上游，大家紧紧互相挽着胳膊，行进的方向应该与水流方向形成直角。

总之，在过河的时候一定要放慢速度，保持警惕。如果有背包的话，可以将背包背在身上，放松肩带，让其落在一个肩膀上，一旦你觉得要被水流冲倒，就可以将背包摆脱，以防它成为你求生的羁绊。

利用舟、艇、筏的行进技巧

如果需要渡过的水域太深，你可能无法涉水行进，这时你可能需要借助一点工具，如果你有独木舟或者皮艇等现成的工具自然更好，否则你就需要自己来制作漂流筏了。如果你打算制作漂流筏，尽可能在靠近你选择下水点的地方制作，这样你就不必费力将筏子长距离拖到下水点了。

》独木舟

独木舟一般可以容纳 1~2 人，它通常会比皮艇宽大一些，利用独木舟行进时，记得要把行李捆扎固定在独木舟上以防掉落。另外，由于独木舟翻转时很容易进水，

并且进水后不易排出，因此乘坐独木舟最好携带一个抽水机。

》皮艇

皮艇的外形较为轻便、狭长，适合在开阔的海洋、河流、湖泊中行进。但如果未经训练，可能较难操纵，在操纵皮艇的过程中，要记得穿着救生背心。

》灌木筏

对于很多临时制作的筏子来说，它们漂浮在水上时都会半沉半浮。如果你没有在筏子上做一个较高的平台的话，你很可能需要一直在水中驾驶筏子，那无疑会使你又湿又冷，但灌木筏则不会有这方面的问题。

1雨披的大小决定了灌木筏的大小，将雨披放在地面上，估测一下你要制作的灌木筏的大小。用木钉钉出一个扁的环形，这就是你将要制作的灌木筏的大小和形状。将灌木和茅草紧密地编织在一起，让细树枝穿过其中，以保证灌木筏的坚固性和良好的漂浮效果。

2准备一些长竿或树枝插入编好的灌木筏的边缘，使之纵横交叉，成为一个能坐人的平台。将树枝或者长竿突出灌木筏边缘的部分修剪掉，并将周围的木钉拿走。

3把雨披的兜帽塞到里面，将颈部紧紧系住，把雨披放在灌木筏的下面，作为不透水层，用绳子分别穿过雨披的各个扣眼。

4将雨披从灌木筏的边沿拉上来，

用绳子牢牢系住。将可乘坐的平台下方填塞满灌木、茅草或者苔藓，这时候你如果有空塑料瓶或者其他能够漂浮的东西，就更好了，将这些材料通通填充在坐台下面，这时候，你的灌木筏就基本完成了。最后，你需要在浅水区检测一下灌木筏，如果它没有问题，你就可以坐上它下水了。千万别忘了带上行李。

》漂流筏

如果你被困在岛上，需要一个能够在海上长时间漂流的筏子，你可以试着制作一个漂流筏。

❶准备好足够的圆木或竹子，保证这些圆木或者竹子的长度大致相当。将一些圆木纵向并列放在地上，在每根圆木的两端（两个端点相距 1 米）分别刻上凹槽，将两根圆木横向叠放在纵向排列的圆木上刻有凹槽的部分，用雪橇结（见 105 页）将漂流筏的底部捆扎好，将竹筏翻一个面继续捆扎使之牢固。说明：在圆木上刻凹痕是为了让圆木之间的结合更加紧密。如果是使用竹子则可以在纵向排列的每根竹子上挖孔，将横向的竹子从竹孔里面穿过。

❷将纵向放置的圆木的两端像第一步一样分别刻上凹槽，找两根稍细一点的圆木，与下面横向放置的两根圆木一样放在纵向圆木的凹槽部分固定好，也可以在筏子的这一层横向多放置几根圆木固定好，找一些能够增加额外浮力的东西如塑料瓶、塑料泡沫、救生圈以及船只的防撞垫等填塞进上层的横向圆木之间。

❸将一些圆木纵向放置在塞好填充物的木筏上，将所有的圆木都绑紧在一起。用雪橇结将压力圆木在漂流筏的两

端捆绑结实，并用绳子、藤条加固漂流筏。

④将做好的漂流筏放下水，测试一下它的漂流能力。最后，用大树叶搭建做一个头项的遮盖物，这能为你遮挡阳光和一部分风雨。

》制作划桨

在很多情况下，你可以依靠水流的力量前进。如果你是在平静的水面，在水很浅的情况下，可以用一根直的杆子作为篙撑。如果水较深，则可以制作一个划桨，它能够帮你在划水中节省一些力气。选择用结实的木头作为桨杆，将木头的顶端劈开一段，将一根较小的树枝插入木棍劈开处，用绳子扎紧。

继续在劈开处依次插入小树枝，将每根小树枝都用绳子扎住，直到形成桨面，将劈开的树枝的顶端合起来用绳子紧紧地绑在一起，再将一排小树枝的两头分别系上。

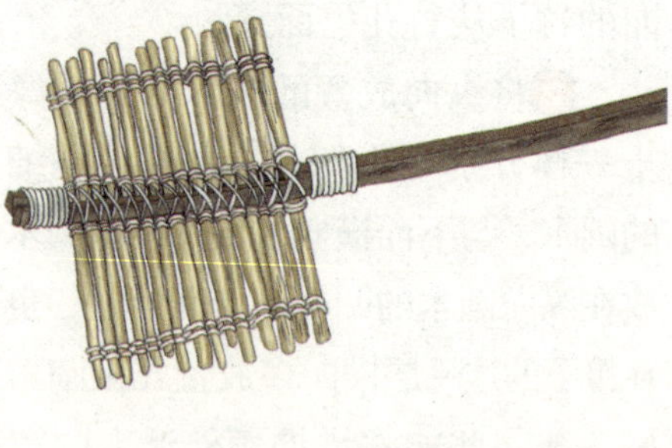

小/贴/士

如果你是乘坐皮艇或者独木舟的话，一定要自始至终穿着救生衣，这对保证自身的安全是十分必要的。

游泳行进技巧

如果你要渡过的水域太深不能涉水行进，而你又找不到合适的材料来制作筏子，那么就只能游泳过河了。同涉水行进一样，在下水之前，你需要确定自己游到目的地之后很快能有干燥的衣服穿；选择一个安全的渡水区域，不要在有鳄鱼、河马等动物的区域渡水；在入水时要慢慢适应水的温度，因为有时候水可能很凉。

》泳姿

不同的泳姿各有其优点，你要了解这些泳姿的特点，并在不同的情况下选择不同的泳姿。

⊙狗爬式

对于不擅长游泳的人来说，这是一种比较容易学的游泳姿势。当你游泳时，只需用双臂和双腿向前划动即可。划左臂时蹬右腿，划右臂时蹬左腿。

⊙蛙泳

蛙泳是一种常见的游泳姿势，以这个姿势游泳也比较省力，如果你能找到漂浮物的话，用这个姿势游泳就更好了。

⊙仰泳

仰泳同样是种省力的游泳姿势，但是如果你想要使用仰泳渡水，首先一定要确定你游泳的这片水域是安全的，否则仰泳这种无法看清前方状况的泳姿很可能会造成危险。

⊙自由泳

自由泳这种泳姿会消耗很多体力，但它能够提供较快的速度，所以当你在需要速度时，可以采用这种泳姿。

⊙保护性游泳姿势

当你不慎被卷入湍急的水流而偏离预计游泳线路时，你可能无法通过游泳来对抗湍流，校正路线，这时你不妨采取保护性游泳姿势，以保证自身的安全，直到到达较为安全的区域。保护性游泳姿势其实并不需要你进行游动，而是一种帮助你到达安全区域的漂流方式。采取这种姿势的时候，你可以将双手放在头部后面，防止你的脚撞到暗礁，在湍急的水流中，如果触礁，你很可能会被淹没在水中。

》制作漂流物

制作一个漂流物能保证你的行李和衣服在过河后依然是干燥的，并且能够为你过河增加更多浮力。

❶将雨披兜帽塞进雨披衬里一面，提起后在颈部处用松紧带或绳子扎紧，将雨披平铺在地面上，衬里一面在上，将你的装备和干衣服放在雨披上面，如果有其他能够增加浮力的东西，也可以放在包裹之中。

❷将雨披的一边翻起，包住放在雨披上的装备和衣服，雨披的另外三个边也翻起包住，将盖着装备的雨披的四角尽量向内折叠，以防进水。

❸将包裹紧紧包好，如果还有其他防水装备，可以包在包裹外，然后用绳子捆扎牢固。

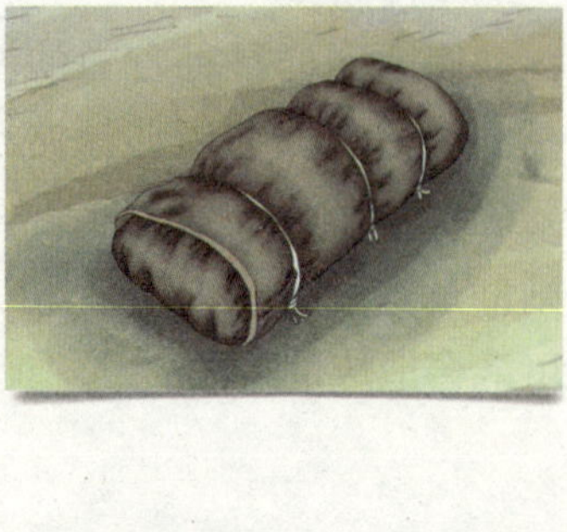

④一只胳膊搭在漂浮物上，另一只手臂划水前进，选择让你觉得舒服的游泳姿势渡水。

雪地行进技巧

在寒冷的环境下，在雪地中或者冰面上行进是常有的事情，在这种地面上行进不同于普通地面，你必须使用正确的装备，了解相应的技巧才行，否则你在行进时不仅费时费力，还可能会发生危险。

》应对不同路面

⊙厚雪面

如果你不是一个人行走在雪面上，而是多人一起的话，可以排成一列纵队，行进时用绳子把队员串成一组，将体力较强的队员安排在前，后面的队员沿着前面踩出的脚印行进。走在前面的人要不时轮换，以保持其体力，当在这种地面上行走时，要两脚站稳后再移动。

⊙斜坡

如果斜坡是上坡，用力踢一下斜坡，检测一下是否能承受你的体重，如果可以的话再往上爬；如果斜坡是下坡且比较陡，可以走“之”字形路线行进。

⊙冻结的地表

如果积雪表面已经冻硬，你可以在上面小心行进，但行进之前要用登山杖检测一下，注意绕开融化的地方，以免陷入积雪中。

⊙冰面

在河流或者湖泊结冰的表面上行走时，一定要十分小心，用登山杖检测一下冰面的坚固程度再踏上去，行走时穿上带有鞋钉或者冰爪的鞋能够防止滑倒。如果是多人一起在冰面上行进，可以将队员用绳子绑在一起以保证安全。

》制作雪鞋

不穿滑雪鞋在厚厚的积雪上行走是十分危险的，这会使你消耗许多体力，并会让你变得又湿又冷。在寒冷的天气下，身体的湿冷无疑会让你处于十分危险的境地。因此在积雪路面前行，最好利用雪鞋和滑雪板前进。如果你没有现成的滑雪板或者雪鞋，你就要试着自己制作一双临时的雪鞋。

①砍 10 段与拇指差不多粗的结实木材，这些木材的长度约为从你的腋下到脚部的长度，再砍 6 段较短的木棒。取 5 根较长的木棒，将它们的顶端绑在一起，估测一下脚踩在雪鞋上大致的位置，在前脚掌的位置绑上一根较短的木棒作为搁放前脚掌的横杆。

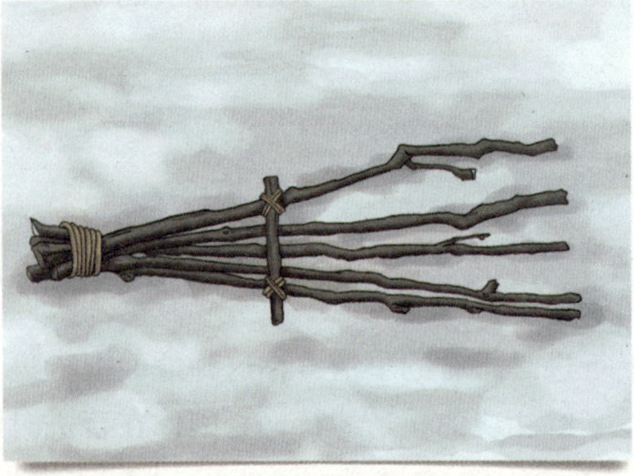

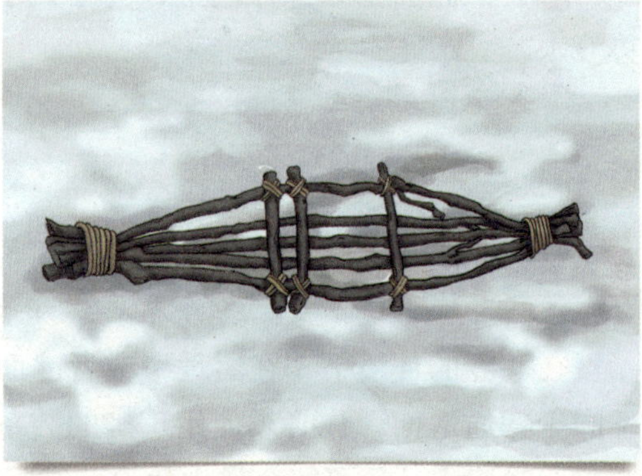

②在雪鞋的另外一端将 5 根木棍牢固地绑在一起，在距离第一根横杆约 5 厘米处绑上第二根横杆，将脚放在上面测一下脚后跟的位置，将一根横杆绑在那里。照此步骤制作另一只雪鞋。

③将脚放在雪鞋上，让你的前脚掌落在前面的两根横杆上，脚后跟落在后面的横杆上。用绳子将你的鞋绑在雪鞋上。需要注意的是，你要确保脚后跟能活动。

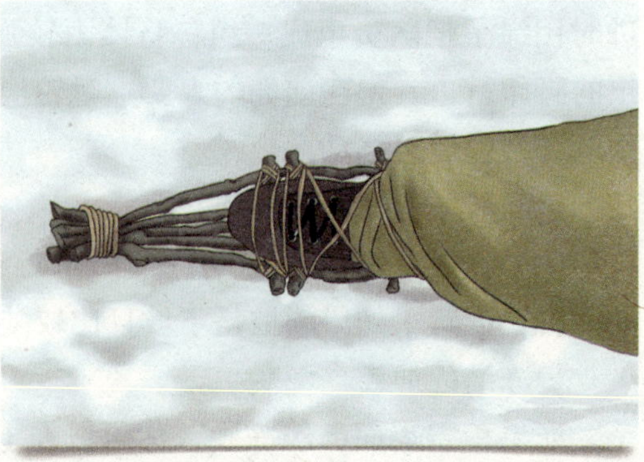

如果在雪地上行进的时间比较短，可以试着砍下一些树枝绑在脚上充当临时雪鞋，但这些树枝必需有结实紧密的

特点，如松树树枝。

如果有条件的话，你也可以乘坐狗拉雪橇或者雪地摩托在雪地上行进。

》制作简易雪橇

如果你不得不在雪面上行进而又背着一些沉重的行李的话，可以给自己制作一个简易的雪橇来减轻自身的负重。

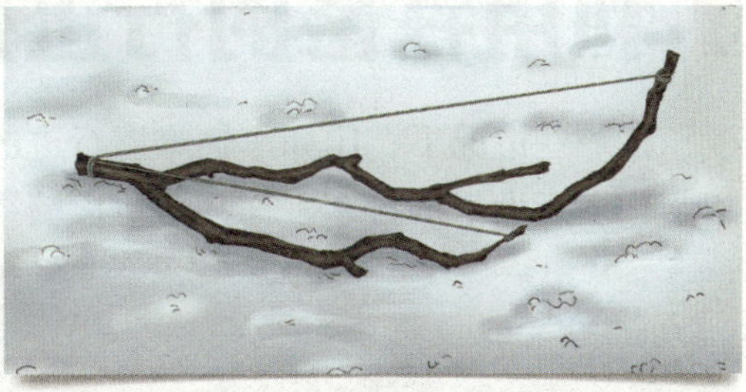

1 砍下一个结实的有分叉的树枝，作为雪橇的底架，将树枝两端分叉的末端分别用绳子绑住，并将两根绳子的另一端系在树枝的主枝干上。

2 将两根树枝分别绑在两边分叉的树枝上，作为雪橇的支撑杆。

3 将一些木棒横向固定在雪橇的两个支撑杆上，作为搁放行李的地方。

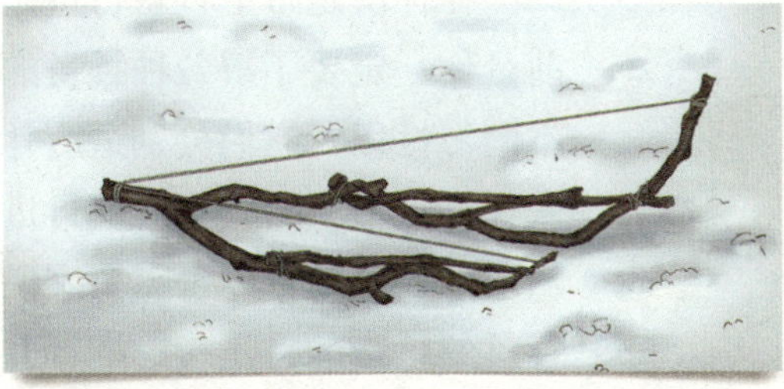

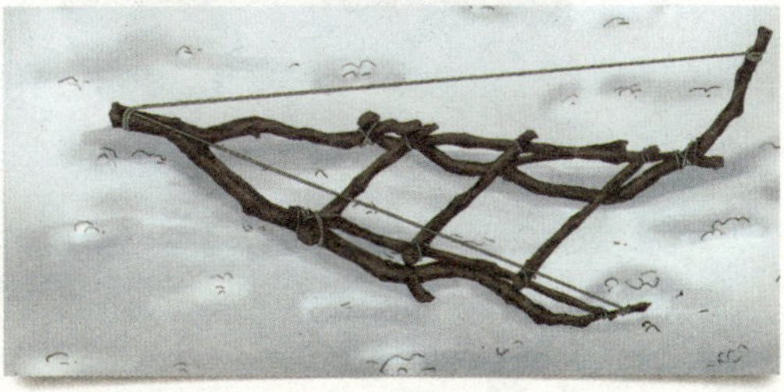

4将行李固定在简易雪橇的横杆上，将一段绳子绑在雪橇上作为雪橇的牵拉部分，将一根小木棒绑在牵拉绳上作为把手。

利用牲畜的行进技巧

在一些情况下，比如车辆难以行进的地区，你可以带上牲畜一起行进，它们可以帮你搬运大量的行李，你甚至可以骑乘它们行进，这将为你省下许多力气。在荒野中行走，即使是没有生命的装备，你也要好好珍惜，更何况是陪伴你行进的牲畜呢，让牲畜保持良好的状态也能保证你顺利前行。

在你决定带上牲畜行进之前，你一定要了解各种牲畜的不同习性以及它们分别适应什么样的地形，要将你需要行进的地形、距离，以及需要它们背负的行李的重量考虑好，并

做一个计划。

当选择好和你一同出行的牲畜时，记得在出发之前仔细检查它们的身体状况，并把它们喂饱。在往牲畜背上装载货物的时候，要将它们的双眼蒙上，让它们保持镇定不动。装载好货物之后，要确定牲畜身体两侧的货物重量是平衡的。另外，还要为牲畜带上食物和水。

牲畜除了可以驼载货物，还可以在危急的情况下载着你逃亡。当团队中有人受伤，也可以利用牲畜搬运伤员。你在万不得已无法寻找到食物的情况下，可能需要将牲畜宰杀，用以充饥。

驾驶汽车的行进技巧

汽车可谓一项伟大的发明，它的产生为人类的交通开创了一个新纪元。一辆四轮驱动的汽车可以行进在泥地、雪地、沙地等路面上。尽管如此，汽车作为一种机械产品，也有它脆弱的一面，一辆体积巨大的越野车是十分耗油的，一旦汽车没有了汽油，就无法前进。在野外环境中，如果汽车的某一个零件损坏了而又没有备用零件的话，汽车同样无法行进。当汽车陷入深坑或者沼泽时，也是非常麻烦的。

除了锻炼优良的驾驶技巧，还有一些驾驶汽车行进时需要注意的事情。在出发之前要选择一辆合适的车，并对车子进行全面的检查，要确定自己带上了合适的装备，还有足够的汽油、汽车的备用零件、修车装备等；在出发之前，你要计划好将要行进的路线并将之告诉家人或朋友；要保证车中至少有两个人，如果两个人都会开车，那么可以轮流开，如果只有一个人驾驶汽车，那么一定要在驾驶一段时间之后进行休息，因为长时间在野外驾驶汽车可能会让人身心疲惫，而荒野的道路通常比较崎岖，需要高度集中的注意力才能保证安全。还有一件事是必须要注意的，那就是当你驾驶汽车行进在崎岖的山路上时，不要用拇指钩着方向盘，因为当车子突然陷入车辙中时，方向盘突然转动产生的巨大力量可能会将拇指折断。

第五章 建立庇身所

5

建立庇身所是野外求生的第一要务。庇身所又叫避身场、避难所、庇护所。庇身所可以保护你免受严寒酷暑、日晒雨淋的折磨，还能使你免遭野兽、昆虫的侵袭。更重要的是，庇身所能够让你保持体力，获得安全感，维持你的求生意志。

或许你认为在野外求生时，充足的食物和水才是最重要的，其实不然。因为长时间暴露于极端的天气下可能会让人感到极度疲劳和虚弱，而身体上的疲劳又会对人的心理产生影响，造成悲观心态，丧失求生意志，而丧失求生意志的后果是十分可怕的，此时即使拥有充足的食物和饮水，它们的积极效用也会大打折扣。说到这里，搭建庇身所的作用就不言而喻了。

在野外停留在某地时，首先需要考虑一下建立庇身所的必要性，如果打算在此过夜并确实需要建立庇身所的话，就应当根据当时的环境、需要停留的时间长短等多方面考虑一下应该搭建的庇身所的类型，以免浪费了很多精力却搭建了并不合适的庇身所。

选择建立庇身所的地点

当你一旦决定了需要建立庇身所并已经考虑好要搭建庇身所的类型时，你就应该去挑选一个合适的地点将计划付诸实施了。你的搭建工作应该在天黑 2 小时之前开始，这样才能保证你有足够的时间来建造一个庇身所，如果等到天色昏暗才开始搭建，将给你的搭建工作带来极大的困难。

在搭建庇身所时，有几个问题需要仔细考虑：一是你能否负担搭建庇身所需要耗费的时间和精力；二是庇身所是否能够让你免受外界环境的影响；三是你是否能够取得搭建庇身所的工具和原料。如果你得出的结论是你无法完成庇身所的搭建或者你准备搭建的庇身所不能符合周围环境的需求，你不妨坐下考虑换一个方案。

选择一个合适的搭建地点是建造庇身所的第一步。那么，什么样的地点才是建造庇身所的好位置呢?

★首先，你要能够在选择的地点附近找到搭建庇身所需要的合适材料，如果附近没有合适的材料来搭建庇身所，你就需要从较远的地方将材料搬运到搭建地点，这会浪费你许多体力，这样做无疑是愚蠢的。为什么不选择一个距离材料很近的搭建地点呢?

★其次，你选择的庇身所的搭建地点应该足够大和平坦，能够让你最大程度上获得舒适的感觉。搭建庇身所本身就是为了恢复体力，遮挡风雨，既然如此，你有什么理由要让自己感到不舒服呢？除了能让人感到舒适的场地之外，你选择的场地也应该是能够避开一些野外经常遇到的危险（如野生动物、落石、昆虫等），毕竟安全才是第一位的。

在选择庇身所时，应该考虑当地的地形。只有当你对周围的地形有了解时，才能找到一个最合适的地点来搭建庇身所。有些地点是不能搭建庇身所的，比如山脚下有可能爆发山洪的区域，山区中山石崩落的区域，水域附近最高水位线以下区域等。这些都需要你通过观察来了解。另外，要避免在有明显动物足迹的地方搭建庇身所，因为这是动物经常出没的地方，将庇身所搭建在这里会阻挡动物觅食或者饮水，动物可能会毁坏你的庇身所，还可能对你造成一定的伤害。还需要注意的是，在搭建庇身所之前，要仔细观察一下，附近是否存在快要倒下的枯树或者树上独秀的树枝，因为这些东西落在头上会给你造成很大的伤害甚至会使你丧命。

在选择庇身所时，还应该考虑到季节和天气所带来的影响，因为不同的自然环境对庇身所的要求也是不同的。如果是夏季，就要考虑到昆虫对庇身所舒适度的影响。夏季人体对水的需要量较大，因此庇身所应靠近水源；如果是冬季，你选择的庇身所的搭建地点应该位于避风处，由于冬季需要点火取暖，因此庇身所附近还要能找到燃料。

庇身所的类型

在搭建庇身所之前，我们还要来了解一下庇身所的类型，不要以为不同类型的庇身所只是外形和搭建方式的不同，其实每一种类型的庇身所都针对不同环境有着各自的特点，以应对不同的需求。

到底要选择搭建哪一种类型的庇身所，主要取决于你要停留的时间长短，根据你停留时间的长短，可以简单地将庇身所分为短期庇身所和长期庇身所两类。

短期庇身所

如果你只是想在一个地方躲过肆虐的风雪、暴雨，或者只想找到一个可以过夜的地方的话，那么，一个短期的庇身所就可以了。短期的庇身所只是暂时性的，因此你不必花费大力气将其搭建得可供长期使用。

》山洞

如果你碰巧在附近找到一个天然的洞穴或者可以提供适当保护以躲避风雨的岩壁等，就可以作为你的庇身所。但在山洞中你可能会遭遇蝙蝠、蛇，或者一些大型野生动物，这无疑会给你的求生经历增添一些惊险。

》枯树

如果你打算将可以躲避风雨的天然构造物（如枯树）当作你的庇身所，你不妨采取一些措施加固它，让自己待得更舒服点儿，你可以在周围增加一些具有保护作用的结构，如树叶浓密的树枝，可以帮你遮挡一部分风雨，在庇身所下面加一层用树丛做成的绝缘物也是不错的选择。同时利用地上的坑洼做成排水沟渠，也能帮助暴风雨中的你避免雨水的侵袭。如果你遇到被风吹倒的树木，且树枝下面堆积着杂物，你就可以将这些杂物清除，将树木当作庇身所，在地上铺上一些树叶、苔鲜、松针等让自己更舒服些。

》利用雨披、露宿袋搭建的临时庇身所

当你急需躲避风雨或者休息而又找不到天然的庇身所时，你可能就需要自己动手来搭建一个临时庇身所了。如果一时之间找不到天然的材料，利用随身携带的雨披或者露宿袋来搭建一个临时遮风挡雨的庇身所也是不错的选择。

》利用天然材料搭建的简单庇身所

利用一些天然材料也可以快速搭建出合适的庇身所，如有单面倾斜墙壁的小屋、用树枝搭建的圆顶帐篷和三脚架式的小屋等。搭建有单面倾斜墙壁的小屋时，要选择两棵距离适合的树，在两树之间固定一根横梁，再将一些带有树叶的树枝固定在横梁上，形成一个单面倾斜的遮蔽，如果想要只靠树叶达到防雨的效果，树叶要非常密才行；用树枝搭建圆顶帐篷时，要找到一些顶端长在一起，互相纠结的树枝或者小树苗，在地上挖出一圈小洞，将这些树枝或者小树苗的底端放在洞中，顶端自然纠结在一起，使之成

为一个圆顶小帐篷；搭建三脚架式庇身所的时候，可以选择一些比较直和坚固的树枝，将它们搭成合适的三角结构，再使之固定，还可以沿着这些结构的边缘放置一些圆形木头和树枝，再覆盖上密密的树叶，使之更为坚固。

长期庇身所

如果你需要在一个地方停留较长的时间，那么短期庇身所可能就无法满足你的需要了。你需要的是更持久、更坚固的庇身所，这就是长期庇身所。

》印第安式小屋

有一种类似于美国印第安人圆锥形帐篷的印第安式小屋，搭建好之后可以用作长期庇身所，搭建这种庇身所时，要选用大小及长度都比较相近的树枝，将这些树枝围成圆锥体或圆顶建筑状，这种结构不需要任何支撑而挺立。如果觉得不够牢固，也可以将作为墙面的树枝底端埋在土中。

》A 形骨架庇身所

A 形骨架庇身所因为搭建庇身所的木架呈 A 字形而得名。搭建一个 A 字形骨架庇身所用时比较长，但却相当坚固结实，遮挡风雨的效果也很好，因此尤其适用于被当作长期的庇身所。搭建这一庇身所时，要先在地面树立两个顶端呈 V 字形的支柱，将一根结实的长竿固定在两端的支柱上，用树枝在你决定做墙面的那一侧搭建好，再在墙面上覆盖上一层厚厚的树叶。

在这一部分里只是简单介绍了几类短期和长期的庇身所，至于庇身所的详细搭建方式，在之后关于不同环境下求生方法的各章中，均有详述。

搭建庇身所

现在，你可以开始搭建自己的庇身所了。在搭建之前，有两个问题需要注意，一是要确定自己有足够的时间赶在天黑之前将庇身所搭建完毕，否则天黑之后的工作将变得十分艰难。二是要考虑自己是否有干衣服可换，如果你只有身上的这一套衣服，那么在动工前应先脱去一层衣服，这样做能够保证你在完成庇身所的建造之后还有干燥的衣服穿而不至于穿着湿冷的衣服在庇身所挨过一夜。

只要你身边带着雨披和露宿袋，你就能够搭建出一个适用于多种环境的简单庇身所，至于具体环境下的庇身所搭建，在后面的章节中还会讲到。

》单柱支撑的雨披棚子

你需要找到一棵树、有一定高度的木桩和一些绳子来搭建这个庇身所，它搭建起来十分简单，很适合用来躲雨或休息。

①准备三根 60 厘米长的绳子和一根 2 米长的绳子，用反手结（见 103 页）将其中较短的绳子挽成线圈，分别系在雨披的三个角上，用西伯利亚结（见 107 页）将较长的一段绳子系在雨披剩下的一个角上。

②在离地大约 1 米的地方，将长绳绑到树上或者固定的木棒上。

③找一根大约 1 米长的木棒，将木棒的一端放进雨披的兜帽中，用绳子将其固定住。

❹用木钉将雨披的左右两个角固定住，将木棒未固定的一端置于地面上，使之起到对雨披的支撑作用。将雨披剩下的一个角拉紧，然后用木钉固定住即可。

》A 字形棚子

如果想要搭建这样一个庇身所，你需要在周围寻找两棵距离适中的树，你只需要几段绳子和一个雨披就能完成。

❶将雨披展开，在雨披较长的两边的扣眼上分别系上长约 30 厘米的线圈，用西伯利亚结在雨披另外的两个扣眼上系上 1 米长的线圈。

❷选择两棵距离适中的树，其距离至少要比雨披长 60 厘米。将雨披上一根较长的绳子系在其中的一棵树上，将另外一根长绳子系在另一棵树上。

❸将雨披较长两侧的中间扣眼中的线圈分别用木钉固定住，再将四角上的线圈拉紧，用木钉固定住。

❹在两棵树间棚子上方的位置拉一根直线，将雨披上的兜帽系在上面。如果绳子不够，也可略去此步骤。

》露宿袋帐篷

用露宿袋可以方便地制成一个单人庇身所。

❶选择一块合适的地面，将露宿袋平放在上面。将绳子系在露宿袋两个下角上，用木钉固定住。露宿袋上没有雨披上的扣眼，可以找一些光滑的小石子或类似物品，包在露宿袋需要系结的地方作为纽扣，拉起“纽扣”，用绳子在“纽扣”下方系结固定住纽扣即可。

❷准备一根环形的树枝或者两段交叉的木棒，固定在露宿袋底端的上面，在距露宿袋底边 50 厘米处系上一段较长的绳子，系在环形树枝或者交叉的木棒上，拉紧后用木钉固定住。

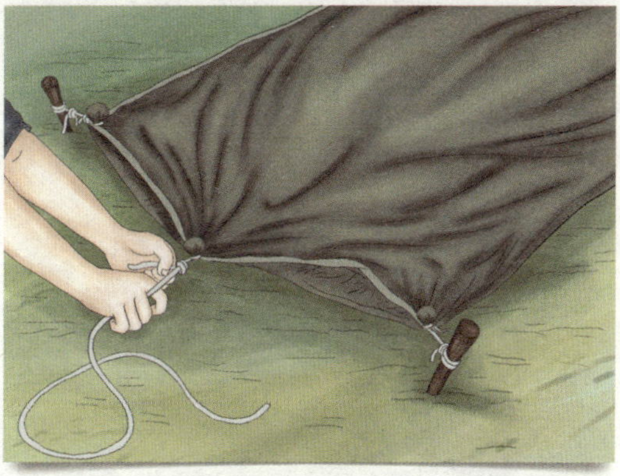

③在露宿袋开口的两端分别系上一段绳子，用木钉固定住，再在中心处系上一段较长的绳子。

④将露宿袋开口中心处的绳子提起，目测一下入口的高度，找一根长度相当的木棒，将之撑立在露宿袋开口处，将中心处较长的一段绳子放在木棒顶端中心，拉紧后用木钉固定好。

⑤当你想要进入帐篷时只要将木棒取下，进入露宿袋后再撑起木棒即可，露宿袋的兜帽可以用来当作庇身所的门。

》热反射装置

热反射装置能够将火堆散发的热量尽量引向庇身所，使你的火堆发挥出更好的功效。

①决定好要搭设热反射装置的地点后，准备四根细长的木棒和一些较粗的木棒，将其中两根细长木棒固定在地面上，其中两根细长木棒之间的距离应该是较粗木棒的直径，根据粗木棒的长度，再将另两根细长木棒固定在地面上。

❷在两组较细的木棒之间，依次放入较粗的木棒，使之成为一道墙，墙面的长度应该与庇身所入口的宽度大致相当。

❸将直立的细长木棒上端系住即可。

以上是几种适合于多种环境下的庇身所简单的搭建方法，而不同环境中还需要按照具体情况来选择搭建不同种类的庇身所。有几点注意事项是搭建这些庇身所时都应当考虑的：在搭建庇身所之前，要预先设想好庇身所的大小，以免搭建好才发现大小不合适；搭建庇身所时一定要保证庇身所下方的基础结构结实有力，足以承受后续添加的一层层材料，还得能够抵挡住雨水的侵袭；建造庇身所时应该朝向离强风风向 90° 的方向而建，以免搭建好的庇身所被强风破坏。

生火技巧

对于想要掌握荒野求生技巧的人来说，学习生火是必不可少的一课。当你建立起供自己休息的营地（庇身所等）之后，接下来应该考虑的就是如何生一堆火。

火的重要性

火的重要用途有以下几点：

★获得光亮。

★获得温暖；烘干衣服。

★烹煮、熏制食物；给饮用水消毒。

★发出信号。

★驱散昆虫、野兽。

★坚定求生意志。

寻找合适的生火处

在你生火之前，应当考虑好以下几点：所处荒野的自然环境；生火的目的是什么；所拥有的生火材料；需要火堆燃烧多长时间。只有将这些问题都弄清楚，你才能制订出一个合适的生火方案。

寻找一个合适的生火地点和寻找一个合适的露营地一样重要，因为生火地点的选择直接影响着你生火的成效。一个合适的生火地点应该符合以下几个条件：

★避风效果良好。这能使火堆免受风的影响。防风物的背风处，如大圆石、堤坝、树干，或是两根大木头所形成的V字交叉处都是不错的生火位置。如果实在找不到这样的地方，挖个沟渠来减轻风的效应也是不错的选择。

★与庇身所之间的距离适当。如果你建立了一个庇身所，那么就要考虑到生火处和庇身所的距离不应太远，最好是在伸手可及的范围内。这会让热度发挥出最大的作用，同时也方便照顾火源。但生火处和庇身所又不能距离太近，以免自己和装备受到损害。

★需要注意的是，生火处不要靠近大树、冰壁，或是任何融雪会从上方掉落的地方，以免产生不必要的危险。

火的种类

不同形式的火堆适宜不同的用途，在不同的环境下，应当选择不同的生火方式。

》十字押式火堆

用适当的角度把圆柱形木材由粗到细一层层叠加在一起，这种火堆具有非常牢固的基础，并且能够投射出大量热度，适于用来烹饪食物。

》猎人火堆

在火堆两旁放两根长圆木，摆成V字形，这种火堆适用于寒冷或多风的地方，粗大的圆木可以保护火堆不被风吹散，并能产生大量的热量，无论用来取暖还是烹饪都十分合适。

》星形火堆

将四根较粗的圆柱形木头对着叠放，当圆木燃烧时，将之缓缓推放到中央的区域，并使之呈星星状，这种火堆燃烧时间比较长，并能为炊具提供一个较稳定的平台，适用于烧水、烹饪。

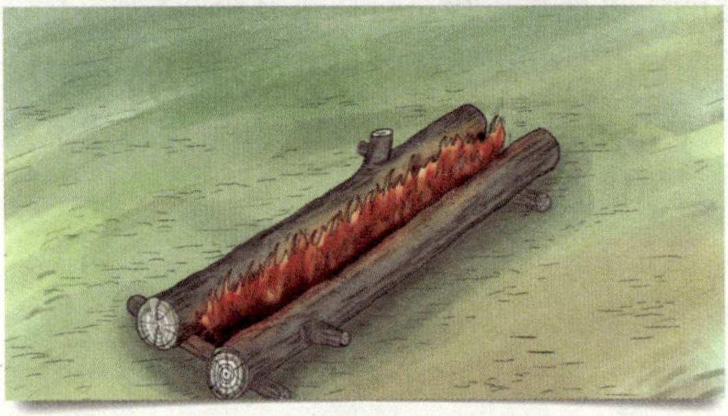

》长圆木火堆

较长的圆柱形木材可以平行放置，这种火堆可以燃烧一整夜并释放出很多热量，是冬季中前开式避难所的最佳取暖方式，除此之外，它还可以提供许多空间为炊具提供一处稳定的平台。

》垒石式火堆

用石头围成一圈，将火堆圈在中间，注意石头应该是无孔的，否则会透风。这种火堆可以起到挡风的作用，适用于取暖和烹饪。

》圆锥形火堆

圆锥形火堆的形状类似于印第安人的圆锥形帐篷，火焰可以透过中央的空穴而向上卷烧，能够快速点燃并具有很好的照明作用，适用于取暖和烹饪。这种火堆的缺点在于燃烧时需要大量木柴，而且不够稳定。

》蛇洞式火堆

在河床边的下风处挖个洞，堆放一些枯枝或是其他易燃物，在洞的上端钻一个烟囱。这种火堆适用于风势较强的地方，可以有效地阻挡风雨，并能够提供一处焦点比较集中的热源，用以烹饪或取暖。

》达科他火坑

挖一个大坑生火，再在旁边挖一

个小坑作为烟囱，两坑之间用隧道连接。用小木头做燃料。这种火坑适用于在挖坑比较容易的地方建造，由于其热量比较集中，可以用来烹饪或烘干湿衣服。

除了取暖和烹饪之外，火堆还可以当作求救信号，很多种类的火堆都适用于发出求救信号，当你想要求救时，只要将一些枝叶放在火堆上即可。

生火技巧

》使用万能生火盒生火

如果你有这样的一盒在手，生火就不用愁了。它原本是为军队设计的，这种用胶带封住的防水锡盒里包括了点火工具、引火物、燃料等生火所需的一切材料。你可以从燃料块上刮下来一部分物质（通常是甲基四氯）放在棉絮上当引火物，用打火石和钢条擦出火星来点燃棉絮，再将燃料块点燃。

》使用竹火锯生火

现代生火工具固然可以让你方便地生火，但深陷荒野，装备可能不那么齐全，你可能连一块放大镜都没有，因此掌握古老的摩擦生火的方法非常重要。使用竹火锯生火是一种常见的野外生火手段，而用这种方式生火时需要一定的时间和耐心。

①用刀砍下一段长约 1 米、直径约 10 厘米的竹子，将其劈开。将其中的一段背面削薄，以构成活动板，而另一块则作为基板。

②从竹子上刮下一丝细丝，团成球，以便于点燃。

③用手指将一小块薄竹片压在竹丝球上，放在活动板的内侧。

④将作为基板的竹段的一端抵在地上，另一端抵在腹部，使之牢固不动，将这个竹段锋利边缘的一面朝外。你可以选择在腹部放一块木板或者垫子让自己感觉舒服些。双手水平握住活动板压在基板的锋利边缘上，用力地上下移动活动板。摩擦产生的热量能使得竹丝球产生烟雾，这时轻轻地吹几口气，使其燃烧并点燃引火物即可。

小/贴/士

在使用竹火锯的时候要保证所有工具都是干燥的，上下运动时要不断地调整位置，使摩擦集中在竹丝球所在的位置，以便引燃竹丝球。

》使用弓钻生火

使用弓钻生火也是摩擦生火的重要方法之一，然而选择这种方式生火的话，你要先制作一个弓钻。

⊙制作弓钻

❶砍一根长度适中的木棒。在木棒的两端分别刻一个凹槽。准备一根绳子，将绳子的两端分别系在木棒两端的凹槽上，这就是火弓。

❷砍一根无节的直棒，将木棒的一端削尖，但顶点稍钝一点，使其容易嵌入轴承座，尽量减少摩擦。

❸将火钻的另一端削钝一些，以增加摩擦力，这样火钻就完成了。

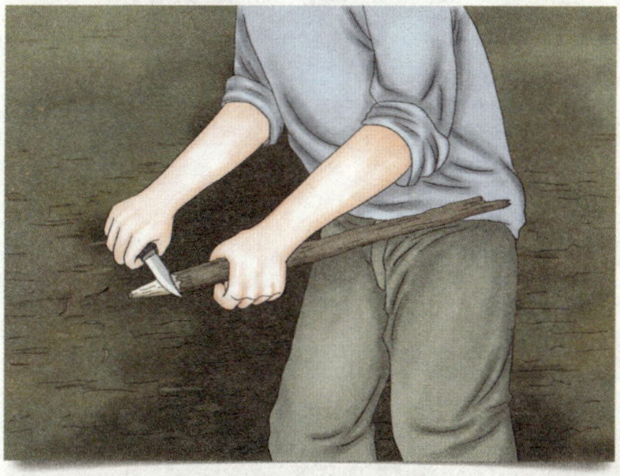

❹选一块硬木做轴承座，将木头从中劈开，在剖面上剜一个凹槽。轴承座也可以用石头代替。

❺将一块木头用刀削成大约 2 厘米厚的木板，作为火板，在距火板边缘约 2 厘米处剜一个小洞。

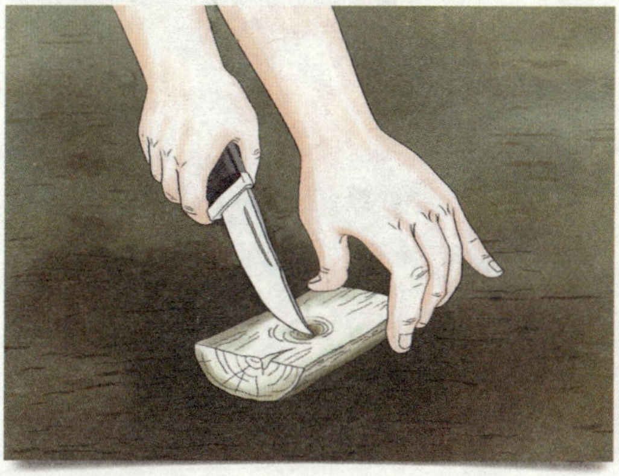

❻在底板小洞中心部位切一个V形口，用来收集炭和余烬，这样底板就完成了。

❼将火弓、火钻、轴承座架在火板上，用火钻来打磨火板上的小洞，直到火钻和火板上的小洞相吻合。

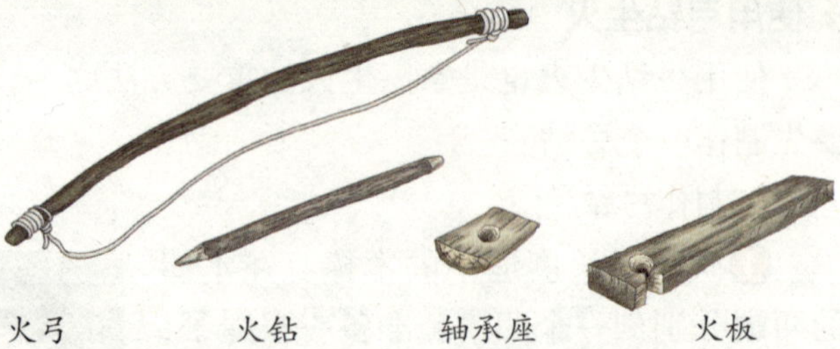

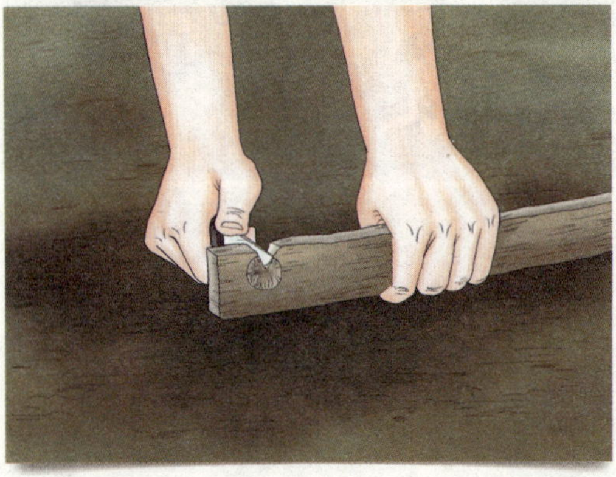

⊙使用弓钻

脚踩在火板上，身体微微前倾，平稳而有节奏地来回移动火弓，旋转锥体。逐渐加快速度、增加压力，直到有烟冒出。当烟出现时，再施加更多向下的压力，加快锯弓的动作，直到浓烟出现，接下来就可以收集摩擦产生的燃屑了。

轻扇这些燃屑，将之转移到事先准备好的火绒球里，向它轻轻吹气，直到火绒球被点燃为止。

户外常用绳结

在野外生存中，不同绳结的打法是必须要掌握的技能，学会不同绳结的打法能够为你在庇身所的搭建、捕猎陷阱的制作中提供许多便利。

绳结术语

了解绳结的基本知识和绳结术语能够帮助你更好地学习打绳结。

绳耳：对折绳子让两股绳子平行靠拢，绳子上弯曲或者折叠处就叫作绳耳。

绳圈：扭转绳耳让两股绳子交叉，就能围成绳圈，也叫作交叉旋转。

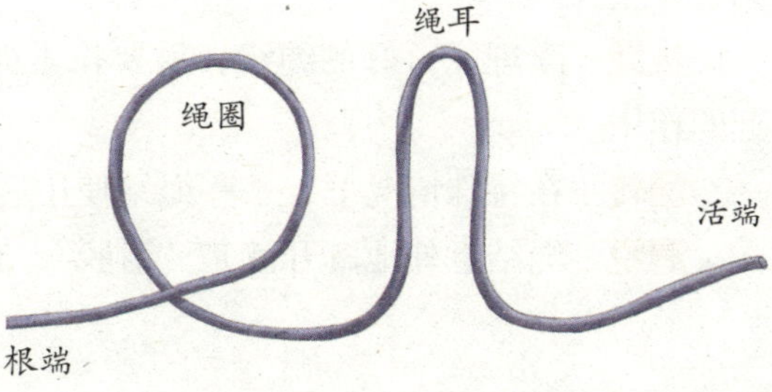

主绳：主绳也被称作本绳。结绳后垂下来的剩余绳子，或者结绳后绳头相对方向剩余的绳子。

绳头 / 绳端：握在手中的那一端

绳子就叫绳头或绳端。

活端：绳索的工作端或自由端。绳索上那部分实际被用来打结的绳子即是活端。

根端：除去活端以外的部分叫根端。根端也包括绳索上静止的部分。

尾绳：在你打好结之后，余留在绳索活端部分（即靠近绳尾）的那一端完成结绳后，留下的一小段单绳就叫尾绳。一般情况下，为了避免尾绳妨碍你的工作，且能有效地保护绳索，尾绳的长度要控制在10厘米以内。但有些时候需要留出长长的一段尾绳，以便于抓取或避免绳结拉开。

绳捻：绳捻俗称绳股，是将若干根绳纱等并合，加捻或编织在一起的具有一定长度、粗度和强度的制绳用半成品。

绳头结：绳头结是防止绳子两端拆开或标记绳子长短的一种独特的方法，用一根细绳缠绕在绳子上，然后向上拉紧。但这种方法没有用胶带和用火烤使之熔化来固定绳头更好用。

编结：编结是把绞绳连接在一起的另外一种结绳方法。即拆开两股绳子的绳头再把它们编织在一起。

连接：把两根不同的绳子或一根绳子的两端绑在一起就是连接。

抖落：抖落绳子就是指把绳子从绳盘上解下来堆放在地面，抖落时一次只能解开一层绳子，这样送绳时就能减少绳子发生缠结的可能性。

收绳：盘绳结束后用余绳缠在绳盘上，固定绳盘的两端。

打结：打结就是把同一根绳子的两端有目的地盘绕在一起。

缚紧：缚紧是一种很实用的方法，其具体做法是以垂直的角度将一条绳索和缠绕在两根甚至更多根圆木上的绳索扎紧，它可以用来加固圆木和棍棒上缠绕的绳索。

捆绑：捆绑可以把两三根棍棒或圆木通过缚紧和缠绕的方式捆在一起，以此做出一个稳固的三脚支架或使其形成一个非常坚固的角度。

环绕：在横杆、圆环或立柱一类物体上缠绕的绳环被称为环绕。

缠绕：缠绕指的是在两三根棍棒或杆子上缠绕绳索。

整理：一些绳结打好后，绳子经常会交叉在一起，使用时这种邋遢的绳结的结实程度就会大打折扣，这时你需要将各部分以正确的方式排好、拉直并扎起，把绳结整理整齐。

拢绳：整理完打好的绳结，就要拉紧绳子的各个部分。拢绳能确保绳结起到应起的作用。

翻转：在特殊情况下，一些绳结使用后会翻转成另外一个绳结。

滑脱：绳结意外地解开就是“滑脱”，有些绳结可以通过故意滑脱来解开。

打结

绳结依其用途的不同而分为固定绳结、接绳绳结、保护绳结和操作绳结4种类型。固定绳结是将绳索的一端直接固定于自然物体上的结绳方法，如双套结等；接绳绳结是将短绳接成长绳来使用的绳结，如平结、8字结；保护绳结是使绳索之间或绳索与铁索之间能够产生摩擦和滑动的连接方法，如单环结、抓结；操作绳结是用于特殊的攀登和下降中所采取的结法，主要为双套法。此结法既可做固定用结，也可用于攀登和下降。绳索用过之后必须收拢好，以便下次再用。在这里，我们只介绍几种户外最常用的绳结。

》反手结

反手结是一种基本的绳结，是很多其他绳结的基础，常被用于防止绳尾散开。

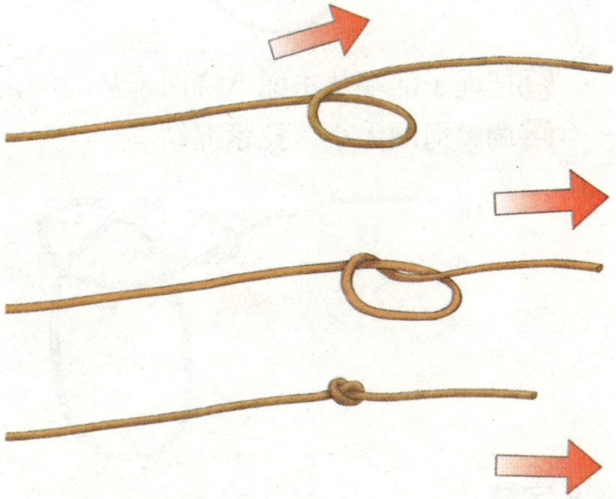

①一只手捏住绳子的主绳，另一只手捏住绳子的活端，然后弯曲绳子，将绳子的活端置于根端上方。

② 绳子活端绕过绳子根端，并由下自上穿过绳子构成一个圆圈。

③拉住绳子的活端，拉出绳子，一个简单的反手结就打好了。

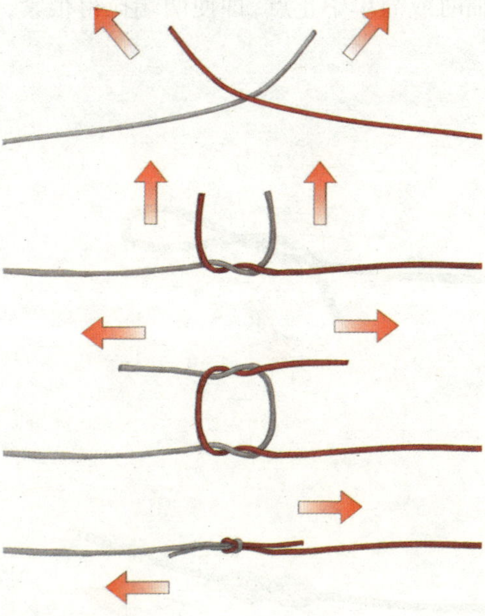

》平结

平结适用于将同一条绳的两端绑在一起或连结同样粗细、同样材质的绳索，但不适用在较粗、表面光滑的绳索上。如果平结太紧，则不容易解开。

①两只手各抓住一根绳子，右手的绳子交叉放在左手的绳子上面。

②把放在上面的绳子绕下面的绳子缠绕一圈。

③然后把左手上的绳子交叉放在右手的上面，从绳洞中穿出。

④最后将绳结拉紧即可。

》称人结

称人结被称为绳结之王，其具有宜结宜解、配合保固安全性高、用途广泛、变化多端的优点。当绳索系在其他物体或是在绳索的末端结成一个圆圈时使用。

❶用右手抓住绳子的活端，让绳子的活端与根端平行。

❷右手与主绳交叉，使绳子的活端在根端上面，形成一个绳圈。

❸由下向上翻转手腕，直到掌心向上使绳尾方向朝左，位于绳洞内。

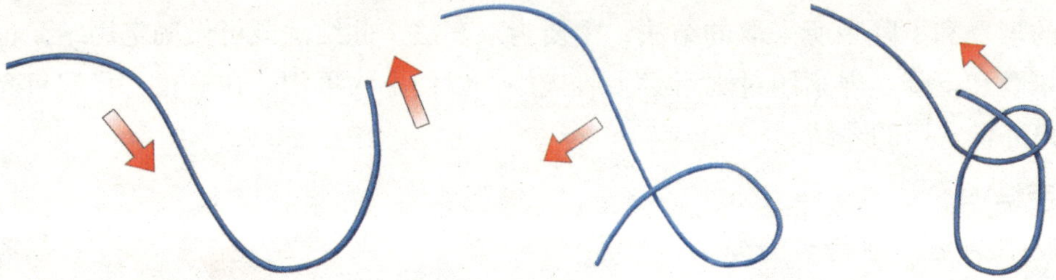

❹把绳子活端从主绳下绕回来从绳洞内穿过。

❺调整绳圈大小，拉紧绳结。

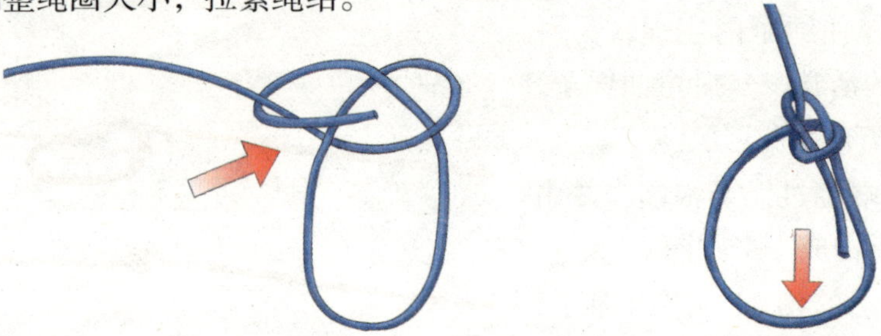

》8 字结

8 字结打法简单，可作为一条绳上的一个临时或简单中止点，即使两端拉得很紧，依然可以轻松解开。

❶将绳子的活端折向根端的方向。

❷将绳子的活端从根端的后面绕过。

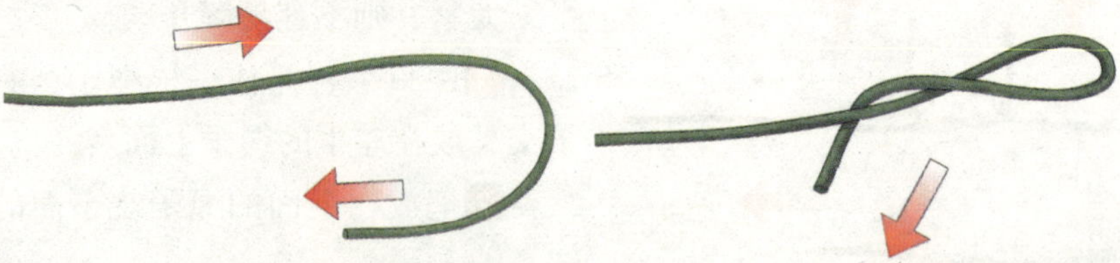

❸将这一段从右边的绳圈中穿出。

❹将结收紧，这样一个单 8 字结就打好了。

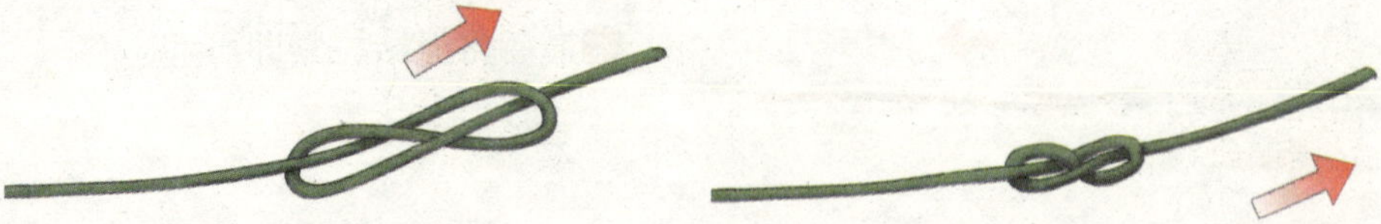

》滑结

滑结又叫套结，可以滑动，是用于暂时固定物体的最好办法，但容易滑脱。

❶先在绳子上围出一个绳圈，然后再用来滑动的那股绳子上围出绳耳。

❷把绳耳从绳圈里穿过去，用一个手指钩住绳耳，用另一只手抓住垂下的两股绳子，向相反方向拉。

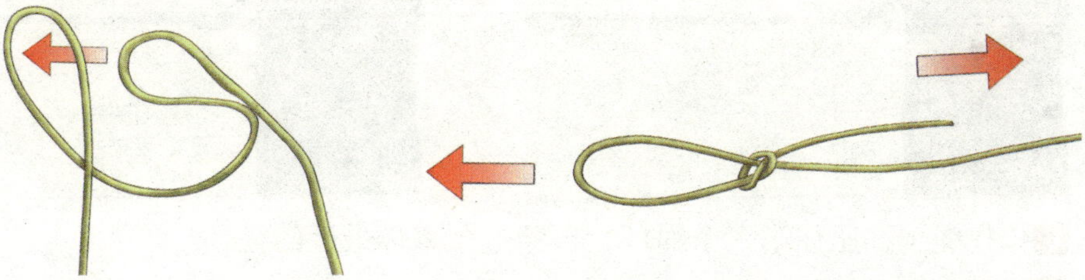

》渔人结

渔人结容易打，但很难拆开。经常用来将两条绳子连接一起。

❶将右手边的绳子在左手边的绳子上打一个单结。

❷将左手边的绳子也在右手边的绳子上按照第一步打一个单结。

❸将整个绳结用力收紧。

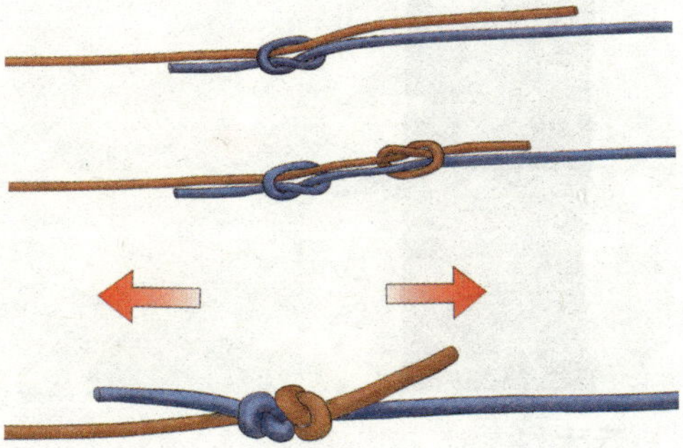

》雪橇结

雪橇结是用于捆绑的很好用的绳结，当你需要建造竹筏或者要永久固定某种东西时，很可能要用到雪橇结，但雪橇结有一个缺点就是，如果你打好雪橇结并拉紧，就很难将其解开，有时你为了将雪橇结解开，不得不将之砍断。

❶将绳子在需要捆绑的物体上绕两圈。

❷将绳子较短的一端在较长的一端上绕一圈。

❸向远离你的方向绕三圈。

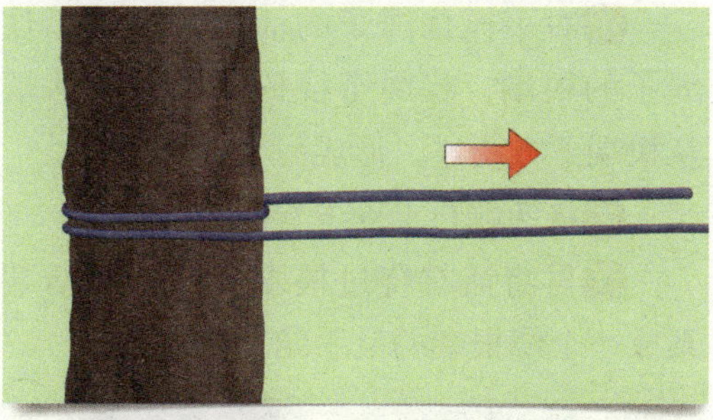

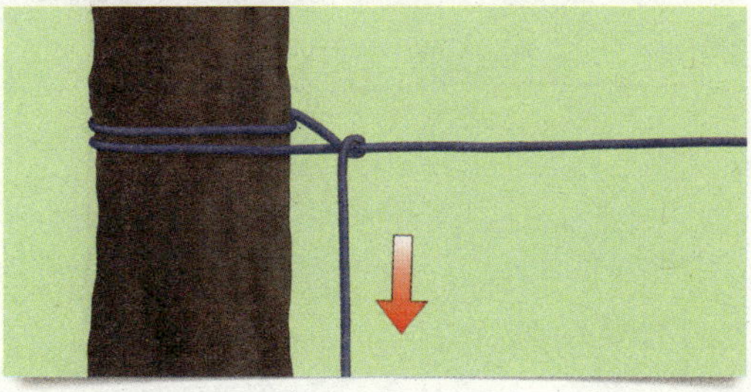

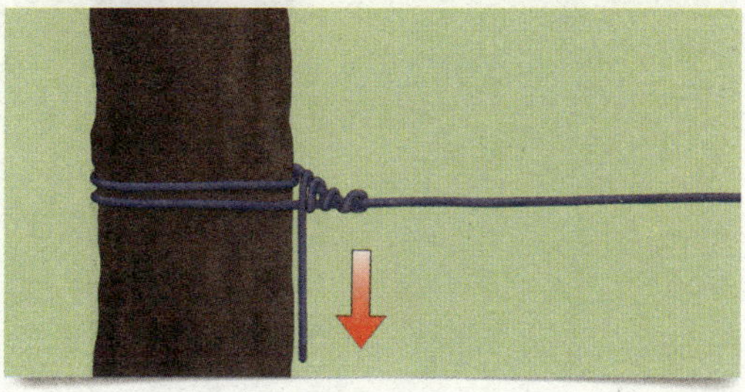

❹将绳子较短的一端穿过离你最远的绳环。

❺拉着绳子较短的一端，使之继续穿过第二个绳环。

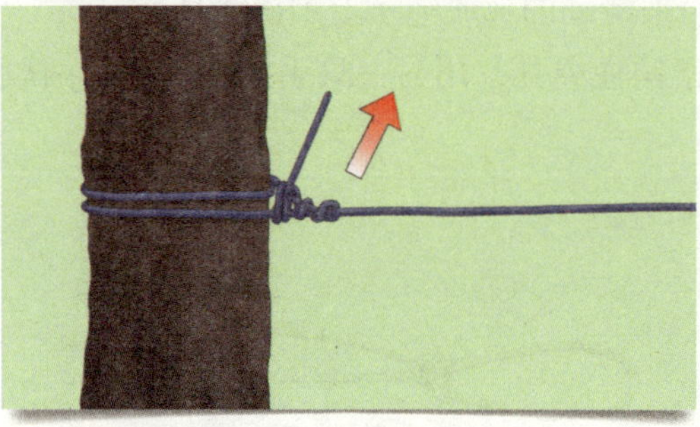

❻拉住绳子，压住第三个绳环，再穿过距离你最近的绳环。

❼将绳子用力拉紧即可。

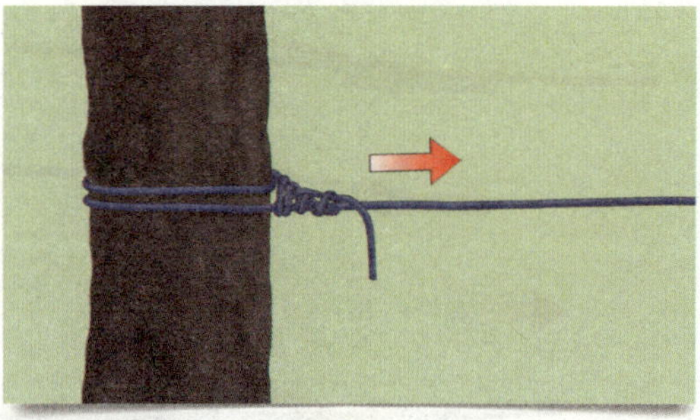

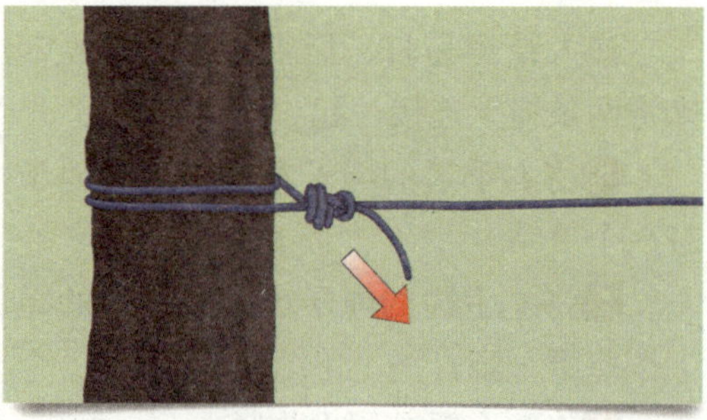

》乔木结

乔木结可以帮助你将绳子的一端系在一个固定的地方，也可以用来将两根木杆绑在一起，当你搭建雨披帐篷或A字形棚子时，很可能会用到它。

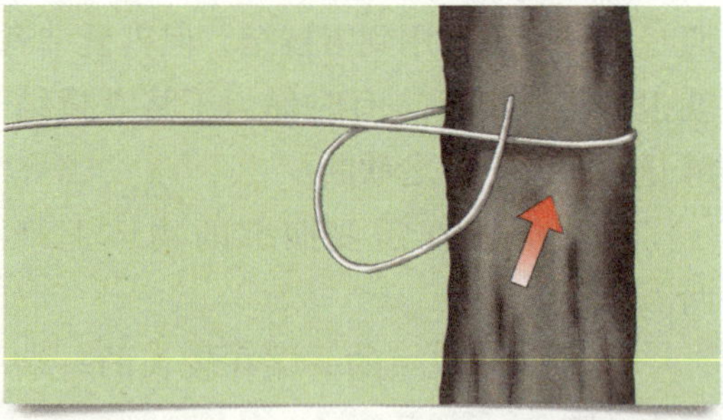

❶右手抓住绳子的活端，左手抓住绳子的根端，将绳子绕树一圈，将活端从根端下方绕过，形成一个环。

❷将活端自上而下穿过环扣。

❸再将活端绕过根端一圈，使活端系成一个绕根端的反手结。

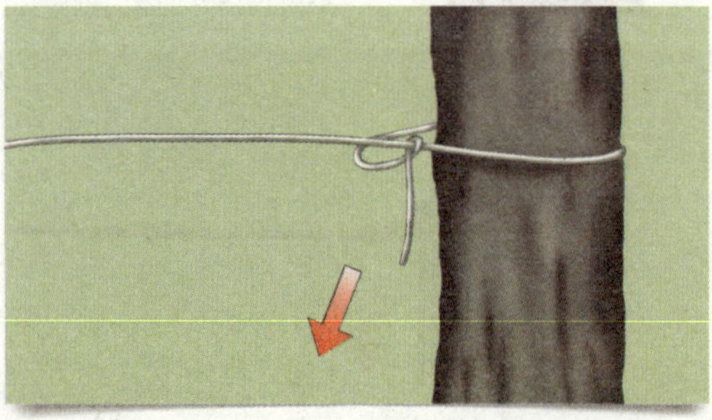

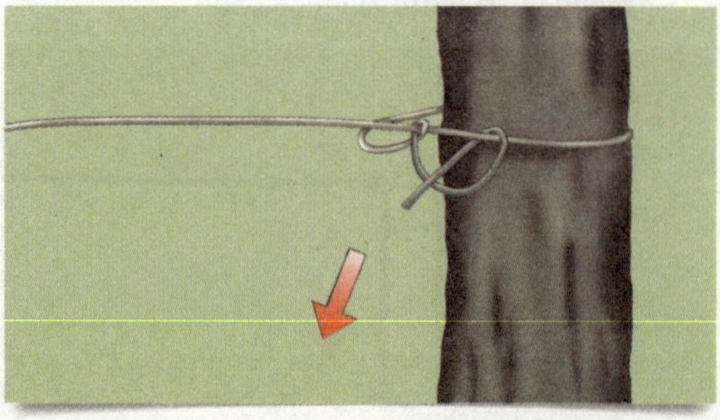

4左手握住绳子，右手拉住绳子的活端，将绳结拉紧。

5在绳子的活端上系一个反手结，将两个绳结拉近直至两个绳结锁在一起。

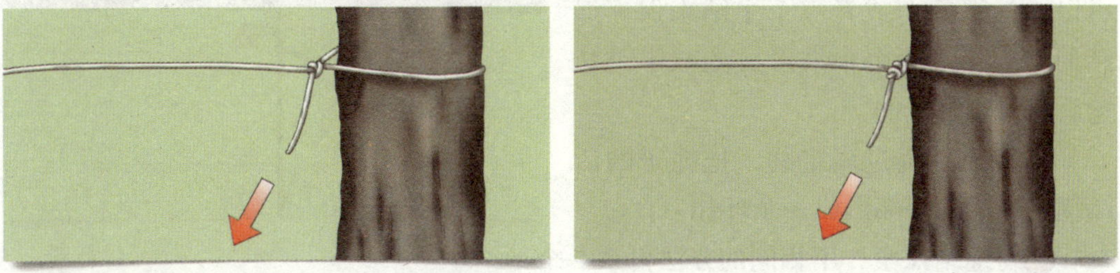

》西伯利亚结

西伯利亚结适用于将绳子系到固定的物体上，在搭建雨披棚子时，可以用西伯利亚结将绳子系在树上。

1将绳子绕树一圈，右手握住绳子的活端，左手握住绳子的根端。

2让绳子的根端置于左手手掌上，将绳子的活端绕着左手的四指缠一圈半。

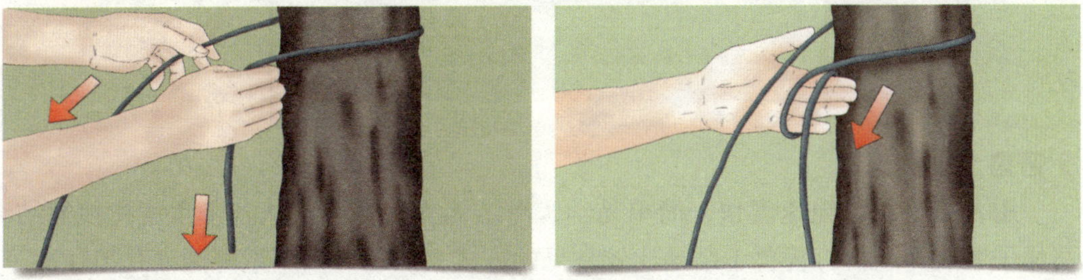

3将左手手掌翻转过来，使左手上的活端扭成一个环扣。

4右手捏住绳子的活端，将左手上的环扣移到绳子的根端上方。

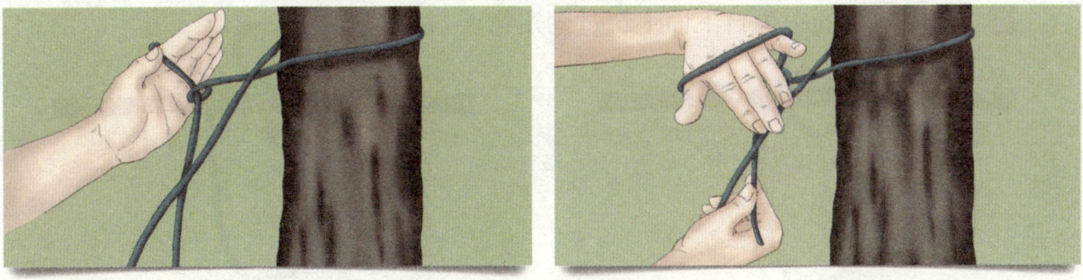

5左手捏住绳子的活端，拉住活端使其穿过绳子环扣，拉紧绳结。

如果需要解开绳结，拉动绳子的根端即可。

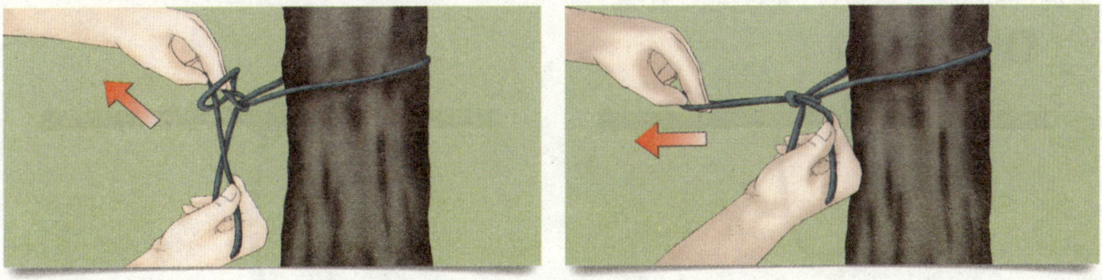

》双半结

用绳子系一个半结很容易滑动，但可以通过系两个或者三个半结来保证绳结的牢固，系两个半结形成的双半结拉紧后是很难解开的。

❶将绳子绕过固定物，把绳子的活端绕过绳子的根端形成一个环扣。

❷将绳结拉紧，用相同的办法再系一个半结。

❸将两个半结拉紧直至两个半结锁成一个结，最后可以在绳子的活端系一个反手结以使绳结更加牢固。

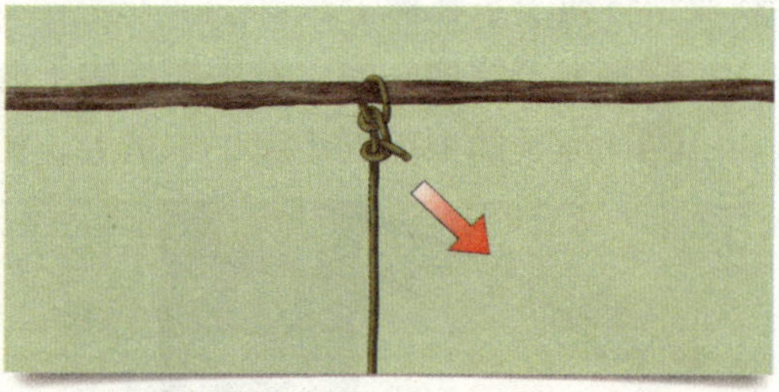

》普鲁士结

用普鲁士结结绳速度快，简单易学，绳结无方向，可以从各个角度拉拽绳结。将绳子系成绳圈再打普鲁士结是比较常见的方式，但也可以不系绳圈而是抓住绳子两端打一个绳头普鲁士结，这种普鲁士结的打法与用绳圈打普鲁士结的方法相同。

❶将绳子系成绳圈，将绳圈绕在固定物上。

❷将绳圈前端的一头自下而上绕过固定物。

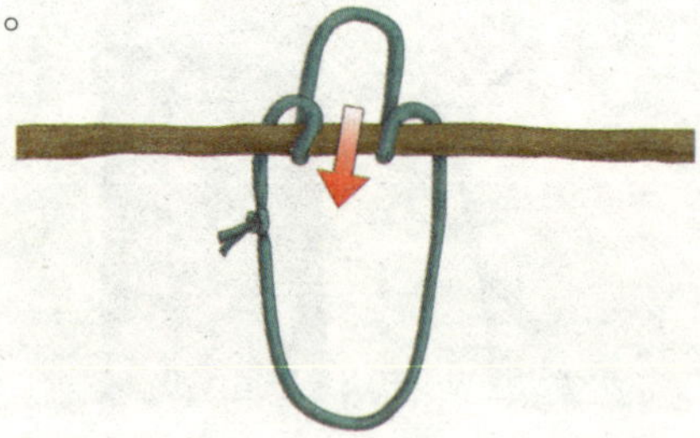

❸拉住绳圈前端，自上而下穿过绳圈后端。如果有需要，你也可以将绳圈前端多缠绕固定物几圈后再穿过绳圈后端。

❹将绳结拉紧即可。

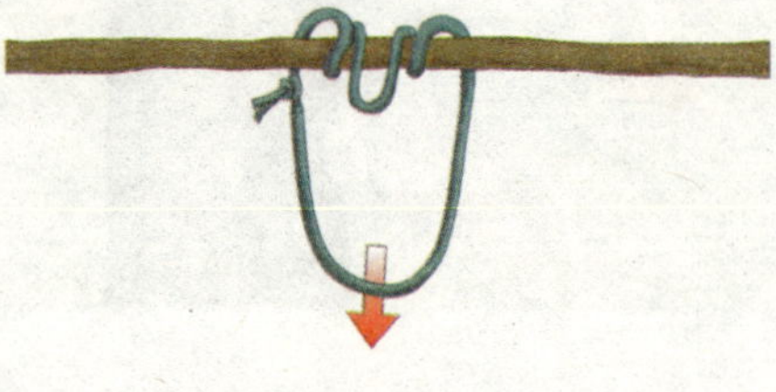

》双套结

双套结是一种做绳套的很好的打结方式，不仅打结的方式容易，解开结也很快，但在适当的角度拉紧却非常安全。由于这种结比较容易松开，使用的时候要特别小心。

1 拉住绳子的活端，从后向前绕固定物一圈。

2 继续拉住绳子的活端，从前向后绕固定物一圈。

3 拉住绳子的活端，穿过绳子围绕固定物形成的绳圈。

4 拉住绳子的根端和活端，将绳结拉紧。

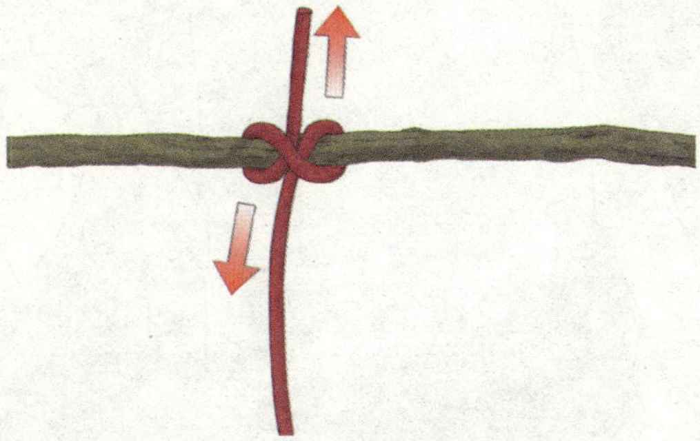

》剪立结

当你因某些原因需要将两根木头绑在一起的时候，你可能会用到剪立结。

1 将两根木头并列放在一起，再用绳子在其中一根木头上围一个双套结，然后拉住绳子，在两根木头上横向缠绕七八圈后再纵向缠绕两圈。

2 最后将绳端以双套结固定在另一侧的木头上。

第六章 获得水源

水是生命之源。水在日常生活中对人的重要性想必不需多说，在荒野中，水也同样重要。如果没有食物，你能够坚持很久，但没有水，你很快就会倒下。尽管人人都知道获得水源是很重要的一件事，但究竟该如何在荒野中获得水源呢?

寻找水源

在文明社会中，水仿佛是唾手可得的一件东西，没有人关心它是怎么来的。然而在没有自来水和矿泉水的野外环境中，你也许要费一番功夫才能找到安全可靠的水源。除非你身处沙漠或者干旱环境中或者漂泊在海上，一般情况下水源还是容易找到的，前提是你得掌握一定的技巧。

常见的水源类型

》普通水源

在野外，我们很可能会遇到小溪、河流、湖泊等，而这些水源一般都是可以饮用的，不过有一些事项需要留意。

⊙河水、溪水

如果在野外找到河流或小溪，这可是理想的水源。河流和小溪离山顶越近，奔流得越快，经过自然净化的水也就越干净；越往下游的水，流动速度会变得缓慢，也会携带一些污染物。因此，饮用溪水和河水时应当尽量选择上游的水源。在饮水之前，要沿着小溪或者河流的上游检查一下有没有动物尸体或者其他污染源。如果污染严重的话，这样的水是不能饮用的。在一些干旱地区，河流和溪水只有在汛期才会流动，这样的水源污染情况会比较严重。

⊙泉水

泉水是由于地下水受强压涌上地表，或由更高处的水因重力作用下流而形成的。泉水通常在地势较低的地方出现，根据水流状况的不同，可以分为间歇泉和常流泉。泉水也是一种较为理想的水源，如果你发现一块地方与周围环境完全不同，而突然出现绿色植物的话，说明附近很可能有泉水。

⊙湖水、池塘水

一些流动的水源如河水、溪水最后可能会汇集到湖里或者池塘里，湖水和池塘中的水比起河水、溪水来说，流动性要差很多，因此水源的洁净程度一般不如河水和溪水。如果需要在湖中或者池塘中取水，可以选择河流、溪水流入湖或者池塘的地段，尽量选择干净的地方取水，比如有鱼的地方说明此处水源的洁净程度还可以，而有大量污染物和水藻处的水则是不可取的。

⊙井水

尽管身处荒野之中，很少能遇到人工开辟的水源，但如果此处有人长期居住，则可能会有井的存在。有些地方的人喜欢将水井隐藏起来，避免被外人找到。但这些地方通常会有记号，如果你能设法了解记号，找到水井，这无疑是不错的水源。

⊙洼地

有时，在地势低凹的地方你会发现洼地，而洼地很可能有积水的存在，一些大面积的洼地甚至还会形成湖泊，洼地中水的洁净程度不比溪水、河水，它们很可能遭受过其他动物的污染，因此你在饮用之前要对其进行净化和消毒。

》取自植物的水

在一些干旱的环境中，你可能无法找到普通的水源，这时你可以借助植物寻找水源。因为很多植物中含有丰富的水源，足以帮你渡过困境。

⊙树木

一些体积粗大、树叶阔大、多生果实的树，树身中通常有丰沛的藏水。只要用利器在树干上挖洞就能够取得水，但注意挖洞的时间最好选在黄昏以后。

⊙水藤

水藤能够提供很好的淡水资源，但并非所有水藤的水都能够饮用，有些水藤是有毒的。用刀在水藤上割一个小口，如果流出的汁液是浑浊的，则不能饮用；如果流出的汁液是清澈的，表示可以饮用。但饮用时，注意嘴部不要碰到水藤，因为水藤的外皮含有刺激物。

⊙竹子

一些粗大的竹子（如麻竹、桂竹、孟宗竹等）中均含有一定量的水，又大又老的竹子通常含水更多，如果你摇动竹子时听到竹子内部有水搅动的声音，就可以在竹子上钻洞取水，你还可以取下一部分竹节，作为自己的备用水源随身携带。

⊙仙人掌

想要在有着锋利的刺的仙人掌中取水，你需要将刺去掉，并切开仙人掌，将仙人掌的果肉捣烂来获取水分；对于筒形仙人掌，你可以将顶端切掉，把里面的果肉捣烂，吮吸里面的液体。

⊙植物的果实

许多植物的果实（如椰子、野丝瓜等）中都含有大量水分，这些水分不仅能帮助你补水，其中的营养也可以给你的身体提供更多能量。

⊙树叶

一些植物的嫩叶是可以用来食用的，它们不仅能够帮你补充水分，也能够提供食物。

》其他水源

一些你平时不会注意到的水源，在困窘的情况下，也是你获得水源的选择。

⊙渗流

从崖壁的底部、高地或者突出的岩石等处缓慢流下的水可能会形成渗流，你可以直接舔食或者吮吸这些水，或者制作容器收集这些水。

⊙雨水

很多时候，雨水是可以救命的。在自然环境中，一些有囊状叶子的植物会成为天然的雨水收集装置，岩洞也是雨水天然的收集器，不过在饮用这些雨水之前，要进行净化和消毒，你也可以自己制作一个雨水收集装置来收集雨水。

⊙露水

在昼夜温差较大的地区，经常会有很多露水，当它凝结在物体表面上时，你可以将其揩抹下来或者直接舔食，你也可以制作一个露水收集器来收集露水。

⊙冰雪融水

在温度比较低的地区，你目之所见的很可能是大片的冰雪。这些冰雪，能作为你的饮用水源，关于如何处理冰雪，使之变成可以饮用的水，之后还会具体讲述。

⊙取自动物的水

在动物的眼球里，你也能找到可以饮用的水，这些水虽然量很少且味道并不好，却能在危急时刻救你一命。

如何寻找水源

》寻找水源的方法

⊙人类遗迹

如果你在野外发现了人类生活的痕迹（如被遗弃的居住点或采矿场等），通常会在附近发现水源。

⊙动物足迹

人类离不开水，动物也需要水才能存活。当你在一个地方发现密集的动物足迹，它们很可能会将你引向水源。逐渐向一个方向收敛的“倒V形”足迹就意味着水源的方向。但在跟随动物寻找水源的时候有两点要注意，一是要仔细观察水源地周围是否有凶猛的野兽威胁你的安全，二是在饮用水之前要对水进行仔细地净化消毒，因为水源可能会被野生动物污染。

⊙鸟类行为

鸟类也需要喝水，因此它们会向水源地飞去，所以你可以根据鸟的踪迹来寻找水源。

⊙昆虫踪迹

像蜜蜂、黄蜂以及苍蝇等昆虫通常都不会离水源太远，你可以通过寻找这些昆虫来寻找水源。

⊙植物生长

植物的生长离不开水，当你在一些比较干旱的地区发现一个植物茂密的区域，其环境与周围截然不同，你在附近很可能会找到水源。

》制作器具来收集水

如果你找到了水源，就设法将它聚集到一起，保护它，以免它被蒸发掉。即使你无法找到足够的水，在大多数情况下，你也可以制作器具用来收集雨水、露水、植物蒸发水等。

⊙雨水收集器

在众多的水源当中，雨水是比较安全可靠的一种，但你要制作一个雨水收集器来收集雨水。你可以选择一块防水布、雨披，甚至大片的树叶来制作雨水收集器，只要你的材料是防水的就可以，制作收集器的材料摊开后的面积越大，收集到的雨水也就越多。

选择一个离营地较近的地方，找一块上方没有遮挡的空地，找四根长度大致相等的木棒，牢牢地固定在地上；在防水材料的四角各系上一段绳子，将其中相邻的两端系在木棒较高的位置，另外两端系在木棒稍低的位置，使防水材料形成一个斜面；在靠近防水材料稍低的一侧放一两块石头，这能够保证雨水被收集到一处并形成水道；在水道下方放置一个盛水的容器。在雨水收集器使用之初你应当检查一下雨水是否能够流进集水容器中，这十分重要。

⊙露水收集器

在昼夜温差较大的地方通常会出现露水，但这些自然产生的露水通常在你没机会享用它之前就蒸发殆尽，因此你需要一个露水收集器来获得露水。

在地上挖出一个坑洞，把塑料布放在坑里面，将边缘压好；在铺着塑料布的坑洞底部放一些石头，并保持坑上面是开口的。在夜晚随着空气冷却，湿气会凝结到石头上，水滴会滑落到塑料布上。你要赶在天亮之前来取用塑料布和石头上的露水。

⊙利用吸水材料收集露水

除了上述的露水收集器，还有一个办法能帮你收集露水。

在一些植物茂密的地区，植物叶片上通常会凝结一些露水。这时你可以选择在脚上系上吸水材料（如毛巾或者T恤衫），在清晨或者深夜穿过大片的草地，当吸水材料中已经吸取了足够的水，就将之解下拧在容器中。在露水蒸发前，你可以重复这一方法直到你获得足够多的水。

⊙从植物中取水

除了直接获取植物中的水之外，你也可以通过植物的蒸腾作用来取得自己需要的水，进行这项工作，你只需要一个干净的塑料袋即可。

在塑料袋底部放一块光滑的石头，将塑料袋扎在树枝或是直接暴露于太阳下的草丛上，当水从叶子上蒸发时，它会在塑料袋内冷凝并汇集到塑料袋底部。等待一段时间，你就可以看到塑料袋内收集到的植物水。需要注意的是，你在收集水的过程中应该尽量避免让塑料袋直接接触到树叶或草叶，以免影响到凝结作业的效率。

你也可以砍一些绿色植物，放到塑料袋中。在塑料袋底部放一块光滑的石头，系住塑料袋的开口。将塑料袋置于阳光下。太阳会促使植物的水分蒸发，然后在塑料袋内冷凝，最终汇集到塑料袋底部。

⊙太阳能蒸发器

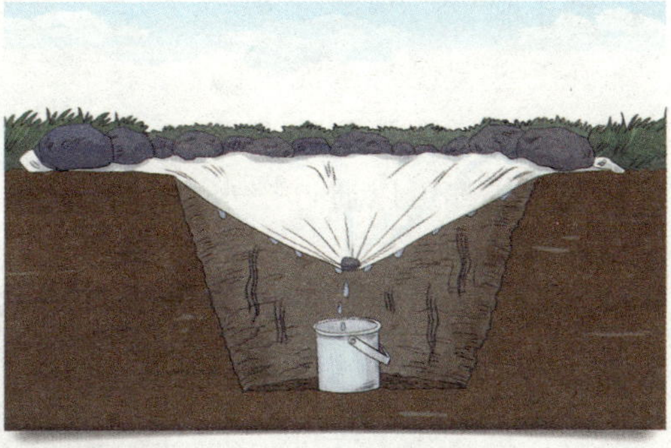

利用太阳能蒸发器收集到的水是有限的，因此不宜将它作为你获得水源的唯一办法，最好作为辅助的办法。如果你在制作太阳能蒸发器的时候由于排汗而损失的水超过你收集到的水，那显然是得不偿失的。

先在平坦的地面挖一个洞，然后在大洞的中央放一个盛水的容器；准备一块防水材料，将之悬垂在洞上，固定好；把一块小石头放在防水布的中央。当白天热度上升时，大地上的湿气会在防水布较冷的底部凝结。由于重力的作用，这些水滴会汇集到中央并滴落在下方的容器里。如果你能够找到一些湿润的材料（如草木等植物），将其放到洞里的话，可使产生的液量有所增加，你利用太阳能蒸发器获得的水取决于土地或者你放到蒸发器里的东西的湿润程度。

⊙反式蒸发器

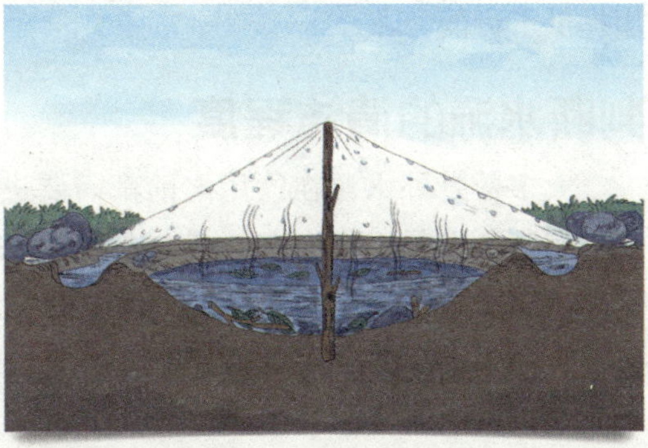

反式蒸发器的工作原理与太阳能蒸发器大致相同，但制作起来要更简单一些。如果你找到的是一滩污水，那么它也能派上用场。

将一根木棒插在潮湿的土地、污水坑或者植物碎块的中间；将塑料布覆盖在木棒上，将边缘向内卷起，使其中一边稍微低一点，以便观察水在哪里凝结；用泥土将塑料布外面的边缘密封好，如果有可能的话，最好还是将水收集到容器中。

⊙收集岩隙渗水

在一些有渗流或者细小水流的地方，你可以直接舔食来获得水。但是，你不可能一直待在那里吸水，你可以制作一个简单的工具来帮你收集岩隙渗水。

准备一根绳子，将绳子打一个结，将之固定在有渗流的岩隙中，将绳子的另一端悬垂到一个容器里，只要你耐心等待，就能够收集到足够的水。如果没有绳子，用鞋带或者棉线等代替也可以。需要注意的是，你要保证盛水容器放在那里是牢固的，不会因为盛了一些水而翻倒。

⊙水洞

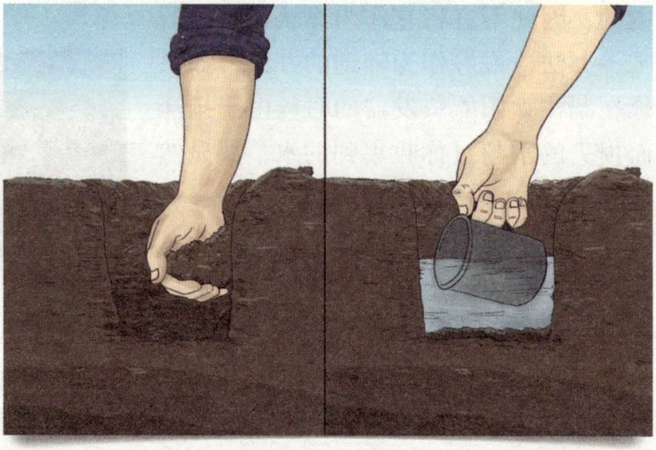

在一些曾经有水流过的地方，水通常会渗到地表之下，这时候你可以通过挖水洞的方式来获得水。

找到一个可能有水的地方，向下挖去，直到出现湿气或者水的迹象；等待一个晚上，让水充分渗出，然后你就可以取水了，但饮用之前，一定要经过净化和消毒。

⊙医用橡皮管

如果你随身带着一根医用橡皮管，那真是太好了，你会发现，你可以用医用橡皮管来吸取收集到的水，而且不会破坏水的收集装置，这也为水收集装置的再次使用提供了可能。

判断水源的清洁程度

大多数野外水源在饮用之前都需要进行净化和消毒处理，尽管如此，你还是需要掌握判断水源清洁程度的基本方法，这能够帮你获得更为安全、可靠的水源。

★离源头处越远的水，受到污染的可能性越高。

★如果水源上游或者附近有人类居住地或者营地的话，那么水源可能被污染了，不宜直接饮用。

★吐口唾液在水面，如果唾液迅速散开说明水源比较清洁，如果唾液聚而不散，水质则可能不洁。

★如果水面出现水泡或呈现污浊状时，水质可能不洁。

★如果水有异味的话，则不适合饮用。

★如果发现河流中凸出水面的沙土上附着锈状物或油污时，这样的水不适合饮用。

★一般来说，从大气、植物或“大地蒸馏设备”所搜集来的水都是洁净的。

★新鲜洁净的融冰和雪水可以作为饮用水，但如果冰、雪呈黄色，就不可将之融化并饮用。

有时，水源即便看起来很清洁，也只是表象而已，因此，为了自己的健康着想，无论什么样的水，只要条件允许，都要将之净化、消毒之后再饮用。

饮用水的净化处理

饮用不洁的水后果很可能比不喝水更糟糕，你可能会因此而发生腹泻或者感染上寄生虫，甚至染上更为严重的疾病或者中毒。因此，在取得水之后，需要净化和消毒才能饮用，而净化水正是你需要做的第一步。

一般来说，净化水的方法有以下几种：

》渗透法

当你找到的水源里有漂浮的异物或水质混浊不清时，你可以采取渗透法对其进行净化。

⊙吉卜赛井

如果你找到的是污浊的无法饮用的水源或者是一块水涝地，你可以试试吉卜赛井。

在离污浊水源稍远的地方挖一个坑，坑的大小要能够容纳一个舀水的容器，深度要比第一层水涝土低至少 30 厘米。当周围的水流入这个坑中时，观察水的颜色，如果水比较污浊，就将水舀出，洞中会重新充满水，重复几次直到水质变得清澈。当你暂时不用这个井时，要将其盖住，以防被落入的杂物污染。

》过滤法

当你找到的水源泥沙混浊，有异物漂浮且有微生物或蠕虫及水蛭幼虫等时，水源周围的环境又不适宜挖坑进行渗透时，你可以采取过滤法来净化水。

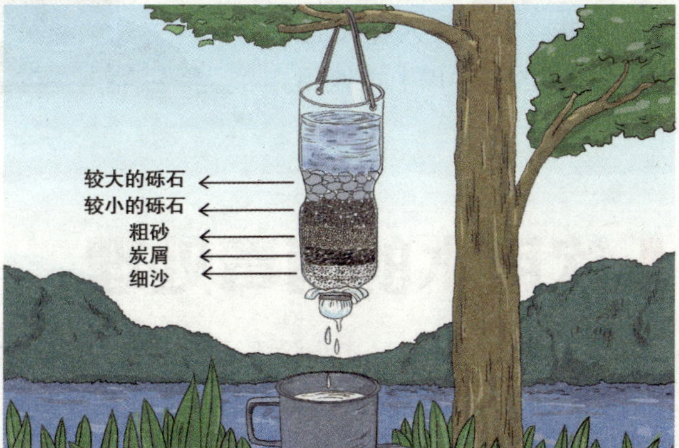

⊙过滤瓶

准备一个容器（如矿泉水瓶等），截去瓶底或在瓶底开一个洞，在瓶口处固定一块能够透水的纱布或其他物品，使得水能够从瓶口渗出而过滤材料又不会掉落下来；将瓶子倒挂在树枝上，在瓶子里放上不同的材料（如砾石、木炭、粗砂、细沙等），要保证瓶子的上层是粗糙材料，越往下材料越精细；将水从瓶子的上端开口处倒入，使水渗过一层层砂石流入放置在过滤瓶下的容器中。如果你没有瓶子的话，用袜子、手套同样可以制作这种过滤器。

⊙三脚架过滤器

除了过滤瓶，你也可以选择制作一个三脚架过滤器来净化水。

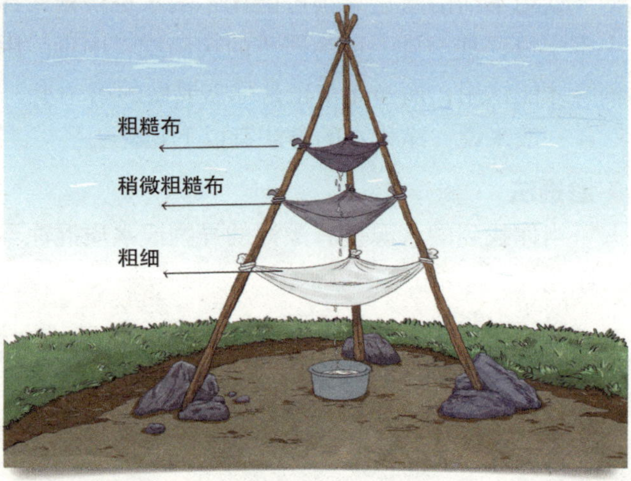

将三根木棒的顶端固定在一起，底部固定在地面上，形成一个三角架；在三角架靠近上、中、下的三部分分别绑上不同材质的布料，上部的布料比较粗糙而下面的布料比较精细；在三角架下放置一个盛水的容器，往三脚架过滤器的最上层倒水，使其通过一层层布料，在此过程中，水就被净化了。

》沉淀法

将找到的水收集到盛水容器中，向水中加入少量的明矾或捣烂的木棉枝叶、仙人掌或榆树皮，搅匀后沉淀 30 分钟，然后轻轻舀起上层的清水即可，注意在舀水时不要搅起下层沉淀的混浊物。如果要去除水的异味，可以放入烧火的木炭，放置 45 分钟以上再饮用。

饮用水的消毒处理

将饮用水净化只是初步除去水中可见的污染物，但水中的细菌则要靠消毒来除去。为获得安全可靠的饮用水，消毒是必不可少的程序。

一般给饮用水消毒有如下几种方法：

》煮沸

煮沸法是最有效的饮用水消毒方法，其成效也是无可比拟的，只要你拥有火和足够的燃料，处于适当的高度，并能保证水在沸腾时温度达到100℃即可。将水煮沸5分钟以上就能够杀灭大多数有害细菌和寄生虫。但在高山上，水在沸腾时温度通常无法达到100℃，因此不能用此方法来消毒。

》碘片或碘酒

碘能有效而方便地对水进行消毒，杀死细菌、病毒等，碘片使用方便，只要依照说明放入水中充分搅拌再静置一段时间即可。如果没有碘片，使用医用碘酒也可以，在已净化的水中，每升滴入几滴碘酒，搅拌均匀后，静置大约30分钟即可。

》高锰酸钾

高锰酸钾是一种常见的药品，在药店都能买到，可以用来给水消毒。在水中放入少量高锰酸钾，搅至水变成浅粉色，静置30分钟以上就可饮用。在野外随身带上一些高锰酸钾，不仅能够给水消毒，还能用来清洗伤口。

》漂白剂

用漂白剂对水进行消毒是一种十分方便的方法，使用漂白剂时一升水加入一滴漂白剂就可以了，如果水比较浑浊，则可以再增加一点用量，将加过漂白剂的水静置30分钟后才能饮用。

》醋

如果你随身携带了食醋的话，也可以用来给水消毒，在水中加入一些醋，搅拌均匀后静置30分钟即可。

》植物

自然界中的某些植物也具有一定的消毒作用。如果你找到的是咸水，用地椒草与水同煮，能防止发生腹痛、腹胀、腹泻。如果水中有重金属盐或有毒矿物质，可以用浓茶与水同煮，注意不要将水中的沉淀物一起喝下去。

》紫外线

除了煮沸或者在水中加入一些物质的消毒方法，紫外线也能杀灭细菌。将装满水的瓶子放在有阳光的地方，将暗色的表面对着阳光，阳光会杀死引起常见的水源性疾病的细菌。但水越混浊，紫外线就越难发挥作用。你也可以携带一个小型紫外线净水器来给水消毒。

即使是已经经过净化、消毒的水，也不能保证百分之百安全可靠，因此你在饮水之后要时刻注意自己身体的变化，如果感到不适则要及时采取措施。还要注意的是，当你身处荒野而身边的水资源又极其有限的时候，一定要有计划地饮水，不要一下将水全都喝光。正确的喝水方法是一次只喝一两口，小口喝，将水在口中含一下再咽下，可以让你感到舒服一点。

海水及冰雪的处理

在一些特殊的情况下，比如海上或者低温环境中，海水或者冰雪融水很可能会成为你唯一的水源，但海水和冰雪都是不能直接饮用的，因此你必须学会处理海水及冰雪的方法。

海水的处理方法

》太阳能蒸馏器

制作处理海水的太阳能蒸馏器与在陆地上制作太阳能蒸馏器的方式相似，不过这次你不需要在地面上挖坑了。将海水倒入盆中，在盆子的中央放一个杯子，这就是你收集蒸馏水的容器，注意盆中海水的高度不要超过杯口；用一块塑料布罩住盆子，将塑料布的四周固定住，在塑料布中央、杯子的上方放一块石头；将这一装置放在太阳下或者在盆底加热，使水汽凝结成淡水落入杯中。

》利用吸水材料收集淡水

搭建一个三脚架，将盛有海水的容器吊在三脚架上，在容器顶端覆盖上厚实的吸水材料（如毛巾等）；在容器底部加热，使形成的水蒸气被吸水材料吸收，待装置冷却后再将吸水材料中的淡水拧出即可。

冰雪的处理方法

》加水融冰融雪

假如你的手边有其他水源的话，就倒一些水在容器中，将容器放在火上加热，将冰捣成碎片，一边加热一边将冰碎片加入容器中。不要一次性加入冰块，要保证水是热的但不要让水沸腾，以免水汽蒸发损失水分。除了可以用这个办法来融化冰块，也可以用这个办法来融雪，融雪时同样要将雪慢慢地加入容器中。

》利用热平台融冰

如果你没有水的话，可以利用热平台的方式来融化冰块。准备两根较粗的圆木，将之并列放好，在两根圆木之间生一堆火；将一块表面倾斜平整的石板放在圆木上，将冰块放在石板上；在石板较低的一边旁边放一个盛水容器，以收集融化的水。

》融化雪球

将雪弄成一团密实的雪球插在木棒上；在地面竖起一个顶端分叉的树枝，将插着雪球的木棒搭在分叉的树枝上，在木棒下端坠以重物，使雪球悬空；在雪球附近生一堆火；在雪球下方放置一个盛水的容器，使雪球融化形成的水收集在容器中。

》利用融化袋融雪

将雪装在一个有气孔的材料（可以用T恤衫或者袜子）做成的袋子中，将袋口扎紧，悬吊在木棒上，制作一个与雪球融化装置相同的装置。在融化袋附近生一堆火，在融化袋下方放置一个盛水的容器以收集水。

水的装载和储存

除了水源的洁净程度之外，水源的理想程度与水源距离营地的远近也有着密切关系。如果水源距离营地过远，那么你每次取水都会消耗很多体力。你也许会在一个地方常住一段时间，却不可能永远不离开这个营地，这就意味着你需要将宝贵的水资源随身携带。因为水源并非是随时随地就能找到的，因此你应当尽可能利用已找到的水源，这就使水的装载和储存变得十分重要了。

》常见储水器具

⊙水壶

水壶是户外常用的储水装备，一般出门在外总会带上一两个水壶，户外水壶有多种容量，材质也分很多种，常见的有塑料水壶、金属水壶、保温水壶、军用水壶等，塑料水壶比较轻便，但容易破损；金属水壶稍重一些，但比较结实；热水瓶能够保持冷水或热水的温度，但比较重；军用水壶是军队使用的标准配置，十分适合户外环境，因为它不仅结实耐用，且具备多种功能。

⊙水袋

水袋不仅可以用来将水从水源地运回到营地，还可以用来保持一些装备的干燥。水袋轻便而结实，如果是透明的，你还可以通过目测了解自己剩余的水量。一些水袋有可挂在专用包上的小孔和旋入式的加水口；从底部引出的吸管，使你即可补充水分又不妨碍运动，在行进中使用起来十分方便，但使用这种水袋意味着你无法看到水的余量从而控制自已的饮水。

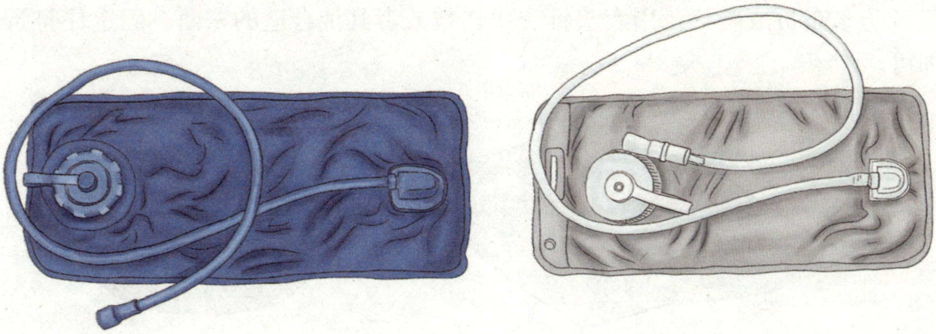

⊙可折叠水具

压缩水桶与可折叠水碗都属于此类装备，这类水具的体积小，携带起来比较轻便。不用的时候可以折叠起来放在包里，使用时则能够储存很多水，用这种水具将水从水源地搬运到营地再好不过了。

》自制储水器具

在野外环境中，你并不一定总是能找到适合自己的储水容器。如果你既没有水壶、水袋，也没有折叠水具，难道就要在好不容易找到水源的情况下因没有水具而放弃储存水的好机会吗？当然不是。你可以开动脑筋，寻找合适的原料做储水容器。

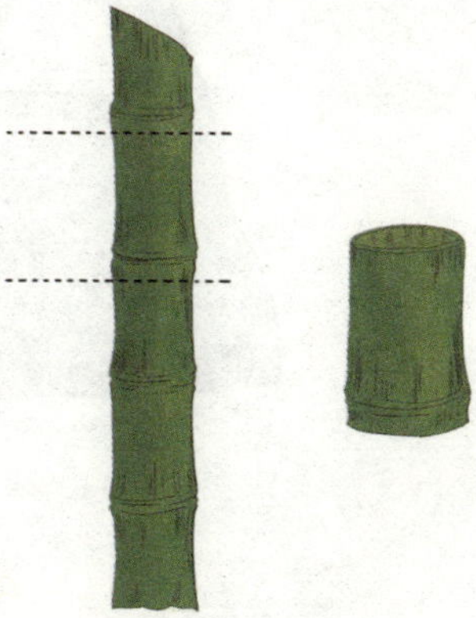

⊙竹节

竹节可是天然的水杯，除了将竹节整个截下，当作备用水源随身携带之外，你也可以将竹节切开，做成一个水杯。在一个竹节下面 2.5 厘米处切断，再在紧挨着它的下一个竹节下面 2.5 厘米处切断，取下这节竹节，将开口处磨平，竹节就变成了一个天然的水杯。

⊙葫芦

像葫芦属植物这种中空、干燥的果实都可以用来装水。

⊙树叶杯

当你只有一个很小的杯子，而需要装载更多的水的时候，你可以用丛林里的大型树叶拧成漏斗状，将漏斗状的树叶放到杯子中，这不仅能装载更多的水，还可以在下雨时收集雨水。

⊙自制水碗

如果你手边有一块塑料布或者防水布的话，就可以用它来制作一个水碗。将塑料布或者防水布折成碗状，用大头针、小树枝或者其他合适的东西，固定住打折的地方即可。

⊙废弃的材料

在野外，任何一件废弃的物品都可能变成对你有用的东西，你可以随时留意能够装载水的容器（如塑料袋、塑料瓶或者其他容器）。需要注意的是，在使用这些东西之前，你应该对它们进行消毒处理。

⊙防水服

一些防水服（如海上救生服等）的材料都是防水的，这些衣服也可以用来做储水的容器，最简单的方法是将防水服的袖子或裤腿打成结，有些防水服上可能因某种需要而涂上了一些涂料，在使用其作为水具之前应清洗干净。

》蓄水池

在一些情况下，你的营地可能离水源地并不近，如果每次你需要用水时都去水源地取水，将会耗费很多体力。在这种情况下，你不妨在水源地附近挖一个小的蓄水池以解决用水问题。

❶寻找一块合适的场地，地点离营地不要太远，挖掘地点的土质不要过硬以免耗费体力，如果地面上有天然的凹坑更好，用木棒、工兵铲等器具向下挖掘出一个浅坑。

❷将浅坑周边收拾平整，在坑中铺上防水材料，如救生毯、塑料布等。用石头或其他东西压在浅坑边的防水材料上，完成后你就可以在池中蓄水了。平时你可以用一块防水布等东西盖在蓄水池上，防止灰尘或者小动物进入蓄水池，下雨时则可以移开防水布，以收集雨水。

注意事项

❶荒野生存中，你经常要遇到的一个选择就是，到底应该留在原地等待救援还是离开自救。在做决定时，有一个因素是你必须要考虑的，那就是你能否获得水或者装载和储存水的能力如何。因为一旦离开水，你将无法生存。

❷在夜晚没有光亮的情况下，你很可能会将饮用水和其他液体弄混，因此一定要在饮用水的瓶子上做好标记，防止意外的发生。

第七章
获得食物

要想在荒野环境中长期生存下去，你就必须想办法找到食物。尽管在没有食物的情况下，你也能够存活很多天，但长期的饥饿必将对你的精神状态产生影响，当身体得不到能量的及时补充，你会无力前行、无法寻找水源、不能搭建庇身所等，这一系列保证生存的必须活动都会无法进行。因此，获得食物也是非常重要的。

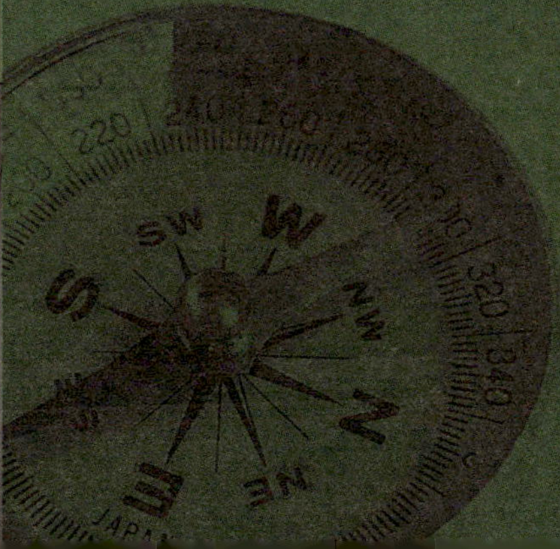

植物类食物

植物是非常重要的食物来源，即使在日常生活中，人们也经常依靠植物类食物来充饥，尽管只依靠植物类食物不能给你提供均衡的营养，但植物类食物却能够维持你的生命。一些植物类食物（如植物的种子和根部）可以给你提供丰富的蛋白质和糖分，这足以使你保持体力。在缺少野生动物的野外环境中，植物类食物会变得格外重要。更为重要的是，在一般情况下，获取植物类食物所耗费的体力也比获得动物类食物所耗费的体力少得多。

如何分辨可食植物

在你用植物来填饱肚子之前，你必须要了解哪一种植物是可食的，以及你应该食用这些植物的哪一部分。在野外，如果你能找到平时常见的可食之物当然是好事，但很多时候，你是不了解你所看到的野外植物的，这时就要靠一些常识进行判断哪些植物可以食用。

在野外环境中，你总能看到一些无法判断其是否可以食用的食物，在这种情况下，你就需要用一些常识来帮助你进行判断。

★如果你要生吃植物，就要用可供饮用的饮用水来清洗植物之后再加以食用。

★尽量吃新鲜的植物，而不吃掉落在地上的已经发霉的植物。

★不要吃有乳白色汁液或者肥皂泡般汁液，比如有着鲜艳颜色或者长得像洋葱、大蒜的植物是不能吃的，因为它们可能是有毒的。

★对于不能明确分辨出是否有毒的蘑菇永远不要轻易尝试。

★在条件允许的情况下，尽量将植物烹饪后再食用。

植物可食性测试

当你需要在野外长期生存下去的时候，学会辨识可食性植物就变得尤为重要。在开始实验以前，有些事项是你需要注意的。

★在你身处的地区，要有大量你将要进行可食性测验的植物，因为可食性测试有一定的风险，如果冒险进行了植物可食性测试而只得到了少量仅可作为当前食物的植物是不值得的。

★如果你们有一队人，只需要其中一个人进行测试即可。

★将需要检测的食物分成根、茎、叶、芽、花、果实，每次只对植物的一部分进行测试。

★要保证测试者在进行测试的 8 小时前没有进食。

★身边要有足够的水和柴火。

★不要对蘑菇进行可食性测试。

❶选取要测试的植物，要保证植物的新鲜。取一截你要测试的植物的部位，将之在臂弯处较为敏感的皮肤上轻轻摩擦，等待 15 分钟。如果没有出现疼痛、肿胀、起疹子等过敏反应，就可以继续下一步测试。

❷将要检验的植物放在嘴边，触碰一下嘴角，等待 15 分钟；如果没有不良反应，就触碰一下嘴唇和舌头，等待 15 分钟，如无不良反应就可以进行下一步。

❸将要测试的植物放在舌头上，等待 15 分钟，如果没有不良反应可以开始咀嚼，但不要咽下去，在嘴里含 15 分钟，如果没有不良反应，就咽下去。等待 8 小时。在这期间不要吃别的东西，但要不停喝水。

❹如果 8 小时之后没有不良反应，就再吃 1/4 杯测试植物的相同部位，再等待 8 小时，如果没有不良反应，就说明这种植物是可以食用的。

如果在测试中出现不良反应，要马上停止测试。将接触到植物的身体部位彻底清洗；通过喝盐水或者烧柴产生的木炭进行催吐，注意多喝温水。

动物类食物

相比植物类食物来说，动物类食物能够给你提供更多的能量，也更有营养。在一些情况下，动物类食物甚至比植物类食物更容易获得。无论是平时较少食用的昆虫、甲壳类动物，还是日常餐桌上常见的鱼类、哺乳动物，都能够满足身体的需要，前提是你了解野生动物的习性并知道该如何捕捉它们。

》昆虫、蠕虫

当你急需食物时，首先要考虑的不是食物的味道，而是要考虑食物是否能够填饱肚子以及获得食物要耗费的体力，因此你应该寻找的是量大且比较容易捕捉的动物，昆虫、甲壳类动物、软体动物和鱼类都是首选。昆虫的数量很多且比较容易捕获，更重要的是，昆虫中的蛋白质含量很高，完全能够提供给你足够的能量。在腐烂的树木中、多草之处，甚至土壤中你都能够发现昆虫的踪迹。蝗虫、蚱蜢、蚂蚁、白蚁等昆虫都是可以食用的，大多数软壳昆虫可以生食，而甲壳类昆虫则需要烹煮后才能食用。在食用昆虫之前，应该去掉昆虫多刺的腿和翅膀。将昆虫煎炸或烹煮食用能让它们的味道变得更好些，加入一些可食性植物一起炖煮也是个好办法。然而，并不是所有的昆虫都能食用，可能携带常见病菌的昆虫如苍蝇、蚊子、蜇人的浅色或长毛成虫、散发刺激性气味的昆虫或者蜘蛛、毛毛虫等都是不能食用的。

蠕虫类动物（如蚯蚓等）也是理想的蛋白质来源。雨后，你可以在低洼处或者潮湿的土中找到它们。抓到蠕虫之后，将它们放在干净的水中浸泡促使其自然排便，之后你就可以直接食用了。

》甲壳类动物

甲壳类动物因身体外披有一层“盔甲”而得名。世界上的甲壳类动物种类很多，其中大多数甲壳类动物生活在海洋里，少数生活在淡水中和陆地上。像虾、蟹等甲壳类动物不仅味道鲜美，而且营养丰富。在池塘、湖底或悬浮的藻类中，你能够找到数量庞大的淡水虾群；咸水小虾生活在海底附近的水域中，你可以把它们搅动上来，或者在晚上的时候，用灯光把它们吸引上来，然后用网捕捉；小龙虾和螃蟹都是夜间活动的动物，因此夜间是最佳的捕捉时机。牲畜的内脏和鱼头可以用来作为捕捉小龙虾的诱饵。需要注意的是，在食用甲壳类动物和软体动物之前，要将其烹制熟后再吃。因为很多淡水中的生物都是有毒的，它们可能携带有害的寄生虫或者遭受过人类产生的染污物的污染。

》软体动物

软体动物的种类相当多，如蜗牛、贝类、牡蛎、乌贼、章鱼、海胆等都属于软体动物。在淡水区特别是河底为沙质或淤泥的浅水中更容易找到软体动物；在退潮后的海边，从潮汐留下的水坑和沙子中也可以找到软体动物；海边的岩石上或者深一点儿的海水中的珊瑚礁上总是粘着很多贝类；在大型岩石的底部、布满碎石的池塘中、圆木上，或者巨石的基部，常常能够找到大量聚集的贻贝。在食用软体动物之前，要先进行烹煮。不要食用那些水位很高也没有被浸过的软体动物；不要在夏天食用热带地区的贻贝，因为它们很可能是有毒的。

》鱼类

相比哺乳动物来说，鱼类是比较容易捕捉的，而鱼类的数量也比较多，更重要的是，鱼肉富含动物蛋白质和磷质等，不仅营养丰富，更是味道鲜美，且容易被人体消化吸收，是脂肪和蛋白质的重要来源。但鱼类的容易捕捉也是建立在你了解鱼类的生活习性的基础之上的。夜晚，鱼会被亮光吸引，可以利用此法捕鱼；在有较强水流经过的地方，鱼类会停留在漩涡附近；水藻类植物或者木头的下方和附近往往是鱼类出没的地方。淡水鱼类一般都是可食的，但在食用之前要进行烹制，远洋鱼类头部通常是可以生食的。尽管大多数鱼类是可食的，但有些鱼类（如河豚鱼）本身却是有毒的。还有一些鱼因为吞食了有毒的物质而变得有毒，比如鱼类因大量摄食剧毒藻类而在体内积累的雪卡毒，因此在摄食鱼类之前也要对当地常见的有毒鱼类进行了解。

》两栖动物

两栖动物中，青蛙是可以食用的。在淡水区的边缘地区通常能够找到青蛙，但青蛙比较警觉，难以捕捉，而一些皮肤颜色比较鲜艳的青蛙是有毒的；不要吃蟾蜍或者蝾螈，因为大多数蟾蜍或者蝾螈都是有毒的。

》爬行动物

在陆地和水中都能找到爬行动物的踪影。很多爬行动物栖居在陆地上，但有一些爬行动物（如海龟、海蛇、水蛇和鳄鱼等）生活在水中。爬行动物是蛋白质的优质来源，同时它们比较容易捕获。在食用爬行动物之前，要将它们彻底烹煮。有些爬行动物可能会给你带来危险，如鳄鱼、毒蛇、大型海龟等。另外，有一些爬行动物是有毒的，如以毒蘑菇为食的闭壳龟，一些有毒的蜥蜴等，要避免误食。

捕蛇的最佳时机是在气温不高也不低的清晨和傍晚。任何有覆盖物的地方都可能藏有蛇。用石头、枝条或者棍子打死它，或者用一根长棍将其头部按在地上，然后抓住它。抓蛇的时候将食指放在蛇头的后面，将拇指及中指分别放在蛇头的两边，位于其下颚的后方。你必须捏紧蛇的头部，免得它回过头来咬你一口。

》鸟类

大多数鸟类是可以食用的，但你必须了解鸟类的生活习性，才能更容易捕捉到它们。在夜间或者鸟类筑巢时期，你可以直接从它们的巢穴中抓住它；鸟类的活动地点相对来说比较固定，你可以在熟悉其路线之后设下陷阱。除了鸟类之外，鸟蛋也是不错的食物，通常当你没有拿走鸟窝里所有的蛋而是剩下两三个时，鸟类还会继续产蛋。

》哺乳动物

我们平时食用的食物中，就有很多来自哺乳动物（比如牛肉），其实自然界中的大多数哺乳动物都是可以食用的。哺乳动物不仅味道可口，而且营养丰富，是绝佳的食物。但以哺乳动物为食也需要克服一些困难，因为哺乳动物相对于其他动物更难捕捉。捕捉某些凶猛的哺乳动物（如熊、大型猫科动物）是十分危险的。另外，有一些哺乳动物可能有毒或者携带着致病病菌，如北极熊的肝脏或负鼠肉。

制作捕杀装置

捕捉昆虫

》捕捉蚂蚁幼虫

①在蚂蚁巢穴附近有阳光的地方铺上一块防水布，将蚂蚁的巢穴打碎，将蚂蚁、蚂蚁幼虫和蚂蚁巢穴都放在防水布的中间，将防水布的边缘向上卷起，制造有阴影的地方，此时蚂蚁会将蚂蚁幼虫带到阴影处加以保护。

②等待一会儿，展开防水布的翻边，会发现防水布原来的阴影处聚集的蚂蚁幼虫，将看上去很像米粒的蚂蚁幼虫收集起来，就可以食用了。

》捕捉白蚁

找一根笔直细长的树枝，削去树枝表面的皮，让其变得光滑。将树枝慢慢插进白蚁的巢穴，然后将树枝抽出，将粘在上面的白蚁收集到一起。

》捕捉夜行飞虫

在两个树枝或者自己设立的木桩上挂起一块布，用木桩或者其他装置将布的下端两角固定，使布处于紧绷状态。在布面背面悬挂一个能够发光的手电筒，用以在夜间吸引昆虫，在布下面放一个装着水的盆子。晚间夜行昆虫飞向布面，会因眩晕掉进水中溺死。

捕鱼

》鱼钩

你可以选择用任何金属材料（如钉子、大头针、缝衣针、别针、金属线）来制作鱼钩，也可以选择用天然材料（如木头、骨头、荆棘等）来制作鱼钩。

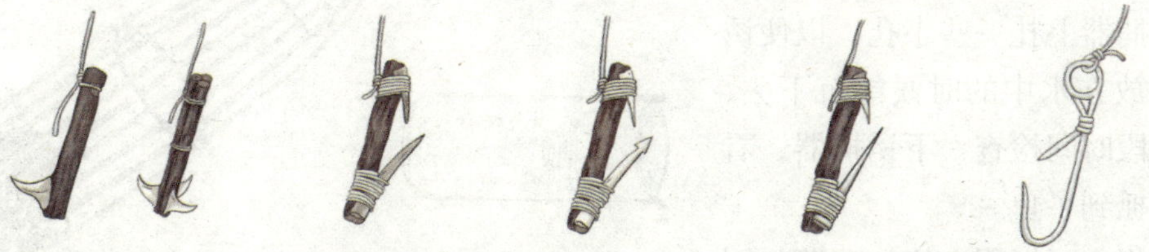

荆棘鱼钩　木质鱼钩　骨质鱼钩　钉子鱼钩　别针鱼钩

荆棘鱼钩：砍一根带有较大刺的荆棘茎干，在没有刺的一端系上线；或者将三根带刺的荆棘捆在一起，将线系在荆棘没有刺的一端。

木制鱼钩、骨质鱼钩、钉子鱼钩：在硬木的一端刻一个凹槽，将骨头或者硬木削成箭头形状绑在树枝上，如果是用钉子来制作鱼钩则可以直接绑在硬木的凹槽处。在硬木的另一端系上鱼线，也可以在系线部位塞上尖片，作为倒钩。

别针鱼钩：把安全别针上的扣环去掉，将别针的针尖弯过来制成钩子，然后把别针的背面弄弯固定在别针的另一端，作为倒钩，将鱼线系在别针上的金属圈上。

》鱼叉

在一些鱼的数量较多且体型较大的地区，可以尝试用鱼叉来抓鱼。

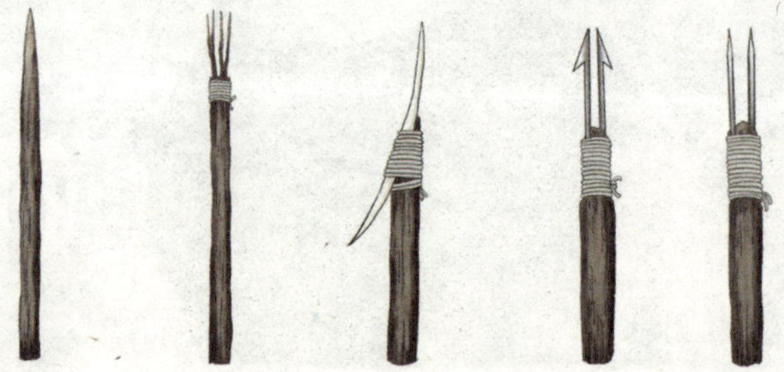

单头鱼叉　多刺鱼叉　骨质鱼叉　金属鱼叉

单头鱼叉：准备一根结实、笔直的木棒，将木棒的一头削尖，削尖的一头用灰烬烫一下能够使之更为坚硬。

多刺鱼叉：准备一些结实而多刺的小树枝作为鱼叉叉头，砍一根又长又粗的笔直的木棒，将一端刻上凹槽，将小树枝牢牢地绑在木棒上。

骨质鱼叉、金属鱼叉：砍一根长而直的结实木棒，削尖木棒的一头，在削尖的一端绑上刀、尖骨片或者锋利的金属头。

》诱捕器

除了用鱼钩和鱼叉，你也可以制作诱捕器来捕鱼。

⊙水瓶诱捕器、栏式诱捕器

你可以用塑料瓶制作一个简单的诱捕器。将塑料瓶的瓶肩剪下，在瓶体中放入一些昆虫或者动物内脏做诱饵，将瓶肩倒过来插进瓶口固定住，在诱捕器上扎一些小孔，以便诱捕器放在水中的时候能沉下去，隔一段时间检查一下诱捕器，看是否抓到了鱼。

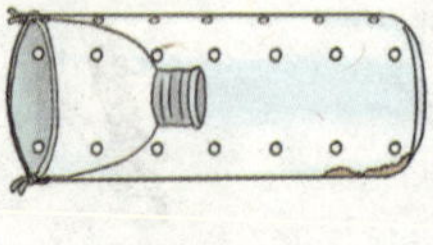

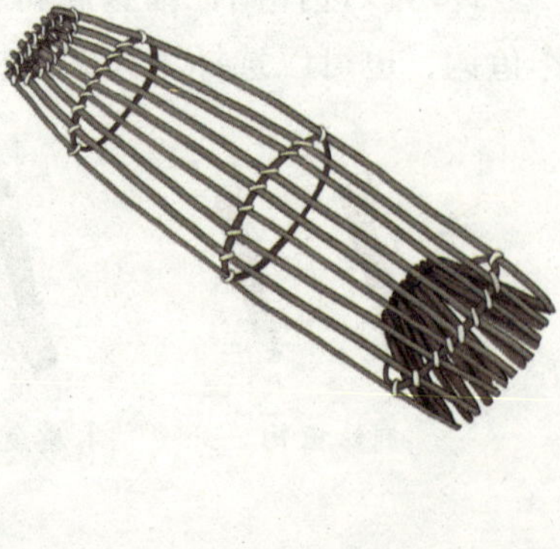

你也可以用木棒和蔓藤如图

捆绑成漏斗形，将一端封闭，只留下一个小的开口供鱼进入即可。

⊙利用潮汐的诱捕器

如果你的营地在海岸附近，则可以利用潮汐来设置陷阱。你需要在涨潮时挑选好设置陷阱的地点，等到退潮之后，在选定的地点搭建一堵石墙。当涨潮时，鱼会游入陷阱而在退潮时被困在岸和石墙之间。

》捞网

你可以制作一个捞网来捕捉小鱼。

❶找一根有分叉的树枝，如果找不到也可以将树枝上端劈开，在衣服或者蚊帐的褶边上开两个小口，将树枝的分叉分别插入到两边的小口中。在褶边的另一端两树枝分叉碰到的地方开一个口，让树枝分叉穿出，将两个分叉牢牢地系在一起，再将它们推进褶边。

❷把蚊帐的下端系住或者将衣服的领口、袖口处系住。在使用捞网时要将多余的材料剪掉或者将网翻过来使用。

》刺网

编织刺网来捕鱼的效率是很高的，不过你可能需要花点时间来编网。编织刺网时，你需要两个垂直的东西（如两棵树）和一些绳子，通常你可以用伞绳来编织刺网。

①将伞绳的芯线从伞绳的外鞘中抽出，把伞绳的外鞘系在两树之间，将伞绳的芯线折成双股，每隔一段距离用普鲁士结（见 108 页）系上一根芯线，这个间隔的距离决定了刺网网眼的大小。从伞绳外鞘的一端开始，将第二根、第三根芯线用反手结编好，再将第四根、第五根芯线绑好，以此类推，直至将所有芯线都绑好。

②使用刺网时，要将伞绳外鞘编成的吊线悬挂在河两边的树或者其他物体上，使网浸没在水下 15 厘米深处。为避免刺网上因堆积过多垃圾而失去作用，可以将刺网倾斜一个角度。刺网不仅可以用来捕鱼，还可以用来捕鸟。

》冰钓

冬天你可以在冰上挖一个洞来钓鱼。如果你想在冰面上进行冰钓，首先要确定冰面足够坚固，能够承受你的体重，然后再开始设置冰钓装置。

①在湖深处的冰面上凿一个直径为 30 厘米的冰洞。准备两根结实的木棒（木棒的长度大于冰洞的直径），将其中一根木棒的一端绑上小旗，另一端系上装有鱼钩和鱼饵的钓线。将另一根木棒垂直绑在绑有小旗的木棒的中间处。

②将做好的冰钓装置放在凿出的冰洞旁，使装有鱼钩和鱼饵的鱼线垂在水下，当鱼咬鱼饵时，横杆会被拉到冰洞上方，旗杆会立起。

需要注意的是，应确保冰洞不被冻上，你可以在洞口盖上一些树枝，再堆上一些雪来防止冰洞结冰。

》夜钓线

制作夜钓装置能够帮助你在晚上的时候也能钓到鱼，同时夜钓线上的不同深度的钩子也能够吸引不同深度的鱼上钩。

在鱼线上每隔一定的距离系上一个挂有鱼饵的鱼钩，将鱼线的一端绑上一块石头扔在水中，将鱼线的另一端绑在岸边的树上或其他牢固的物体上。在天黑前完成装置，到了第二天清晨，你就可以去查看自己的战果了。

捕鸟

》弹性捕鸟器

你可以设置一个弹性捕鸟器来捕捉鸟类，这种捕鸟器的好处在于，你可以随意调整它的尺寸，以便捕到不同大小的鸟。以下作为示范的尺寸适合用来捕捉中型大小的鸟。

①找一根有弹性的坚固树枝和两根直径约 1 厘米、长约 10 厘米的带有向下倾斜小树杈的树枝；将两根小树枝相距约 10 厘米插入地面，使两根树枝上的小树杈平行，尖端朝向地面；找一根小木棒，在绳子的 1/3 处系上木棒，作为整个陷阱的扳机；将绳子的另一端系在弹性树枝上，再找一根水平的木棒，卡在两根小树枝的斜向树杈里。

❷将留在扳机上的 1/3 长的绳子系成一个圈套；找一些木棒插在地上形成一个圆圈，大小要能将圈套撑开；往一根木棒上穿上诱饵作为诱饵棒；将扳机水平放在木棒的后端，让线绳保持在水平木棒的前端；将诱饵棒卡在扳机和围成圈的木棒上，使诱饵的位置比周围木棒略低一点，放好圈套。

当有鸟拖拽诱饵时，扳机会被释放，圈套就会弹起。

》笼子陷阱

笼子陷阱不仅能够用来捕鸟，还能用来捕捉较小的动物。它的最大优势在于，你可以将动物活捉，作为储备粮随身携带，这能够延长它们的保存时间。

❶将短一些的木棒一层一层地架在长一些的棒子上，将棒子的两端分别用绳子扎牢，制成一个金字塔状的无底笼子。注意笼子的重量要能够将动物困住。

❷将一根绳子系在笼子底部一侧的中间位置，将诱饵穿过绳子或者系在绳子上，让诱饵的位置保持在笼子的中间部位，将绳子的另一端系在一个细木棒的中间作为扳机，木棒将笼子撑起来时要保证绳子处于紧绷的状态，同时小动物要有足够的空间进入笼子去吃诱饵。

当小动物进入笼子打开的一侧去拉动诱饵时，扳机就会被拉倒，同时笼子会扣下来罩住小动物。

捕捉哺乳动物

》圈套

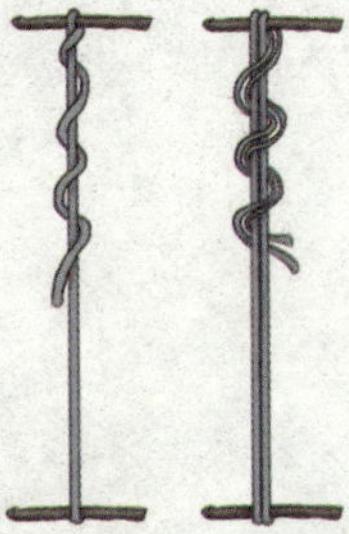

你可以制作一个圈套来捕捉体型较小的哺乳动物。选择电线或者铜丝来制作圈套，如果你没有这些东西，也可以用线绳或者天然材料来制作圈套，不过你得选择那些结实且弹性好的材料才行。

如果你选择用铜丝来制作圈套，可以根据动物的重量来选择铜丝的股数。

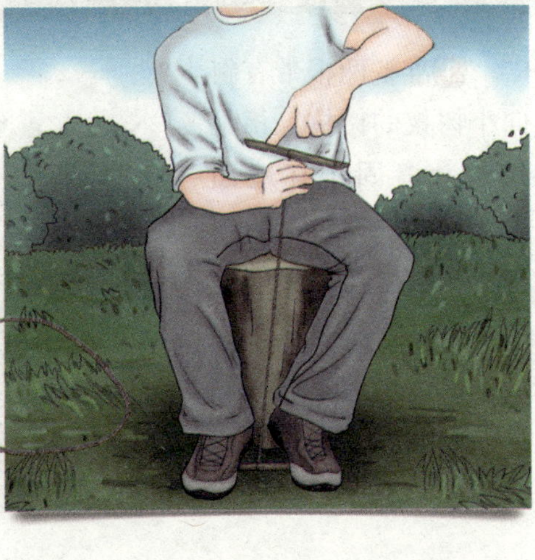

❶将铜丝绕过一根木棒，作为绷紧的一端。将铜丝的另一端绕过另一根木棒，将绷紧一端的木棒踩在脚下，转动木棒，直至铜丝被拧成一根粗线，抽出两根木棒，其中绷紧端的环称为活动环，另一端称为固定环。

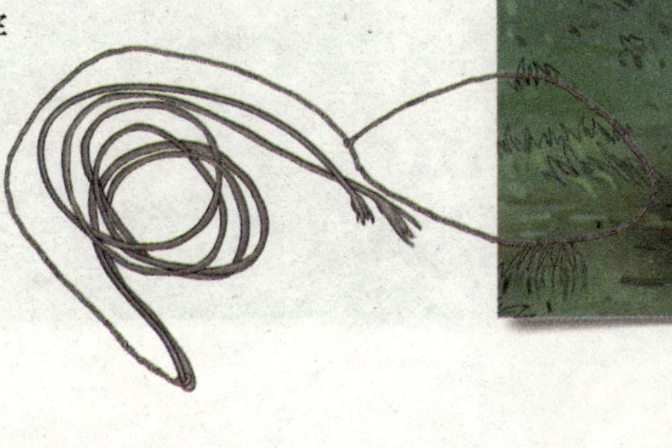

❷将固定环穿过活动环，形成一个套环，在固定环上系上一段绳子。

❸将做好的圈套架设在动物饮食或者饮水的路上，圈套的高度要处在动物头部的高度，圈套的大小略大于动物的头。要保证装置牢固些，能够不被动物拉断。

在设置圈套陷阱时，尽量不要把周围环境弄乱或者留下人类活动的痕迹，可以用自然植物在圈套两边布置成一个漏斗形的陷阱，以加大动物被捕获的概率。

》弹性圈套

你也可以设置一个弹性圈套来捕捉哺乳动物。

❶准备两根带有斜向小树杈的树枝，相距10厘米，固定在地面上，使两根树杈上的斜向小树枝平行，尖端向下；找两根水平木棒作为卡住扳机的木棒，扳机的制作方法参照弹性捕鸟器。

❷将一根弹性树枝固定在扳机装置的后端，将系有圈套和扳机的绳子系在弹性树枝上，使之变弯；用木棒在卡在扳机下方的水平木棒上搭上一个斜面，把诱饵放在斜面上，将绳子系成的套环放在诱饵处。

当有动物来吃诱饵时，斜面就会被踩塌，释放扳机，弹起树枝。

》坠物陷阱

坠物陷阱也能够用来捕捉哺乳动物。

❶找三根结实的木头作为诱饵棒和释放棒，将垂直诱饵棒和水平诱饵棒的中间部位分别刻上凹槽，使两者嵌合在一起；将垂直诱饵棒的下端削尖，使其立在底座上，将水平诱饵棒的一端削尖，以穿上诱饵，水平诱饵棒的另一端刻出凹痕，用来固定释放棒。

②将一个大木棒或者其他重物放置在释放棒上，找到合适的平衡点使整个装置固定住，要保证诱饵处于重物的下方。你可以在重物的两边各设置一排安全桩钉，这能够保证重物下落的方向。

当有动物来觅食时，它触动诱饵产生的作用力就会促使装置失去平衡，导致重物落下，砸在猎物身上。

烹调食物的方法

对于在野外可以找到的食物而言，它们很可能并不合你的口味，但却能保证你的生存，因此不论这些食物多么难以下咽，你也要吃下去，不过你可以改善这些食物的味道。浸泡、沥滤食物都能够改善食物的味道，但烹调食物会获得更多的好处，因为烹调食物的同时还能杀死食物身上的寄生虫或病菌。

烹调植物类食物

很多植物类食物是可以生食的，但生食的味道可能并不好。

对于植物叶子、茎杆、芽类的食物，煮一下能够去除苦涩的味道；对于植物的根、茎块类的食物，可以采取煮、蒸或者烤等使之变熟；对于有着厚而坚硬外壳的植物果实来说，可以烤一下再吃，如果是多汁的植物果实，可以采取煮的方式来烹饪，很多植物的坚果是可以生食的，比如栗子，但将其烤熟或者蒸熟味道会更好一些。

烹调鱼类

在温暖的气候条件下，鱼是很容易变质的。鱼一旦变质，就不能食用了，因此你最好在刚抓到鱼的时候就将之收拾好食用。如果发现鱼类发出奇怪的气味，或者眼睛凹陷、皮肉松弛，就不要吃了。很多海鱼是可以生吃的，但烹调之后味道会更好。淡水鱼则要做熟之后才能食用。

1 将鱼杀死后，挖掉鱼鳃，刮除鱼鳞。

2 把刀从鱼的肛门处插入，从肛门到腮部剖开，把内脏掏干净，但可以留下鱼卵。

3 将鱼用明火烤熟或者连皮煮熟，也可以将鱼裹在黏土里烤熟。

烹调蛇

1 将蛇打死，从蛇头后面紧紧抓住蛇，将蛇头往下 15 厘米砍掉。由于蛇头后有毒液囊，因此要小心在处理时不要接触到毒液。

2 切开蛇的腹部，挖出内脏。

③在蛇皮处切下一个 4 厘米的小口，从切口处用力翻起蛇皮，一手紧抓蛇身，另一只手紧抓蛇皮，将蛇皮扯下。

④将处理好的蛇切成段，烧烤或者煮熟。

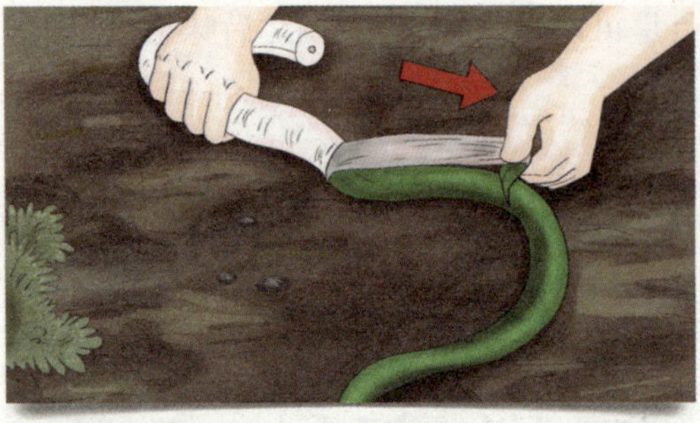

烹调鸟类

尽管大多数鸟类是可以食用的，但最好不要捕捉食腐类的鸟类（如乌鸦、兀鹫、秃鹰等）来食用，因为它们身上很可能会有寄生虫，如果要食用食腐类鸟类，至少要将它们煮制 30 分钟以上，另外在处理完这些鸟类之后要记得洗手。

①将鸟杀死之后，拔光它们的羽毛或者直接剥下皮毛，但鸟类的皮通常很有营养，最好留下。将鸟放在热水中烫一下更便于拔掉羽毛。

②切掉鸟的爪子。

③从腹腔处切开鸟，掏出内脏，但可以留下心脏和肝脏。

④将收拾好的鸟煮熟或者烤熟。

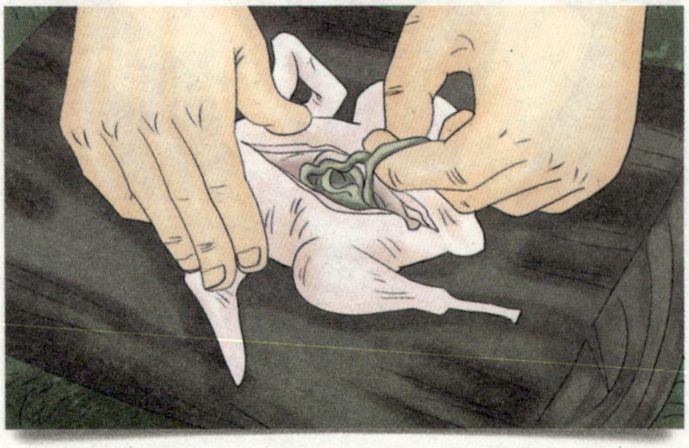

烹调哺乳动物

有时候你设陷阱捕捉来的动物还是活的，你就要先将它们杀死再进行处理。对小型动物来说，你可以通过拧断其脖子的方法来杀死它；如果是大型动物，你可以选择将刀插进其脖子下部的脊椎来杀死它；你也可以用矛或者棒子杀死猎物，这可以保证你的安全。

动物的血和一些脏器（如心脏、肝脏和肾）都是可以食用的，但在食用之前要观察一下内脏的颜色是否正常，有无寄生虫，如果内脏是不健康的就扔掉。

》收拾兔子

①将已经被杀死的兔子的头部砍掉；将兔子的四肢分别在最后一个关节处切掉。

②将兔子的肛门至胸部的皮肉剖开，注意不要刺破内脏，以免污染其他部分。

③将皮剥开，取出内脏。

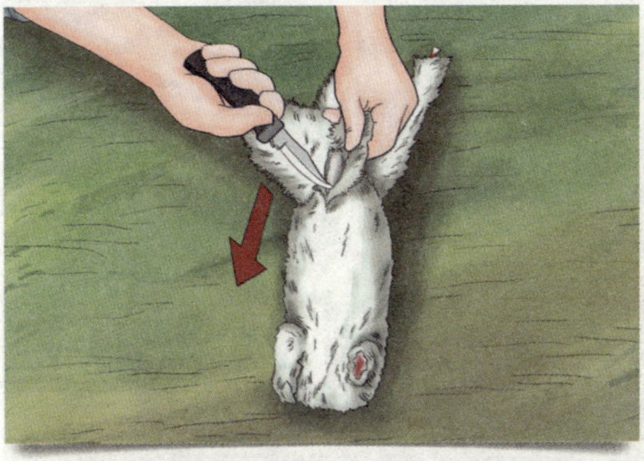

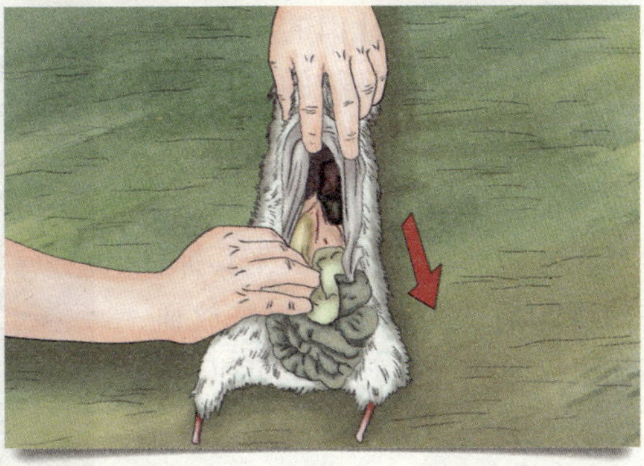

④将兔子身上余下的皮从兔子身上剥下。

⑤清洗一下就可以串起来烧烤了。

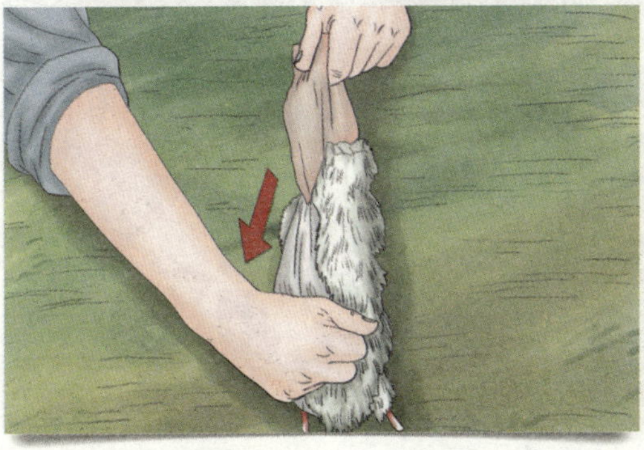

》剥松鼠皮

❶将松鼠按照收拾兔子的方法去掉内脏，从背部开始绕身体一周将松鼠的皮切开。

❷将手指伸进两侧的切口，将两边的皮剥下。清洗一下剥好皮的松鼠，将松鼠肉切成块，用来烧烤或者炖煮，味道都十分不错。

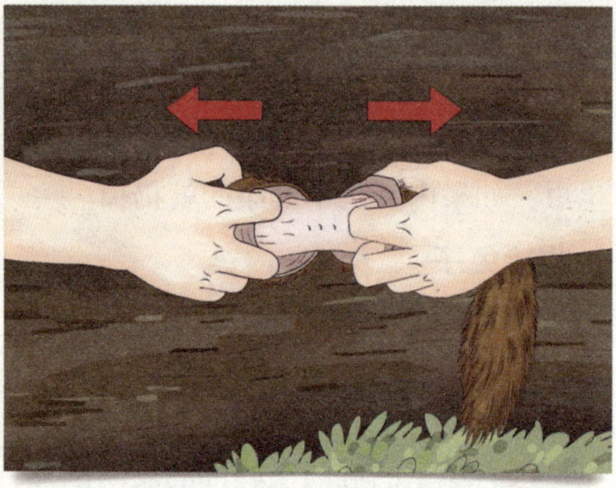

》收拾较大的哺乳动物

❶先将动物放血，这有助于肉的储存，也能让肉的味道吃起来更好一些。从动物的一只耳朵到另一只耳朵切开动物的咽喉，如果不确定切断的位置是否是咽喉，就将动物的头砍下来。抓住动物的后腿将其悬挂起来放血，如果做不到这一点，也可以将动物的头放在地势较低的地方，借助重力让动物的血流出。你可以将动物的血收集起来，炖煮或者炒食。

❷大型动物的皮是很有用的，你可以拿它作为保暖的材料。从咽喉部到尾部将动物腹部的皮切开，再将动物四肢蹄子以上到腹部的皮切开，还要将动物生殖器周围的皮切开，之后你就可以将兽皮剥下。

❸从动物的肛门到颈部，切开动物的肉，注意不要刺破动物内脏。将胸腔与腹腔的膈膜切开，掏出内脏。

❹将收拾好的肉切成块状，以方便携带和储存。

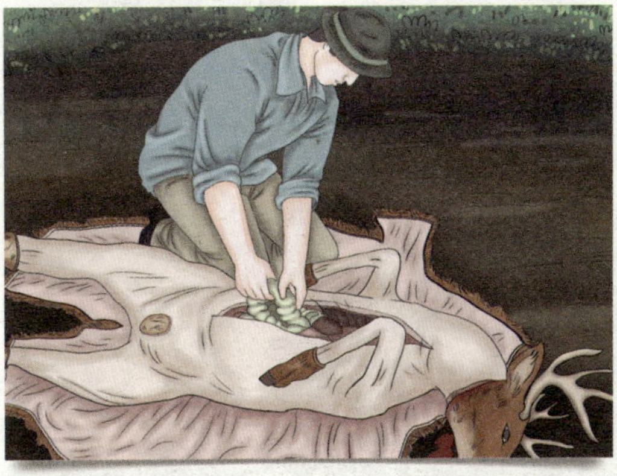

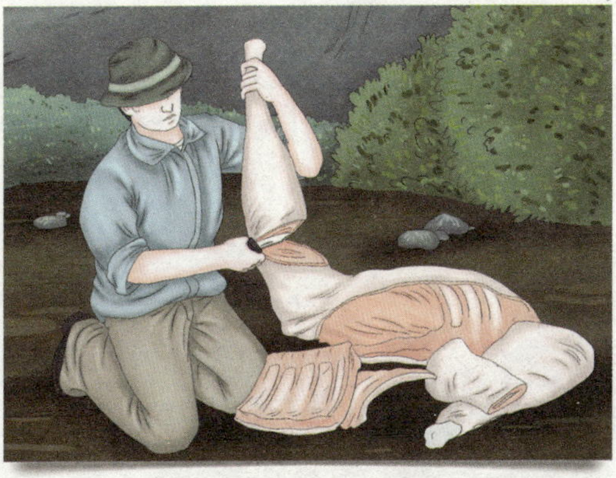

储存食物的方法

学会储存食物的方法是十分必要的，因为有时你所找到的食物或者捕获的动物可能会超出你目前需要的量，这时不妨将这些食物储存起来，以确保自己在物资匮乏时有一定的备用粮。当你给自己设定计划，准备定量配给食物的时候，也需要储备一定量的食物。一般来说，在野外储存食物的方法有冰冻、晾干、熏制、腌制几种。

》冰冻

如果你身处极冷的环境中，就相当于获得了储存食物的天然条件，你可以将肉冷冻储存起来，这几乎不需要什么技巧。但冰冻过的肉也不能直接食用，还是要经过烹煮之后才能食用。

》晾干

无论是肉还是水果都可以通过晾干来储存，将食物晾干不仅能让食物变得更易保存，还大大减轻了食物的重量，使食物易于携带。

将鱼或者肉切成细条，用木棒或者绳子串起来，太阳下晾晒至少两天，每隔一

段时间要翻一下面。如果想让肉更快地被晾干，可以尝试在肉下面生一堆小火，但要注意不要把肉烤熟了。另外需要注意的是，在晾干食物的时候要将食物上的脂肪去除，不要将食物重叠堆放，要将肉放在动物接触不到的地方，并且尽量不让苍蝇落在上面。晾晒好的肉干吃起来口感会很脆。

》熏制

熏制肉是一种能够有效保存肉的方法，但你需要构建一个特殊的空间来熏肉。

你可以用三根木棒搭建成一个三脚架，将切好的肉条挂在三脚架的横梁上，在三脚架下方生一堆火并且围住，在三脚架外部覆盖上防水布使之成为一个帐篷，但要在帐篷的顶端留一个通风口。

你也可以在地上挖一个深坑，在坑的底部生火，当火烧旺时，在

火堆中添加新鲜的木头或者绿色树枝，使之冒烟。在距离火 0.5 米的上方搭一条横木，将肉条搭在横木上。最后将树枝、树叶等覆盖在坑上面。

熏制好的肉看上去像深色的棒状物，可以直接食用。熏制一夜的肉条大约可以保存一周左右，熏制两天的肉条就能保存两周以上。在潮湿的环境下，你需要时不时地将熏肉拿出来重新晾晒一下，如果熏肉发霉，吃之前要将发霉的部分洗净。

》腌制

在海洋环境中或者靠近海的地方，选择腌制的方法来保存肉是不错的选择。

将肉切成条状，在盐水中浸泡两天以上，期间要确保肉被完全浸在盐水中。然后将浸好的肉放在阳光下晒干或者在火上烤干。你也可以选择在肉上直接抹盐来腌制肉。

第八章 遭遇险情

8

在复杂的野外环境中，你很可能不可避免地会遭遇到一些险情，提前了解一下荒野求生中可能会遇到的问题能够帮你提前做好准备，如果遇到突发的险情也不至于会失去理智，而心理上的冷静和面对险情正确的应对措施是帮助你脱险的重要武器。

如果你是有计划地出行，那么在出行之前就要做好相关的准备，以应对可能出现的危险情况。在出发之前，你要详细了解一下目的地的自然环境、天气状况等；密切注意自己的身体状况，掌握一定的急救常识和野外求生技巧，并事先了解当地的医疗站、救援组织的联系方式；要根据自己的情况带上合适的装备；假如你是和团队一起出行，要选择专业、有资质的团队。

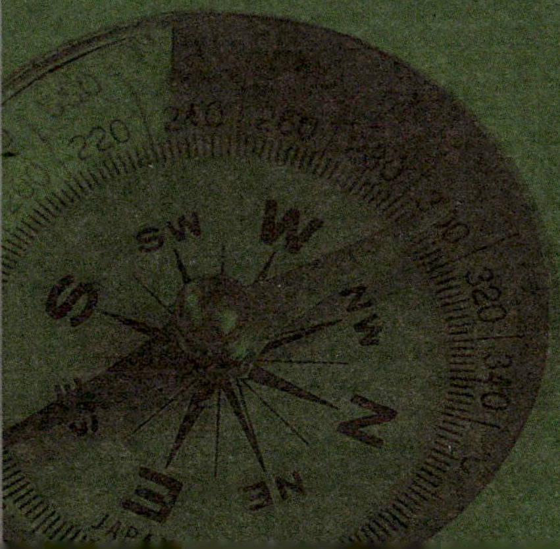

遭遇野生动物

身处荒野，人们总是面临着很多危险，其中很大的一项危险因素来自于野生动物，无论是体积较小却能给人致命一击的毒蛇和毒虫，还是体型庞大、攻击力惊人的大型猛兽，都会威胁到你的生命。在面对这些猛兽时到底该采取何种行动，就成为你必须要了解的问题。

在出发之前，你应该详细地了解一下目的地有哪些野生动物，可能会给你带来什么危害，并掌握它们的习性，了解危险动物搜寻食物、水源以及睡觉的时间，学会辨认野生动物留下的标记（如足迹、排泄物等），能够最大程度帮助你避开危险的野生动物。

除了饥饿的肉食动物或受伤的猛兽以外，一般的动物很少主动袭击人类。但当人们激怒它们或者携带的食物吸引它们时，就非常危险了。在野外行进的过程中，可以大声地说话、吹哨，这能够让野生动物知道你在附近，从而避开。如果遭遇野生动物，也不要表现得过分惊慌，你需要正视它们的眼睛，慢慢地后退着远离它们，有时野兽会自己走开，如果它跟进则应立即停止后退。不要主动发动攻击，也不要背对对方，以免受到伤害。

》遭遇昆虫骚扰

在野外，蚊子等吸血性昆虫是十分常见的，被这些昆虫叮咬后不仅痛痒难忍，更为严重的是，这些昆虫还可能会传播疟疾、脑炎等严重疾病。在蚊虫较多的区域，为了预防蚊虫叮咬，需要保持自身的清洁，也可以用烟熏等方式来预防蚊虫叮咬。

蚂蟥多生长在稻田、池塘、沟渠、河流等处，常叮咬在人的皮肤上吸血，蚂蟥在吸血的同时，还会分泌有阻止血液凝集作用的水蛭素，使伤口麻醉、血管扩张、流血不止，蚂蟥叮咬过所留下的伤口，如果不及时处理，还可能会引发感染。要预防蚂蟥的叮咬，就尽量不要在蚂蟥多的水里洗澡、游泳。如果因为一些原因必须下水或者穿行蚂蟥密集的区域，就要穿上长衣长裤，同时将

袖口、裤腿扎紧。如果被蚂蟥叮咬，不要强行拔下，要用浓盐水或者醋滴在蚂蟥身上，蚂蟥就会自行落下。

》遭遇毒蛇

如果在野外遭遇蛇类，不要过于惊慌，应保持不动，大多数蛇会本能地离开。在蛇比较多的地方行走，应当戴好帽子，穿长袖外套以及穿有强韧护脚的裤子和坚韧的靴子，不要露出脖子。行走的时候，可先用棍棒轻轻敲打地面，以向蛇发出警告，促使蛇避开。如果被蛇攻击了，要重击它的头部。如果不幸被蛇咬伤，则要先冷静下来，因为大多数的蛇都是无毒的。如果被毒蛇咬伤，应马上采取急救措施（详见第九章），如果不能判断蛇是否有毒，要按被毒蛇咬伤的方法处理。

》遭遇有毒的两栖动物

当你在山林荒野之中遭遇到青蛙等两栖动物时，不要掉以轻心，因为很多青蛙、蟾蜍等两栖动物是有毒的。一旦你不小心触碰了有毒的两栖动物，不要惊慌，如果手上没有伤口，一般来说，情况还不算太糟糕。不要用沾着毒液的手再触碰嘴或者眼睛，要马上用清水将手洗干净，注意不要让清洗双手的水碰触到你的伤口或者被擦伤的部位。

》遭遇鳄鱼

许多亚热带和热带地区都会有鳄鱼，如果遭遇鳄鱼是非常危险的。在有鳄鱼出没的水域和河岸，你要一直保持警觉，如果必须要接近此处的水域，一定要先仔细观察再做决定。随身携带武器，一旦在陆地上遇到鳄鱼，应迅速避开。如果鳄鱼将你拖入水中，则要用刀猛刺鳄鱼的咽喉下面的部位，戳鳄鱼的眼睛，重击鳄鱼的鼻孔或者咽喉后部的瓣膜。

》遭遇鲨鱼

在热带和亚热带的沿海水域，经常会发生鲨鱼袭击人的事件，其实在众多种类的鲨鱼中，只有少数种类的鲨鱼会对人类产生威胁。为了避免鲨鱼对你可能产生的伤害，在行动时要尽量避开鲨鱼遍布的区域，并在途经可能有鲨鱼存在的水域时，随身携带武器（如木棒或长矛等）。如果发现鲨鱼,要保持冷静并转移到安全的地带；如果鲨鱼向你移动，则平稳地游开，但在游泳的过程中也要密切注意鲨鱼的动向；如果鲨鱼向你冲过来，就用手中的任何东西击打它的鼻子，如果鲨鱼咬住了你，则要使劲敲打它的眼睛或鳃。

》遭遇狼

狼是一种极其危险的动物，它们一般是成群活动的。如果你发现一头狼远远地跟着你，那后面很可能会有更多的狼加入到这一群体中。当发现有狼跟随时，尽快回到公路或安全营地。狼怕火，可以利用这一点脱险。千万不要想着把那只跟随的狼消灭即可脱险，相反，这样只会引发狼群的仇恨，当狼群想复仇或想救援被捕捉的狼时，会召集其他狼群（直到它们认为有绝对实力获胜为止）一起进攻，这时，火也无法让其退缩的。

》遭遇大型猫科动物

大型猫科动物（如老虎、狮子、豹等）都是十分危险的野生动物，它们有尖利的牙齿和爪子，但如果你不激怒它们或威胁到它们的幼仔，它们并不会对你发动主动攻击。但为了确保安全，还是尽量避免和大型猫科动物接触。如果大型猫科动物向你靠近，你需要看着它的眼睛喊叫，发出噪声迷惑它。如有需要，你还可以使用喷雾。切记看见大型猫科动物时转身或逃跑，如果它们看到你，不要蹲伏或弯下身去，因为大型猫科动物更喜欢捕猎四条腿的动物而非直立的人。

》遭遇熊

熊是一种体型庞大的食肉动物，有很多种类。在野外遭遇熊，无疑是非常可怕的一件事，熊的体格都非常强壮，有些熊的行动比人类还要快。野外求生时，要将食物拿到远离营地的地方去烹制，以免引来熊。将吃剩的食物和垃圾放在不会被熊发现的地方，以防食物被熊吃掉。不要到熊经常出没的地方去，如果一定要去，就要随身携带棍棒、刀子、喷雾等，并且边走边发出声响，让熊知道你在那里。如果遭遇熊，要保持冷静，不能转身逃跑，抬起胳膊，尽量使自己显得高大并慢慢后退。如果遭到熊的攻击，就装死或者以武器反击。

野外常见危险动物

除上述的危险动物外，还有一些其他的野外常见危险动物，户外活动时应该尽量避开。

》蝎子

蝎子广泛分布于全世界的温带地区、干旱地带和热带地区，它们喜欢栖息在岩石缝隙以及废墟之下，有时也会躲藏在人的靴子里。蝎子的典型特征包括瘦长的身体、螯、弯曲分段且带有毒刺的尾巴，如果被蝎子的尾刺蛰到，可能会出现疼痛、肿胀，情况严重时还会危及生命。

》漏斗网蜘蛛

漏斗网蜘蛛是澳大利亚一种毒性极强的蜘蛛，喜欢栖息在森林或者灌木丛生的地方。这种蜘蛛呈棕色，体型较大，织出的网上有一个漏斗状的开口，当它们受到惊扰时，会变得极具攻击性。

》狼蛛

狼蛛多生活在中南美洲的热带地区，通常栖息在洞穴中或者树上，它们多体型硕大，黑色多毛，如果被它的大毒牙咬伤，会出现疼痛和出血的症状。

》黑寡妇蜘蛛

黑寡妇蜘蛛有很多品种，遍布全世界，喜欢栖息在圆木或者岩石碎片之下。雌性黑寡妇蜘蛛有毒腺，如果被其咬中，会感到剧痛，还可能会有虚弱、颤抖、盗汗等症状。

》蜈蚣

蜈蚣广泛地分布在世界各地，白天隐藏在阴暗处，晚上出外活动，被小蜈蚣咬伤，会出现局部红肿；如果被大蜈蚣咬伤，则可能导致全身症状，如发热、恶心、呕吐、全身麻木等。

》蜜蜂、胡蜂和大黄蜂

不同种类的蜜蜂、胡蜂和大黄蜂广泛分布在世界范围内，它们通常会在土堆上、洞穴中或者中空的树干中建巢。蜜蜂长有带钩的刺，蜇人之后通常会马上死亡，而黄蜂和大黄蜂的刺通常比较光滑，可以多次进攻。遭受蜂群尤其是攻击性较强的蜂群围攻是十分危险的，中毒程度严重的会致人死亡。因此如果惊扰了蜂群，要保持冷静，慢慢撤离到离蜂巢较远的地方，尽量经过草丛以摆脱蜂群的追踪。

》扁虱

扁虱广泛分布于世界各地的森林和草原，扁虱身体呈圆形，具有口器和八条腿，会吸取皮肤下的血液，被携带病毒的扁虱叮咬可能会感染上某些疾病。

》食人鲳

食人鲳一般生活在南美洲的热带水域中，它们的下颚发达且有刺，牙齿锐利，为三角形，呈锯齿状排列，十分凶猛。

》海鳗

海鳗广泛分布于非洲东部、印度洋及西北太平洋，是一种凶猛的肉食性鱼类。它们受惊时会变得十分凶猛，可能会攻击人类。

》黄貂鱼

黄貂鱼通常生活在热带的浅水区，这种鱼的尾巴上带有有毒的钩刺，可能会对人造成严重的伤害甚至致死。

》篮子鱼

篮子鱼主要分布于印度洋和太平洋的热带、亚热带海域及地中海东部，其背鳍、臀鳍、尾鳍上长有坚硬且长的刺，长刺的根部会分泌毒液，人被它刺到时会感到剧痛。

》莹斑篮子鱼

莹斑篮子鱼是一种体侧有许多莹亮小点的暖水性近海小型鱼类，其背部和腹部长有毒刺，被刺伤后会引起剧痛，主要分布于印度洋和太平洋西部。

》石头鱼

石头鱼主要生活在热带海域，喜欢躲在海底或岩礁下，将自己伪装成一块不起眼的石头。石头鱼背鳍基部有毒腺，如果被石头鱼的刺刺伤，轻则会造成肿痛，重则可能会危及生命。

》刺尾鱼

刺尾鱼广泛分布于全世界的热带海域，它的体色鲜艳，嘴部很小，尾巴侧面的针状锐刺能造成让人疼痛的伤口。

》蟾鱼

蟾鱼主要生活在中美洲及南美洲热带近海海域中，体色灰暗，嘴巴大，喜欢栖息在沙层里，背部锋利的刺有剧毒。

》蓝环章鱼

蓝环章鱼是一种很小的章鱼，身体通常呈灰白色，上面分布着一些不规则的蓝色环纹，主要生活在日本与澳大利亚之间的太平洋海域中。蓝环章鱼的毒性很强，如果不幸被它咬伤，很可能会致命。但这种章鱼一般不会主动攻击人类，除非它们受到很大的威胁。

》僧帽水母

僧帽水母主要生长在热带海域，以其飘浮习性和螫人极痛著称。如果被僧帽水母的触须蛰到，伤者除了遭受剧痛之外还可能会出现血压骤降、呼吸困难等严重症状。

》毒芋螺

毒芋螺属于软体动物，这种螺呈圆锥形，壳上有光滑鲜艳的斑纹，鱼叉状的倒刺管状齿舌是其捕食器官，平时收在齿舌囊内，需要时会带有毒液从吻部射出，如果人被其刺中，会出现肿胀、疼痛的症状，甚至会致命。

遭遇自然灾害

当你置身于野外时，由于复杂的地理环境和多变的天气，使你很可能会遭遇到一些自然灾害。要知道，在自然面前，人类永远是微不足道的，尽管我们不能和大自然神奇的力量抗衡，但是我们可以凭借自身掌握的知识，给自己开辟一条生的道路，毕竟机会总是留给有准备的人，生存的机会也是一样。

在你出发去某地之前，应该充分了解一下目的地的自然环境和天气状况，了解这一地区常见的自然灾害并进行充分的准备，如果某一地区在某个季节灾害频发，那么最好避免在这一时间段内到这一地区，要善于观察周围的情况，同时学会辨认天气状况和可能出现的自然灾害的一些痕迹也是十分必要的，在关键时刻，也许能够救你一命。

》遭遇暴雨

如果在行进途中遭遇暴雨，要根据行进的路段和雨势的大小以及自身的身体状况决定是避雨还是行进。如果不是必须行进的话，寻找一个安全的地方避雨是十分必要的，这样可以避免衣服被淋湿或者消耗太多的体力。因为暴雨会影响能见度，增加行进的困难，雨湿路滑，也会不安全。避雨时，要注意保暖，防雷击，防山洪。如果是团队行进，就要考虑到团队中其他人的身体状况；如果在宿营时遭遇暴雨，要判断自己营地所处的位置是否安全，是否有山洪和泥石流的威胁，如果有危险，就要转移营地，如果暂时不用转移营地，则要对帐篷进行加固，挖排水沟，将帐篷内的物品整理好，以防迫不得已需要紧急撤离。

》遭遇雷击

如果事前在天气预报中听到有雷雨的报道，或者观察天空发现将有雷雨的迹象时，要在下雨前找到避雨场所以躲避雷雨。不要在狭窄的山谷、溪谷中或者高而空

旷的地区活动，避免走进被淋湿或已经有水的地方，最好踏在塑胶布上或背包及其他绝缘物上，把带在身上的一切金属物取下放在背包中，切勿打手机。寻找躲避处时不要躲在孤零零的树下，切勿在任何避雷设备下躲避。如果是在空旷的山谷或者草原上遭遇闪电，要寻找低洼地蹲下来，双脚并拢，双手不要触地，将身子尽量缩成一团，以减少所占空间的面积。

如果团队中有人不幸遭遇雷击，要将伤者就地平卧，解开衣扣、内衣、腰带等束缚物，立即进行人工呼吸和胸外心脏按压，如果有条件的话要联系医疗救援人员。

》遭遇洪水

持续降雨很可能会引发洪水，如果原来清澈的水一下子变得混浊起来预示着山洪很可能就要爆发。洪水会卷走地面上的土壤、动物、植物，甚至建筑物，造成塌方、河流决堤等严重的状况。在降水量较大的雨季，尽量不要沿着溪涧行进或者涉水，如果洪水爆发时你身在野外，就向高处转移，不要在洪水中走动或行驶。如果不幸

落入水中，要抱住或抓紧岸边的石块、树干或藤蔓，设法爬回岸边或等候同伴救援。有一点需要注意的是，如果你需要以周围的水作为饮用水，一定要过滤和烧开后再饮用。

》遭遇地震

地震是地壳快速释放能量过程中造成振动的一种自然现象，具有难以预测性和较强的破坏性。当地震发生时，如果你在车里，要停止行驶，待在车里；如果你在野外，应避开陡峭的山坡、山崖，进入空旷地，远离会砸落到你身上的山石或树木，直到余震和微震都已停止，也可暂时躲在结实的障碍物下或蹲在地沟、坎下。不要停留在山的斜坡处，因为地震可能引发泥石流。绝对不能进入洞穴中。若发生山体滑坡、山崩，应向垂直于滚石的方向跑，切不可顺着滚石方向往山下跑。如果地震发生时，营地中有燃烧的营火，要熄灭营火，以免引发火灾。如果在地震中不幸受伤，应按照第九章讲述的急救方法进行救治。

》遭遇落石

如果遭遇严重的落石，应该戴上一些保护器物（如头盔、厚衣物、木板等）作为防护，特别要注意保护头部，事先寻找能躲避落石的大岩石下或转弯角落，以便通过落石地点。在落石停止的空档，应迅速离开落石处。尽量避免人为所引起的落石，如果在多岩石的场所不小心碰落了石块，应大声警示下面的人，以免造成伤害。如果是团队行进中遭遇有可能引致落石的陡坡地段，队员之间应该保持一个安全合适的距离。

》遭遇崩塌

行走在山区，落石和崩塌都是比较常见的问题。山坡、河湖岸、海岸上，尤其是坡度比较陡的山坡或者河岸或者岩溶裂缝发达、结构破碎的山体，在雨水较多或者冰雪融化的季节，更容易发生崩塌。

在容易发生崩塌的季节，要避免走近或停留在峻峭的山坡附近，斜坡底部或疏水孔有大量泥水透出时，显示斜坡内的水分已饱和，斜坡的中段或顶部有裂纹或有新形成的梯级状，露出新鲜的泥土，都是山泥倾泻崩塌的先兆，应尽快远离这些斜坡。如遇山泥倾泻崩塌阻路，切勿尝试踏上浮泥前进，应立刻后退，另寻安全小径继续行程或中止行程。当结队前行的队友被山泥崩塌淹没时，不要在无准备的情况下随便尝试营救，以免造成更多人员受伤。

》遭遇滑坡

滑坡是指斜坡上的土体或者岩体受河流冲刷、雨水浸泡、地震等因素，沿着一定的软弱面或者软弱带，整体或者分散地顺坡向下滑动的自然现象。其中，降雨是造成滑坡的重要因素，一些地方甚至有“大雨大滑、小雨小滑、无雨不滑”的说法。

当滑坡发生时，如果正好身处滑坡体上，要保持冷静，向安全的地段撤离，如果不是遭遇高速滑坡，只要行动迅速，都有可能逃离危险区域；如果遭遇无法逃离的高速滑坡，可设法抱住大树等物以自救。当发生滑坡时，切忌沿着山坡滑动的方向奔跑，而是要向与滑坡方向垂直的方向跑。

》遭遇泥石流

泥石流指的是在山区或者其他沟谷深壑、地形险峻的地区，由于暴雨、暴雪等原因引发山体滑坡并携带有大量泥沙以及石块的一种特殊洪流。泥石流流动的全过程一般只有几小时或几分钟，具有突然性、流速快、流量大、物质容量大等特点。泥石流发生在夏汛暴雨期间，如果此季节去山区旅游，出行时一定要事先收听当地的天气预报，不要在大雨天或在连续阴雨的情况下进入山区沟谷地带；露营时，要选择平整的高地作为营地，不要在山谷、山坡低洼处以及河沟底部扎营；不要在泥石流刚停止后就回事发地取东西，以免泥石流再次发生所带来的危险，一定要等危险警报解除后方可返回。

如果行进在野外听到远处山谷传来闷雷般或火车轰鸣般的声响，此时即使声响很微弱，也应认定是泥石流正在形成，并迅速离开危险地段。当发现河道中的流水突然断流或水突然增大、水的颜色变混浊并夹有较多的柴草、树木，也可以认定河道上游已形成泥石流。发生泥石流时，如果在山上，则要马上朝与泥石流成垂直方向的两侧山坡的高处跑，绝对不能往泥石流的下游跑，也不能停留在原地或跑向低洼地。除非是在完全没有时间的情况下，否则不要爬到树上躲避。如果不幸被泥石流埋住，应该尽量使头部露出，并利用身边的东西保护好头部，同时迅速清除口鼻中的淤泥，保持呼吸顺畅。

》遭遇雪崩

山坡积雪内部的内聚力抗拒不了它所受到的重力拉引时，便向下滑动，引起大量雪体崩塌，这种自然现象就叫作雪崩。雪崩具有突然性、运动速度快、破坏力大等特点。在野外，一旦遭遇雪崩是十分危险的。雪崩常常发生于山地，有些雪崩是在特大雪暴中产生的，但常见的是发生在积雪堆积过厚，超过了山坡面的摩擦阻力时。如果新下的厚厚一层雪覆盖在一层松动的雪上，也会有雪崩的危险。

除了自然因素，雪崩在很大程度上还取决于人类活动，吵闹的噪声或滑雪者的活动也可能会引发雪崩。在穿过大雪覆盖的山脉、山丘和山谷时，一定要非常小心。如果你看到或听到雪崩正朝你的方向而来，应立即采取躲避行动。如果你能找到坚硬的岩石，就在岩石下躲起来；如果你找不到或到不了适当的躲藏处，试着滑雪避开雪崩路线；如果你发现雪崩正朝你扑来而你无法躲开，要尽量保持冷静；如果滚落的雪追上了你，就顺势游泳，在雪压缩、变硬前，开辟一个大的空间。用手或折叠雪铲清理头部周围的雪，留出呼吸的空间，以防止窒息；如果在雪中无法辨别方向，可以试着淌口水分辨出下方，再朝相反方向挖掘。如果听到救援人员的声音，要发出尽量大的声音来吸引他们的注意。

》遭遇山火

一些自然因素（如闪电或者干燥气候）可能会引发山火，但人为因素也是引发山火的重要原因。如果地表的植被干燥易燃的话，很小的火星就可能引发大火，因此一定要注意野外用火安全，不要乱丢烟头、火种等可能引起山火的物品，离开营地时，要确保营火完全熄灭。如果你要去山火频发的地方，要事先了解当地的天气状况以及在旅行期间是否可能发生山火，并将自己的路线告诉他人，要保证自己能够和外界取得联系。

如果你嗅到植物烧焦的味道，听到燃烧的噼啪声或者看到动物变得焦躁不安，这些都表明山火可能就在附近。一旦遭遇山火，如果风向是朝着大火的，则迅速逆风逃往山下或河边等安全地带。不要爬上高地，因为大火在山上会聚得更快。如果你在车上，那就待在车里，将车停在远离树林的地方，关掉引擎并关闭窗户，躺下，尽可能遮盖自己。如果实在无法逃离山火，就弄湿所有的着装，挖沟把自己埋在土里。

》遭遇火山喷发

火山喷发是地球内部物质快速猛烈地以岩浆形式喷出地表的现象，是地壳运动的一种表现形式。当火山爆发时，会从地壳下面的地幔喷出大量的岩浆，产生大量的火山灰、有毒气体、岩屑和泥浆。

当你在出发去某地之前，应该事先了解当地是否有活火山及其喷发的规律。如果发现火山爆发即将发生，就迅速离开。如果你在火山爆发时被困住，要马上躲藏起来，以避开飞扬着的炽热的岩屑、热气体和令人窒息的灰雾。如果你被困在灰雾中，要用面罩或者湿衣服罩住脸，不要忘了在逃离之后清洗皮肤。如果你在车中，那么应该尽量驶向安全地带，但驾驶时要注意安全，因为火山灰和泥浆会使道路变滑。

》遭遇台风

台风是产生于热带洋面上的一种强烈的热带气旋，一般在印度洋和北太平洋西部称台风，如东亚、东南亚一带；大西洋或北太平洋东部则称为飓风，如欧洲、北美一带。台风经过时，常伴有大风、暴雨或特大暴雨等强对流天气；遭遇强台风时，

则会带来破坏性的灾害，如毁屋拔树，破坏各种线路、道路，引发海啸等。一般在台风登陆前相关部门就会发布预警，应随时关注其报告情况，强台风来袭时最好也能备好收音机以便随时更新台风的消息。听到气象台发出台风预报后，能离开台风经过地区的要尽早离开，如果不能则要准备好充分的食物、饮用水、常用

药品、手电筒、收音机等。如果在河边，要尽快走到离河较远的地方，或抓住身边的固定物就地卧倒，以防被吹落到河中。要尽可能远离海洋，如果你正在海上，则应尽快将船只驶入避风港，封住船舱，如是帆船，要尽早放下船帆；如果你在车中，应将车开到隐蔽处。

》遭遇沙尘暴

在沙漠中遭遇沙尘暴是一件危险的事。在沙尘暴袭来的时候，不要盲目行动，而应该找一个安全地方（如岩石后面）躲避，背离风暴方向，尽量把整个身子——特别是头、脸和脖子包裹住。切忌在沙丘的背风坡躲避沙尘暴，否则有窒息或被沙尘暴埋住的危险。如果有骆驼同行，可以把骆驼牵到迎风坡，然后躲在骆驼身后抵御风沙。

看云识天气

如果能够准确预测天气，那么避开某些自然灾害的概率就会更高。想要预测天气，最好的做法就是观察云彩的情况，天空中云彩的形态往往预示着不同的天气。

》卷云

卷云产生的高度很高，属于高云族，云底高度为 4500~10000 米，有时也可高达 17000 米或低至 20000 米以下。在这样的高度上，空气温度很低且水汽很少，云由细小且稀疏的冰晶组成，故比较薄而透光性较好，洁白而亮泽，常呈丝缕结构。卷云因为云层太高，即使生成小水滴，下降过程中也很容易蒸发，不会抵达地面，故在地面上不会感到下雨，象征一整天都会是晴朗的好天气。

》卷层云

白色透明的云幕，日、月透过云幕时轮廓分明，地物有影，常有晕环。有时云的组织薄得几乎看不出来，只是天空呈乳白色；有时丝缕结构隐约可辨，好像乱丝一般。若卷层云加厚降低，系统发展，多预示有天气系统影响测定，故有“日晕三更雨，月晕午时风”的说法。但是如果无明显发展，甚至云量减少，未来天气也不会有显著变化。

》卷积云

卷积云约在5500米的高空，云块很小，白色无影，是由呈白色细波、鳞片或球状细小云块组成的云片或云层，常排列成行或成群，很像轻风吹过水面所引起的小波纹。云体很薄，能透过日、月光，呈白色无暗形，在黑夜则呈灰黑色，几乎全由冰晶组成。通常预示将受到不稳定的天气系统影响，可能会出现阴雨、大风天气。

》高层云

高层云是中云的一类，于2000米以上高空形成，像一种带有条纹的幕，颜色多为灰白色或灰色，有时有一点微蓝色，有时较为均匀，但云底没有明显的起伏。高层云的明暗程度会因云的厚度差异而不同。高层云的到来，预示着暖锋即将到来。

》高积云

高积云是中云的一类，云块较高层云小，但可清晰分辨轮廓。高积云较薄时呈白色，在较厚时呈暗灰色。高积云可以是扁圆形、瓦片状等，且以波浪形排列。高积云预示着不稳定的天气。

》积雨云

积雨云是对流云发展的极盛阶段，云体浓厚庞大、云底混乱、颜色阴暗、有滚轴或悬球状，有时扩展达几千米宽，形成铁砧状。积雨云通常会带来雷雨天气。

》层云

层云是低云的一种，一般高度低于2000米。形状为层状，分布较大，呈灰色或灰黑色的均匀云层。层云云体均匀成层，呈灰色，似雾，但不与地接，常笼罩山腰。层云一般预示着即将下雨。

》层积云

层积云为灰白色或灰色，松散，薄的云块可辨出太阳的位置，厚的云块比较阴暗。云块常成群、成行或成波状排列。云底离地面高度常在2000米以下，属低云族。是由片状、团块或条形云组成的云层或散片。有时呈波状或滚轴状，犹如大海的波涛。层积云个体肥大，结构松散，多由小水滴组成，为水云，呈灰白色或灰色。在云块较薄处，太阳的位置可辨认出来。层积云通常预示着要下细雨或者下雪。

》积云

积云是一种垂直向上发展的云块。积云为轮廓分明、顶部凸起、云底平坦、云块之间多不相连的直展云；它是由低层空气对流作用使水汽凝结或在冬季凝华而形成的云。积云云底基本为水平状，顶部为圆弧状，有孤立的，也有重叠圆拱状的或直线排列的，外形类似棉花堆。如果积云的形状不变，则预示着晴朗的天气将会持续下去。

》雨层云

云底离地面高度常在2000米以下的云，属低云。云层厚而均匀，呈暗灰色，布满全天，完全遮蔽日月，常有连续性降雨（雪），或布满雨雪幡，云底很乱，漫无定形。云层较厚，下部多由小水滴构成，中部由小水滴和冰晶构成，上部则是冰晶区。多数为冰水混合的混合云。云顶常达6000米以上。雨层云笼罩在空中，意味着4小时之内会有降雨，通常会持续几个小时。

遭遇其他险情

在野外，不仅可能遭遇凶猛的野生动物或者严重的自然灾害，还有很多情况也会给求生者造成危险。比如身陷沼泽、流沙，迷失方向，与队友失散，因为对自然环境的不适应而产生的种种不良反应，而这些危险的情况，都可能夺去人的生命。当遭遇险境时，一定要保持冷静，因为即使是一个细微的错误，也可能会酿成大错。不管怎么说，提前了解一下可能发生的糟糕情况和学习一些解决问题的办法总是有益处的。

》沼泽

在很多地方都会有沼泽，如果不小心陷入沼泽中，是有可能丧命的。在沼泽或潮湿松软泥泞的荒野地带看见寸草不生的黑色平地，或者看到水苔藓满布泥沼表面像地毯一样，很可能是危险的陷阱，一定要避开此处。如果不得不在满布泥潭的地方行进，应沿着有树木生长的高地走，或踩在石南草丛上，因为树木和石南都长在硬地上。如不能确定走哪条路，可向前投下几块大石，试试地面是否坚硬；或用力跺脚，假如地面颤动，很可能是泥潭，应绕道而行。如果不幸陷入沼泽，千万不要挣扎，因为用力挣扎只会越陷越深。不小心陷入泥潭时，要采取平卧的姿势，尽量扩大身体与泥潭的接触面积，尽力慢慢游动到安全地带以脱险。

流沙

不小心陷入流沙中，甚至要比陷入沼泽更糟糕。如果你不小心走进了流沙地，不要惊慌，千万不要挣扎，否则你会下陷得更快。试着仰面躺下，四肢张开，以分散重量。以手为桨划到岸上。如果你不是一个人出行，可以让同伴趴在坚实的地面上，用长杆、绳子或树枝将你拉到安全地带。

与同伴失散

团队行动时，与同伴失散是十分危险的，这意味着你已经陷入孤立无援的境地，因此应该服从团队纪律，如果因为体力不支无法行进，应同他人沟通，使队伍停下休息，不要单独行动。团队中的每个人都要带上地图、食物、饮水等必备装备，以防与他人失散后失去装备。当与团队失散时，如果确信自己可以继续走到目的地，就要继续前进，直到和队友会合；如果体能有限或过分恐慌，应先留在原地，再想办法回到团队行进的路线或上一次的宿营地寻找避难所，以等待队友救援。

》迷失方向

在陌生的野外环境中，人很容易迷失方向。如果发现自己迷失方向了，不要在慌乱中到处乱走，因为这不仅会白白消耗你的体力，还可能会使你离目的地越来越远。当你迷失方向时，应该保持镇定，休息一会儿。尽量找回自己有信心找到的地点。沿途要做好标记。并在本上记录这些标记的所在位置。要避免再一次迷路，回到自己有信心的地点后，再一次选择方向进行尝试。在沿途做好标记，注意观察周围的地形、地貌或自然物的情况，直到找到正确的方向，并在适当的时候发出求救信号。

》出现高山反应

高山反应是指由于登上空气稀薄的高山或高原地区而发生的反应。一般健康人在海拔 4000 米以上有头痛、头晕、恶心、呕吐、耳鸣、发热、呼吸困难、心跳加快等症状，有些严重者会出现感觉迟钝、情绪不宁、产生幻觉等，也可能产生浮肿、休克或痉挛等症状。普通人在海拔较高的地区出现高山反应是正常情况，但一些严重的高山反应也可能会危及生命。因此你在出发去高海拔地区时，应该进行严格的体格检查，如发现心、肺、脑、肝、肾的病变，严重贫血或高血压患者，是不适合进入高原的。在高原上要注意大量喝水，保持饮食均衡，要保证睡眠充足，不要过度疲劳，控制每天上升的高度。如果出现严重不适，要进行吸氧，尽快下撤到海拔较低处。

第九章 急救与救援

在难以预知的野外环境中，总是危机四伏，你可能会受到一些意外的伤害，这些伤害有时候是比较轻微的，如在岩石上擦伤了脚趾，被树枝刮破了胳膊，或者被讨厌的蚂蟥叮咬了……这些伤害都不足以致命，但如果你对其放任不管，则有可能造成更严重的伤害，比如伤口发炎等，如果等到这时候，那就麻烦了，你为什么不在伤口刚刚产生时就及时处理呢？有时候，你可能会遇到一些比较严重的伤害，如被野兽咬伤，被毒蛇咬到，或者食用了有毒的植物……这时，你要是不马上采取一些措施，很可能会丢掉性命的。除了外伤和中毒之外，野外极端的天气和环境也可能让你感到过冷或过热，从而引起身体的不适，这时候你要知道自己该如何应对。

身处野外，一定要注意保持健康，无论做任何决定，都要进行深思熟虑，考虑到行动所存在的风险，并尽量充分准备，避免危险的发生，当然，即使是再小心谨慎，也会有判断失误出现意外的时候，如果事故已经发生，就不要犹豫，尽快采取施救措施。

常用野外急救技巧

无论你是独自置身荒野，还是结伴而行，掌握一些常用的野外急救技巧都十分必要，这不仅会在关键时刻救你一命，还可能会挽救不止一个人的性命。

如何处置失去知觉的伤员

当同伴失去知觉，你应该怎么办？

首先，你应该将伤者撤离危险地带，如火灾、水灾、雪崩、落石等灾害现场，以免自身遭受伤害或者伤者受到二次伤害。

其次，你要大声呼唤伤者的名字、观察伤者的情况、测试其意识的清晰程度以及对疼痛是否有反应，借此了解伤者的伤情，如果伤者意识不清，要马上对其采取急救措施。

要让伤者保持呼吸道通畅，将伤者侧置，把其领口、领带、丝巾、围巾等解开，然后将其舌头拉出，把木筷、木板之类的硬物放于其上、下齿之间；用干净的布、毛巾等将伤者口鼻内的污泥、土块、呕吐物等清理干净。

可以通过用耳朵听伤者口鼻有无呼吸声，用眼睛看其胸部或上腹有无呼吸起伏等来判断伤者有无呼吸。若伤者胸廓没有起伏、口鼻也没有气体呼出，则可确认伤者不存在呼吸，应立即进行心肺复苏术施救。如果伤者仍在呼吸，也要检查任何可能危及生命的伤害，如果大量出血，应立即着手急救。

检查大动脉，即位于颈部紧挨咽喉的部位。

有一点需要注意的是，除非你确定必需这么做，否则的话千万不要移动有脊椎损伤的人。任何在颈部和背部的伤都有可能伤及脊椎。但心肺复苏术优先于对脊椎受伤的救助措施。

》心肺复苏术（CPR）

心肺复苏术也叫基本生命支持（BLS），是在伤者意识丧失、呼吸和心跳骤停的情况下，合并使用人工呼吸及心外按压来进行现场急救的一种方法。在急救中，伤者意识丧失、心跳呼吸停止后的 4 分钟被喻为抢救的“黄金期”；心跳呼吸停止 5~8 分钟内称为临床死亡期，在此期间的伤者被抢救过来的概率也较大；但如果超过 8 分钟，则进入生物学死亡期，此阶段的伤者一般就无法再抢救过来。因此在这种情况下，时间显得尤其重要，而心肺复苏则是应对此种情况的必备急救技术。当有人因为溺水、窒息、触电、中毒或其他意外事件造成的意识昏迷、呼吸及心跳停止等状况时，要马上对其进行心肺复苏。

⊙心肺复苏的步骤：

❶让伤者平躺在坚实的地面上，跪在伤者身旁，位置在伤者胸部与头之间，以便于交替实施压迫胸腔及进行人工呼吸。使伤者头后仰、口张开。

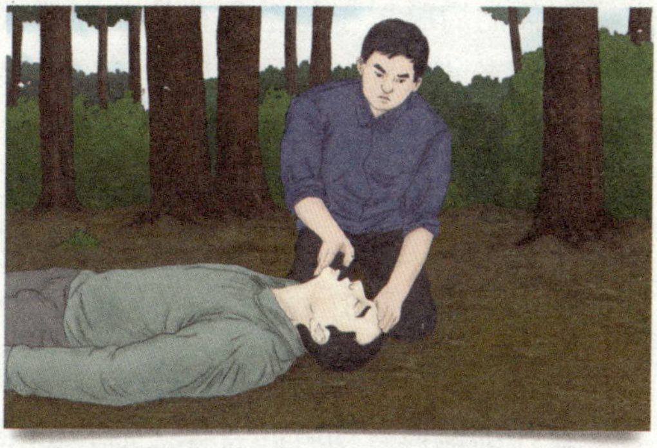

★使伤者头后仰、口张开的方法主要有仰头举颏法和仰头举颌法两种。

仰头举颏法：此法适用于伤者颈部没有受伤的情况。施救者一只手放于伤者前额，小鱼际贴于患者双眉附近，手掌向后用力；另一只手的食指托住下颏，稍用力抬起，使伤者口张开，便于自主性呼吸。

仰头举颌法：不需要伤者伸长颈部，所以更适用于颈部受伤的人。操作时施救者把两手分别放在伤者的头部两侧，并使肘部位于伤者所躺的平面上。抓住伤者的下颌角，抬起下颌即可。

❷施救者一手拇指和食指捏紧伤者的鼻孔，深吸一口气后对准伤者口内猛吹气至患者胸部抬起；然后放开伤者的鼻孔，使伤者被动呼气，此时可见伤者胸部回缩，并能感到有气流自伤者口鼻逸出。吹气时每次的量控制在 500~1000 毫升，以患者胸口微微起伏为宜。

★人工呼吸前要检查伤者气管是否畅通，人工呼吸时要用你的嘴唇将伤者的嘴包住，以保证密封性，进行 2 次人工呼吸后，紧接着进行 30 次的胸腔压迫。

❸找到胸骨的中间点，将进行压迫胸腔的手掌置于中间点稍后的胸骨上。

❹用力抓住自己另一只手的手腕，或者一只手放在另一只手上面用手指扣住，以每分钟 100 次的频率压迫胸部 30 次。

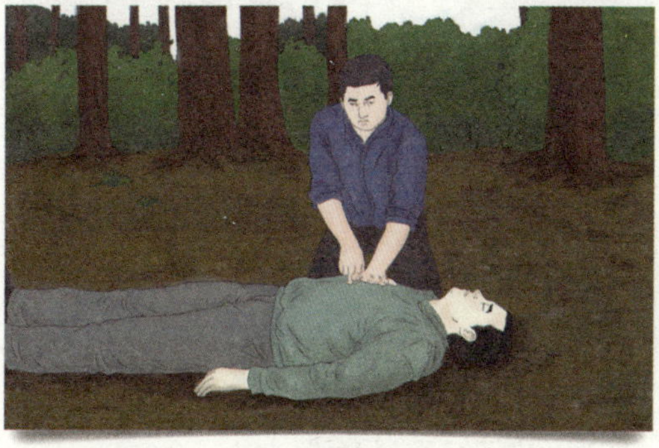

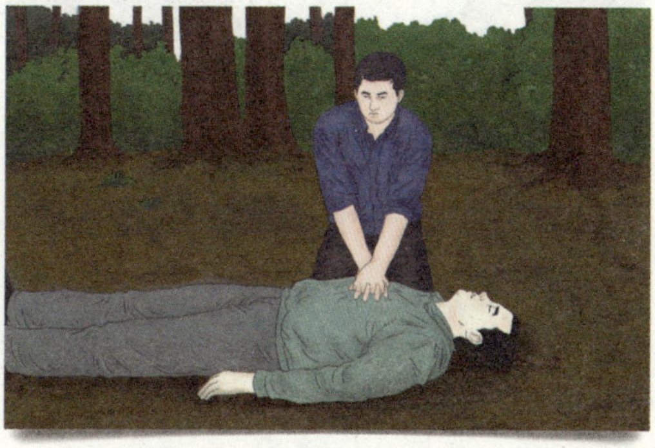

⊙压迫技术

将你的肩膀置于与手垂直的上方，保持手臂伸直。将身体的重量集中到手上用于压迫伤者的胸腔。保持平稳的压迫，最好有一定的节奏，不要用手猛击或者用拳头敲击胸骨。

在进行心肺复苏时，心脏按压与人工呼吸要交替进行，可单人施救，也可由两人分别进行人工呼吸和心脏按压。但无论单人或双人抢救，心脏按压与人工呼吸的比例均为 30：2，即口对口先吹 2 次，再按压 30 次，再口对口吹 2 次，以此类推。

》救援体位

在仔细地检查伤者的身体之后，如果伤者仍在呼吸，或者经过心肺复苏后伤者开始恢复正常呼吸，但仍旧处于昏迷状态，则需要将他放置在救援体位，但在这样做之前首先要确定伤者的脊椎没有受伤。

①双膝跪在伤者旁边，摘去伤者的眼镜，掏出伤者口袋里的物品。将伤者靠近你一侧的胳膊顺着伤者身体放平，置于伤者身体的侧面。

②用你的手移动伤者的另一只胳膊，使其经过伤者的胸部，将伤者的手背贴在其离你近的一侧的脸颊上。

③用你的另一只手拉起伤者另一侧的膝盖，同时保持其脚踝放在地上。

④让伤者保持手背靠着脸颊，并轻轻地拉动其膝盖，向你的方向转动伤者的身体，让膝盖弯曲成一个适当的角度。

❺使伤者的头部倾斜，确保呼吸道的畅通，如果有必要，可以适当调整伤者贴着脸颊的手的位置。

❻将伤者保持在这种救援体位，你就可以离开去寻求帮助，但要记得写一个说明留给伤者或者可能会到来的救援人员。

》海姆立克法

海姆立克法是一位名为亨利·海姆立克的外科医生所发明的急救方法，主要用来解决异物窒息造成的呼吸道梗阻问题。其主要原理是利用冲击腹部膈肌下软组织所突然产生的向上压力，压迫两肺下部，使肺部残留的空气形成一股气流。借助这股气流的冲力将堵塞住气管、喉部的异物排出体外。无论是在野外还是家庭环境中，海姆立克法对于打通气道都十分有用。

当伤者意识清醒，有其他施救人员时：

施救者站在伤者背后，双臂环绕住伤者的腰部。一手握拳，将拳头的拇指一侧放在伤者胸廓下和脐上的腹部处。另一只手紧紧握住拳头、快速向上重击压迫伤者的腹部。如此重复数次直到异物排出。

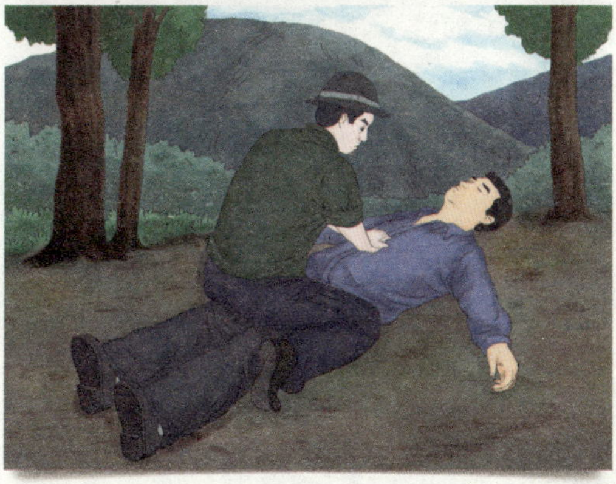

当伤者意识丧失时：

将伤者置于仰平卧位，施救者面对伤者，骑跨在其髋部上方。施救者一手掌根放在伤者胸廓下和脐上的腹部位置，另一只手重叠其上，然后借助身体的重量，快速冲击压迫伤者腹部，如此重复直至异物排出。

当伤者意识清醒，但无其他人员在场时，可以实施自救：

伤者可一手握拳，将拳头的拇指一侧放在胸廓下和脐上的腹部。另一只手紧紧握住拳头，快速向上重击压迫腹部。也可以弯腰借助固定的物体，如岩石、树桩等，利用物体的边缘压迫、冲击腹部，重复数次，直至异物排出。

海姆立克法虽然在排出气道堵塞物方面效果显著，但也可能产生部分并发症，如：腹部或胸腔内脏破裂或撕裂，肋骨骨折等，所以在伤者能够自行咳出异物的情况下，不必使用此法。但如果伤者呼吸微弱，已经没有自行咳嗽的能力，就应立刻使用海姆立克法急救。在成功抢救后，要注意检查伤者有无并发症的发生。

野外外伤急救措施

野外环境复杂多变，外伤是野外环境中会经常遇到的。无论是小的刮伤、蹭伤，还是比较严重的骨折和出血，都不能轻视，要及时处理，以免身体受到更严重的伤害。

》疱疹

在野外行进时，由于长时间的运动，很容易产生疱疹。脚上的疱疹不仅会让你感到不舒服，还会影响你的行动能力，因此，要早预防。预防脚部疱疹，首先要选择一双合适的鞋子，不要穿新鞋外出，否则极易磨脚；紧贴皮肤的袜子要保持干净、干燥、舒适；趾甲要剪短、剪平；在停止行进的休息时间，应脱掉鞋子让脚透透气；如果感到脚部某处有不适感，要马上处理，可采取贴一块厚棉布等措施。如果脚部已经出现了疱疹，就要尽量休息，但在严酷的野外环境中，你很可能是没时间休息的，这时就要对疱疹进行一定的处理。

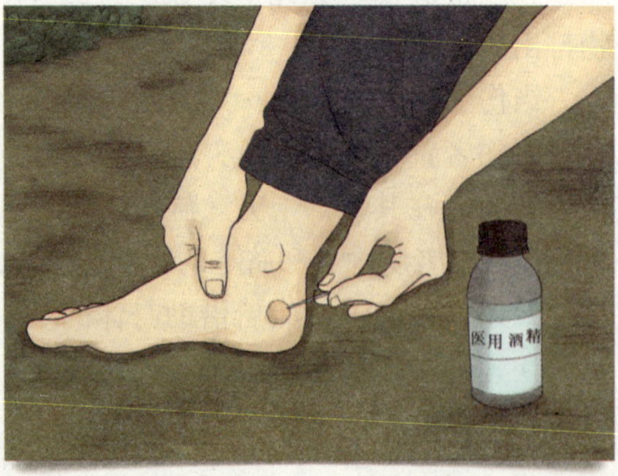

❶如果必须刺破疱疹，你首先要将准备好的针放在火上烧至红热以消毒，然后冷却，用水或消毒巾清洁患处后，用针从疱疹的边上入手将其刺破。如果是烧伤产生的疱疹，则不宜刺破，以免感染。

❷轻轻挤压已被针刺破的疱疹的一侧，直到疱疹里面的脓水全部被挤出。

❸擦干净患处，然后包扎一下，以免感染。如果有条件的话，可以贴上疱疹凝胶膏药或者药棉。

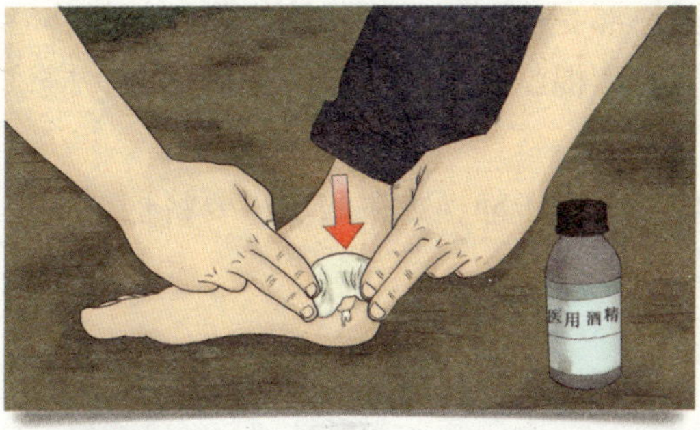

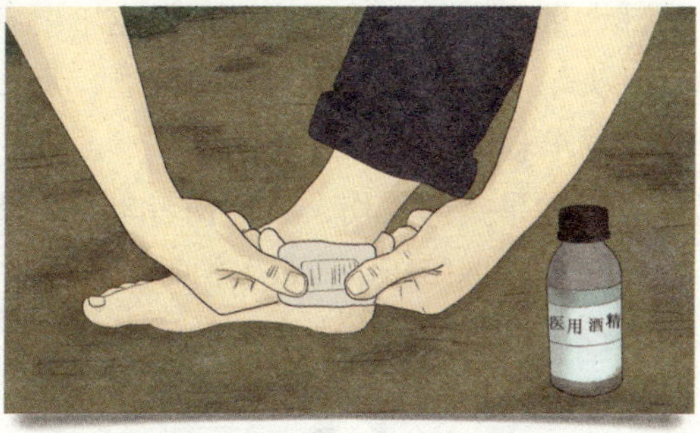

》出血

在野外环境中，受伤而导致流血的情况是很常见的。依据出血部位、出血类型的不同，所采取的止血措施也不尽相同，因此在进行止血之前，必须先对出血种类有明确的了解和判断。出血的种类一般可分为毛细血管出血、静脉出血、动脉出血三种：毛细血管出血，血的颜色通常由红转暗，呈点、片状渗出，对于这种出血情况，可以采取加压包扎止血的方法；静脉出血，血色一般呈暗红色，一般是缓缓流出，如遇大静脉损伤，出血量大，必须立即止血；动脉出血，血色一般是鲜红色，呈喷射状，这种情况出血量大，还可能合并出血性休克，必须立即止血。

⊙处理伤口中的异物

在受伤时，伤口中有可能会进入一些异物，如尘土、砂石等，这些异物应该从伤口中清除，否则可能会引起感染或者延误愈合。清理伤口中的异物时，可以用流动的冷水清洗掉异物或者用镊子取出异物。如果异物嵌在伤口中，不要将异物立即拔出，因为取出异物可能会引起严重的出血，在这种情况下，应该按照下面的方法去处理。

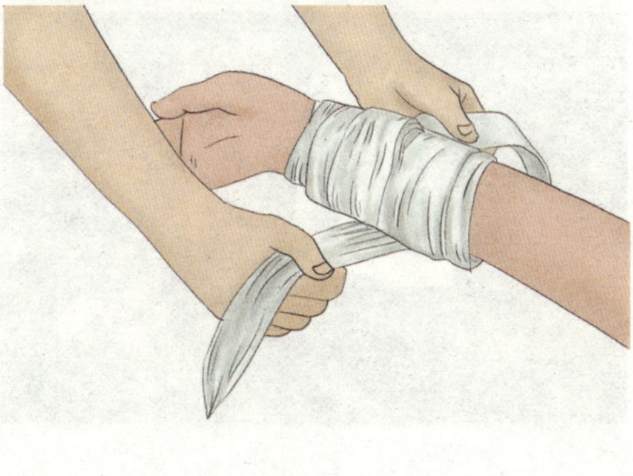

❶使劲按住伤口两边以控制出血，将伤口部位抬高至心脏位置之上，注意不要直接挤压异物。

❷将一块纱布放在异物上，在两边放上衬垫，在衬垫和异物上进行包扎，以防止伤口进一步受到损伤，注意每隔

10 分钟检查一下伤处周围的血液循环情况。

⊙头部受伤出血

如果头部受伤，可能会大量出血，使伤势看起来比实际上严重一些。实际上，头部大量出血的确需要注意，但也不要忽视头部受伤可能带来的脑损伤，如果伤者感觉头晕、头痛或者视力出现问题，那么就要警惕脑损伤，如果有条件的话，应该马上寻求救助。

❶如果头部受伤，要让伤者坐下，将伤口处理干净，如果破皮，要将松弛下垂的皮除去，再在伤口处敷上消毒药棉。

❷用绷带卷将伤者头上的消毒药棉固定住。

⊙严重外出血

假如伤口出血并不严重，可以将伤口用干净的水冲洗干净，待伤口干了之后覆盖好伤口。如果伤口出血严重，则要马上处理。

❶松开或剪开衣服，露出伤口，将伤口压住，如果有条件的话，用消毒药棉按压伤口，再用绷带固定住药棉；如果身边没有这些急救物品，可以用能够吸收液体的其他物品（如衣服、袜子等）来压住伤口，如果血从药棉或者衣服中渗出来，就加垫一层药棉或者用更多衣服盖压在渗血处。待止血之后，将这些衣物、材料等绑在受伤位置。抬起受伤的部位，以减少血液向患处流动。

❷每隔 10 分钟检查一下绷带的松紧程度，如果以指甲按压伤者包扎处附近，肤色不能快速复原，则应放松绷带，以免伤者肢体组织受到损伤。

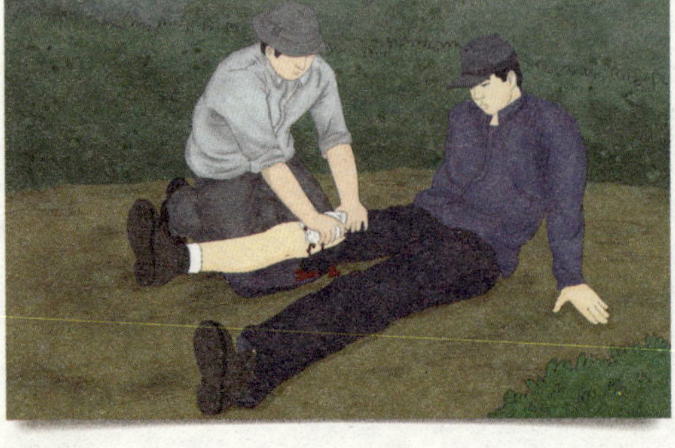

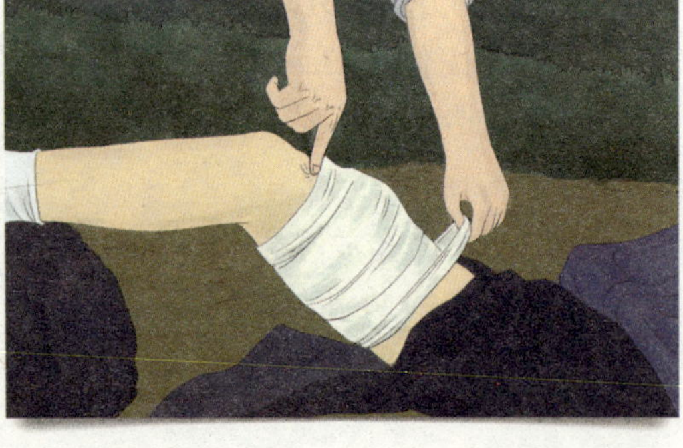

》软组织损伤和骨折

在户外，因摔伤或者扭伤导致的骨头、关节和肌肉损伤也是很常见的。如果发生了骨折，为了避免伤员受到二次伤害，应在发现伤员的地方先对其进行治疗。如果要对骨折或者脊椎受伤的伤员进行搬运，在搬运前应先做好固定的工作，否则不仅不利于搬运，而且势必加重伤情。

⊙扭伤或拉伤

1 如果出现扭伤或者拉伤，要先将伤者放置好，然后托住受伤的部位，用冰块或者其他冷敷用品对伤处冷敷至少 10 分钟，注意不能让冰块直接接触皮肤。

2 冷敷之后，用绷带将伤者的伤处包扎好，但不要包扎得过紧以免影响血液循环。

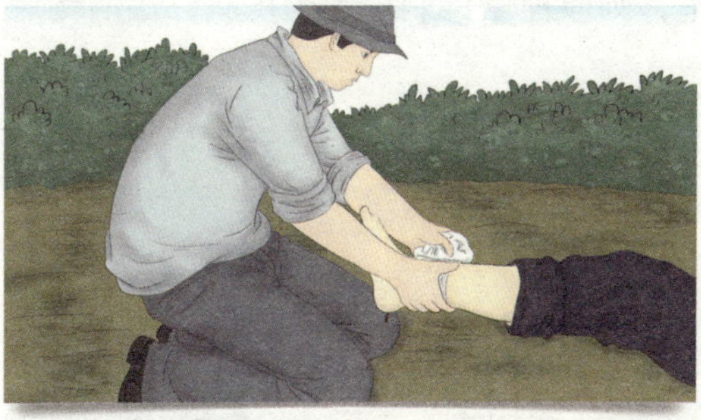

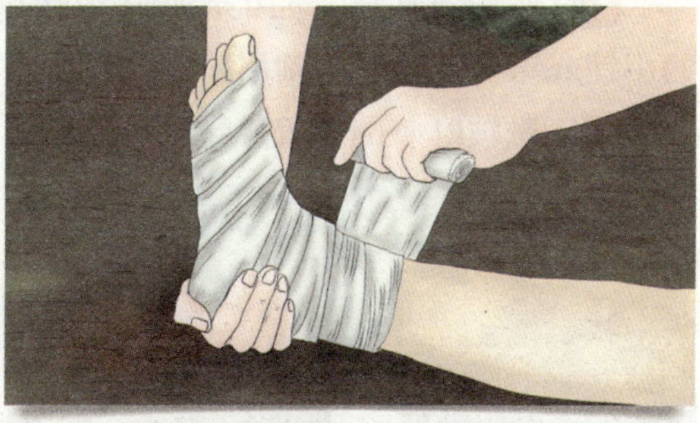

⊙上肢受伤

如果手腕、前臂、上臂等部位受伤，应该尽量让伤者处于舒服的体位，然后支撑起伤处，使伤者保持静止，用吊带托起胳膊；如果伤者无法弯曲胳膊，则可能是伤到肘部，此时应该用棉垫包住关节，再用三角绷带将胳膊固定在身上。

⊙下肢受伤

如果伤者的下肢发生骨折，应该对其进行固定处理。

1 先将伤者放置到尽可能舒适的位置，根据伤者的指示找到受伤的具体位置。

2 用木板或树枝和绷带将骨折位置固定好，填满腿和衣服之间的空隙，将骨折伤处的上部和下部也捆扎好。

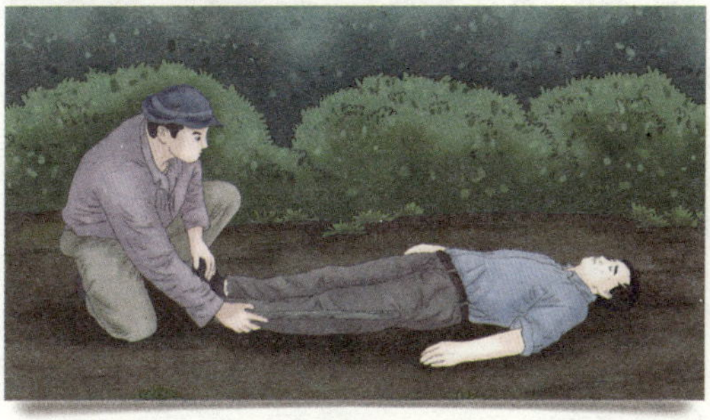

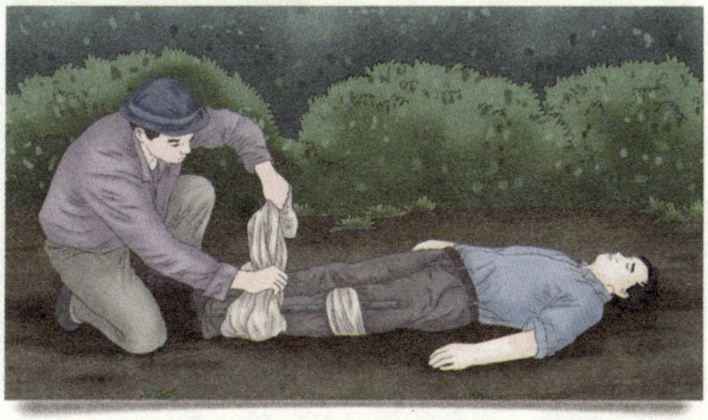

野外中毒急救措施

在野外，有些动物和植物是有毒的，而有些毒是致命的。如果因接触了这些动植物而不小心中毒，一定要及时采取措施。

》昆虫蛰咬

如果被蜜蜂、黄蜂等昆虫蛰伤，要密切关注伤者是否有过敏的迹象。

①仔细检查伤口，如果毒刺还留在皮里，则应捏紧毒刺周围的皮肤，用消毒后的小针或镊子轻轻将毒刺取出。

②冷敷被叮咬的位置，帮助消肿。

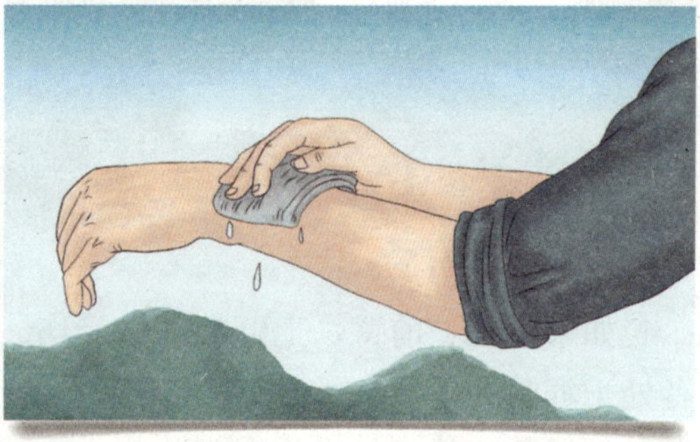

》毒蛇咬伤

大多数的蛇是没有毒的，如果你无法分辨咬伤你的蛇是否有毒，就假设它是有毒的。如果你能说出咬伤你的是什么蛇，就可以帮助救护人员做出正确的判断，如果你不了解咬伤你的蛇的种类，就记下蛇的特征。

①被毒蛇咬伤后，应让被咬者保持冷静，立即停止走动、奔跑等，采取静坐或静卧的姿势，将伤者的头部、胸部和肩膀支撑起来，使其胸部高于被咬位置；迅速用绷带绑在伤口周围。

②将另一条绷带从肢体受伤的位置一直向上绑，在未受伤的部位扎紧。

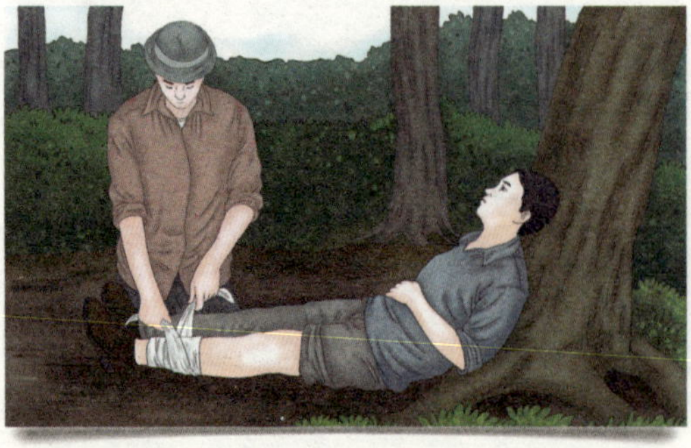

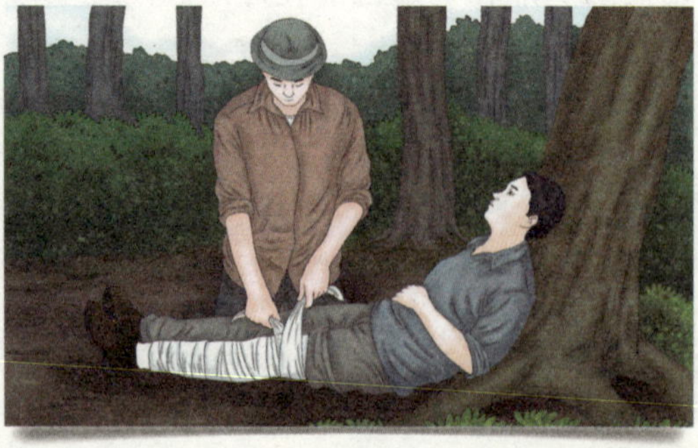

有毒蛇类

全世界蛇的种类很多，仅我国蛇类就有 160 多种，其中毒蛇 50 多种，有剧毒、危害巨大的有 10 种，如大眼镜蛇、眼镜蛇、金环蛇、银环蛇、蝰蛇、腹蛇、竹叶青、烙铁头、海蛇等，咬伤后皆能致人死亡。蛇咬伤多发生于夏秋季节的森林、山野、草地中，其中尤以两广地区常见，每年蛇咬伤的发病率高居全国之首。

在野外被蛇咬伤时，可通过下表中的信息来初步判断咬伤自己的蛇是否有毒。

甄别要点 \ 蛇型		有毒的蛇	无毒的蛇
外形	头部	多呈三角型	多呈椭圆形
	身体	有彩色花纹	色彩较为单调
	尾部	短而细	长而细
牙痕		伤口表皮常有一对大而深的牙痕； 或两列小牙痕上方有一对大牙痕； 有的大牙痕里甚至留有断牙	无牙痕； 或只有两列对称的细小牙痕

根据蛇毒的毒液类型的不同，被咬后所产生的症状也不尽相同，一般可分为以下三种类型：

1. 神经毒型

症状：被这种类型的毒蛇咬伤后，伤口一般红肿不严重、流血不多，仅有轻微的刺痛、微痒、麻木。但在 1 ~ 6 小时后，可出现全身不适、头晕眼花、恶心呕吐、乏力、走路不稳、视力模糊，甚至呼吸麻痹、心力衰竭等。

2. 血液毒型

症状：被这种类型的毒蛇咬伤后，伤口红肿严重，并迅速向肢体上端蔓延，疼痛明显、血流不止，且常伴有水泡、瘀斑；全身症状可伴有恶心呕吐、头晕、腹痛、腹泻、心悸等；严重者还会出现血压下降、肾衰竭、心力衰竭等症状。

3. 混合毒型

症状：混合毒型兼具神经毒型和血液毒型的特点，被这种类型的毒蛇咬伤后，伤口周围局部红肿，并迅速蔓延，流血不多但很快闭合变黑，伤口周围有血泡。全身中毒症状在 1 ~ 6 小时后出现，常表现有困倦思睡、畏寒、吞咽困难、呕吐、心律失常、言语障碍等，死亡的主要原因为神经毒所致。

在野外被毒蛇咬伤而无法获得及时的救援是十分危险的，因此野外求生时你最好格外小心，避开有毒的蛇类。

⊙巨蝮

巨蝮身体呈红褐色或粉红灰色，整个背部有 X 形或钻石形图案。这种蛇一般不咬人，但一旦被咬中会十分危险，毒液属于血液毒。

⊙矛头蛇

矛头蛇有棕色或浅棕色花纹，长可达 1.8 米，这种蛇性格急躁，容易攻击人，毒液为血液毒。

⊙南美响尾蛇

南美响尾蛇身体呈深棕色，背部有深色零星或钻石状花纹，颈部有两条深色的条形花纹，攻击时很少或不用香味发出警告，毒液为神经毒。

⊙非洲树蛇

非洲树蛇一般为绿色或褐色，善于伪装，通常不会主动攻击人类，只在感到威胁时发动攻击，毒液以血液毒为主。

⊙普通眼镜蛇

眼镜蛇通常呈灰褐色，这种蛇攻击性强而易怒，当它发出警告时，头冠会向外张开，毒液为神经毒。

⊙埃及眼镜蛇

埃及眼镜蛇的体型粗壮，成年蛇多为黑色、深褐色或淡黄色，带有棕色环状花纹，这种蛇非常危险，经常袭击人类，毒液主要是神经毒。

⊙沙蝰

沙蝰一般为灰白色或浅沙色，有深褐色斑点，这种蛇脾气暴躁，喜欢藏在沙中，但毒性较弱，毒液为血液毒。

⊙竹叶青蛇

竹叶青蛇是一种小型蛇类，蛇身呈绿色，这种蛇经常咬伤人，人被咬伤后会感到剧烈疼痛，但通常不会危及生命，毒液为血液毒。

⊙太攀蛇

太攀蛇一般为橄榄色或暗褐色，头部为深褐色，这种蛇的毒性极强，被认为是世界上毒性最强的陆地蛇，毒液为神经毒。

⊙死亡蝮蛇

死亡蝮蛇身体通常呈棕色、红色或黄色，带有黑色或深褐色条纹，尾巴末端有硬棘，这种蛇体型较小但脾气很坏，毒液为神经毒，被咬之后的死亡率很高。

⊙澳洲虎蛇

澳洲虎蛇有多种颜色，如橄榄色、暗黄色、橙棕色及黑色等，多数背脊上有深色条状花纹，这种蛇攻击速度快，攻击性强，毒液为神经毒，被其咬伤后如果得不到及时的救助，通常会很快死亡。

⊙青环海蛇

青环海蛇的躯干略呈圆筒形，体细长，后端及尾侧扁。背部深灰色，腹部黄色或橄榄色，全身具黑色环带。这种蛇喜欢在大陆架和海岛周围的浅水中栖息，在我国分布于山东、江苏、浙江、福建、台湾、广东、广西、海南等沿海地区，在其他国家主要分布于印度半岛沿海地区，毒液为神经毒。

⊙长吻海蛇

长吻海蛇的背部为深棕色或黑色，腹部为鲜明的黄色，有些尾部有黄斑。主要分布于太平洋海域，很少离水上岸，毒液为神经毒。

》有毒植物造成的接触性伤害

有时不仅是误食有毒植物会造成中毒，即使不小心接触到一些有毒植物也可能会中毒。如果你的手已经接触了有毒植物，就不要用手去触碰其他地方，如果你感到触碰处产生疼痛、肿胀或者麻痒，要立即用冷水冲洗20分钟，冲洗时注意不要将水溅入眼中，如果不小心溅入眼中，要用水冲洗眼睛约10分钟。如果你的皮肤上起了水疱，一定不要将之抓破。如果中毒之后出现了过敏反应，有条件的话要及时寻求救助。

》误食有毒植物

万一在野外误食了有毒植物，如果伤者意识清醒，可用手指、筷子、压舌板等刺激咽喉部，进行催吐，并大量饮用温开水；如果伤者已经昏迷，则不可强行饮水或进行催吐，以免导致伤者窒息。注意为伤者加盖毛毯保暖，并密切关注生命体征，如果出现心跳、呼吸停止，

应立即给予心肺复苏术。

》野外常见的有毒植物

⊙蓖麻

蓖麻遍布于整个热带地区，毒性为全株有毒，种子毒性大，任何部分都不能食用。这种植物的种子呈椭圆形，种皮硬，有光泽并有黑、白、棕色斑纹，容易被当成豆状食物误食。

⊙苦楝

苦楝原产亚洲中东部，在我国中部、南部及西南地区极为普遍，山东、河北也有分布。苦楝的任何部分都有毒，不能食用。

⊙马缨丹

马缨丹在热带和温带地区主要作为观赏植物种植，但也有野生的品种，其在我国广东、海南、福建、台湾、广西等地均有栽培。食用马缨丹的任何部分都可能中毒，在严重的情况下还可能致命。另外，有些人在接触马缨丹之后也可能会产生过敏反应。

⊙毒番石榴

毒番石榴是美洲地区的一种有毒的树。叶片厚密，呈椭圆形，开绿色小花，果实如核桃大小，形似苹果，其白色的汁液有剧毒。这种植物的任何部分都不能食用，有些人在接触过之后会产生过敏反应，而燃烧这种植物产生的浓烟也可能会刺激眼睛。

⊙欧洲夹竹桃

欧洲夹竹桃原产于地中海地区，如今作为一种观赏植物广泛种植于热带和亚热带地区，在我国南方也有栽培。这种植物的所有部分都有毒，不能食用，也不能作为燃料，其燃烧后会产生有毒的烟。

⊙毒橡

毒橡是一种产自北美洲的小型灌木。其特征是叶子为三片，有裂片，似橡树的叶子，叶片的反面比正面的颜色要浅，且长有绒毛，其中有一些品种结有成串的白绿色浆果。接触这种植物会引起严重的皮肤过敏。

⊙毒漆树

毒漆树多生长在北美地区的沼泽中，是一种灌木植物，人体皮肤与毒漆树接触，会引起严重的过敏反应。

⊙相思子

相思子是一种攀缘灌木，广泛分布于非洲部分地区、佛罗里达南部以及中南美洲，植物的任何部分都有毒，不能食用，种子有剧毒。

⊙毒芹

毒芹广泛分布在北温带地区。我国的毒芹主要生长在东北、西北、华北地区的沼泽地水边或沟边。毒芹是多年生草本植物，形态似芹菜，所以经常会发生误食中毒的情况。

⊙曼陀罗

曼陀罗广泛分布于全世界温带至热带地区，多野生在田间、沟旁、道边、河岸、山坡等地方。全草有毒，种子毒性最大，嫩叶次之。干叶的毒性比鲜叶小，误食曼陀罗之后会出现发热、心跳加快、呼吸加深、血压升高、头痛、头晕、烦操不安等症状。

其他野外伤害急救措施

除了外伤和中毒，其他一些情况如溺水、中暑或者冻伤也可能会对人造成一定的伤害。

》溺水

当同行者有人溺水时，不会游泳或游泳技术不足以支持救人的情况下，可将竹竿、绳索、救生圈之类的东西抛给溺水者；有救人能力者可迅速下水，从淹溺者的后面抓住其头部或腋窝，采取仰泳姿势，将溺水者救出。

溺水者被救上岸后，应马上清除其口、鼻内的污泥、杂草及分泌物，若有活动义齿应取出，以免坠入气管；同时解开溺水者的衣扣、内衣、腰带，以利于呼吸。让溺水者处于足高、头低的体位，将其胃部及呼吸道内的水控出。具体可利用地面斜坡，将其头部置于下坡位置，再用小木凳、大石头等垫于溺水者腹部，施救者通过拍打其背部来控水。施救者也可一腿跪地，另一腿屈膝，将溺水者的腹部置于膝盖上，使其头下垂，然后通过按压其腹、背部控水。若溺水者呼吸微弱、心跳停止，则应立即给予人工呼吸和胸外心脏按压。在急救过程中，注意为溺水者保暖。

》中暑

在炎热的环境中，人很容易中暑。如果同行者中有人中暑，要立刻协助中暑者离开引起中暑的高温环境，选择阴凉通风处平卧体息，将其头部抬高，并解开衣扣、腰带等束缚物。尽可能快速帮助其降低体温，如采取给患者裹上湿床单，并不断浇水，使患者体温保持在 40℃以下。给予中暑者适量含淡盐的清凉饮料。如果中暑者出现发热、昏迷、抽搐等症状，应使中暑者保持侧卧、头后仰的状态，以保持呼吸道通畅，在有条件的情况下应马上寻求援助。

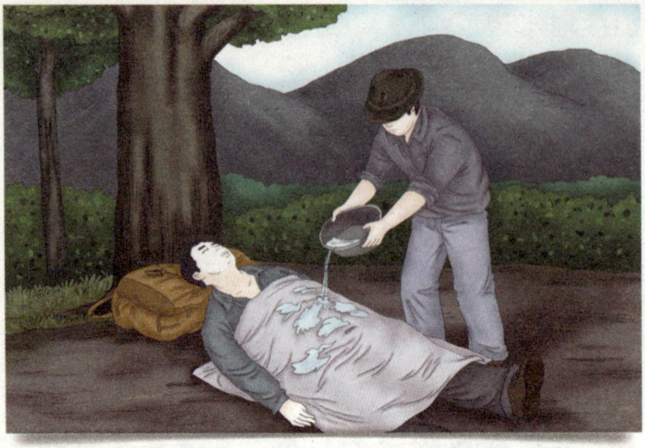

》冻伤和体温过低

在寒冷的环境中，如果没有做好保暖措施，就可能会出现冻伤或体温过低的情况，如果身体的核心体温低于 35℃，就会威胁生命。

如果有条件，立即将冻伤者转移到温暖的环境中，或者添加衣服、手套、帽子、毛毯等保暖物。如果只是手部冻伤，可将双手放在自己或施救者的腋下升温。在冻伤者有意识的情况下，给予适量热饮。

如果冻伤者同时伴有体温过低、全身冻僵等症状，应先设法使其体温回升，并尽快给予医疗处理。若出现脉搏、呼吸变慢，首先要保证冻伤者呼吸道的畅通，若呼吸继续变慢，有停止迹象，则应立即进行人工呼吸和心脏按压。

求救信号的发送和识别

很多时候，由于野外环境所限，当你自身或者同伴在野外受伤情况比较严重的话，很可能需要及时的医疗援助，这时你只有尽量吸引救援者，使其发现你们的位置，对你们进行救援。

》利用定位工具吸引救援者

当你需要救援的时候，如果身边有一个定位辅助工具，那真是一件幸运的事。但只有当你正确使用定位辅助工具时，它才能发挥出有效的作用。由于搜寻你的直升机可能在一个地区只会经过一次，因此留给你的时间并不多。你应该选择一个信号良好、容易被探测到的地方（如开阔地或高地）来放置定位辅助工具，保证定位辅助工具持续发出信号，直至信号被救援人员探测到，尽可能将救援人员指引到你所在的地点直到他们看到你。如果有条件的话，可以通过信号发送一些重要的信息，如幸存者的人数以及他们的身体状况等。

如果你因为某些原因必须要转移地点，你需要在转移之前留下便条，写明时间、意图及你的行进方向，你需要在沿途留下标记，以指示你的行进方向，将定位辅助工具一直拿在手上，将信号镜等能够吸引救援人员注意的设备放在随手处，以便一旦发现救援人员或其他人的飞机或者汽车时，能够马上吸引他们的注意力，在每天结束时放置好定位辅助工具，第二天前行时不要忘记将之收起带走。

》制作烟火信号吸引救援者

烟火信号是吸引救援人员注意的非常有效的方法，但是，制作一个烟火信号需要找到合适的材料并花费一些力气。一般来说，为了保证烟火信号能够有效发挥其作用，需要遵循几个原则：如果有可能，准备 3 个烟火信号，烟火信号的形状应该是公认的形状，如三角形或直线，以免被误认为是丛林火灾或是本地人生的火，每个烟火信号之间的距离至少应该有 20 米；一般来说，烟火都是由干燥的易燃物、引火物和燃料组成的随时可点燃的重火力点组成的，当你把火星或火焰放到易燃物上，重火力点就会燃起熊熊大火，不要将重火力点放在地面上，以免湿气进入，还要使重火力点置于有足够的气流的地方，这样做有助于更好地燃烧；用大量绿色植物或者能产生烟雾的其他东西来覆盖重火力点，以使火力点保持干燥，把另外一堆绿色植物放在一旁，原来的植物烧尽后可用来添加；在火力点下，放置一个防水的容器，内置干燥的易燃物（如汽油、纸或桦皮），以确保火势减弱时使之重新烧旺；制作点火引发火星或火焰的东西。

⊙引火棒

制作引火棒是制作烟火信号中很重要的一步，因为你需要用引火棒来点燃烟火信号。找一根开裂的木棒，往里面填塞引火物或树皮做成引火棒。当你需要点燃烟火信号时，就先点燃引火棒，再将点燃的引火棒放到烟火信号上点燃烟火信号。

⊙小木棚烟火信号

1准备足够的新材柴木棍，在地上搭起一个台子，在上面做一个由干燥的易燃物、引火物和燃料组成的重火力点，将一对一对的木棍交替排成直角，搭成一个形似小木棚的架子。

2在架子上堆满绿色植物，但要在前面留一个口，以便你点燃火。将另外一堆绿色植物放置一旁备用，但是不要放得离火太近，避免无意中被点燃。

⊙圆顶烟火信号

1寻找两根足够长的、柔韧性好的树枝，分别将之弯曲，将树枝的两头固定在地面上，使两根树枝成为弯曲的棚子支架，在弯曲的支架上部捆绑 4 根与地面平行的树枝以使支架更加牢固。如果找不到合适的树枝，也可以用木杆搭建一个圆锥形的帐篷。

2寻找两根结实的木杆，将木杆平行放置，在木杆的一侧下端绑上两根结实的木桩来支撑平行木杆，在平行木杆的另一侧下端分别垫上木块或石头来支撑木杆。在圆顶木架的正下方固定 4 根木桩，并在这些木桩上铺设一些树枝作为重火力点。

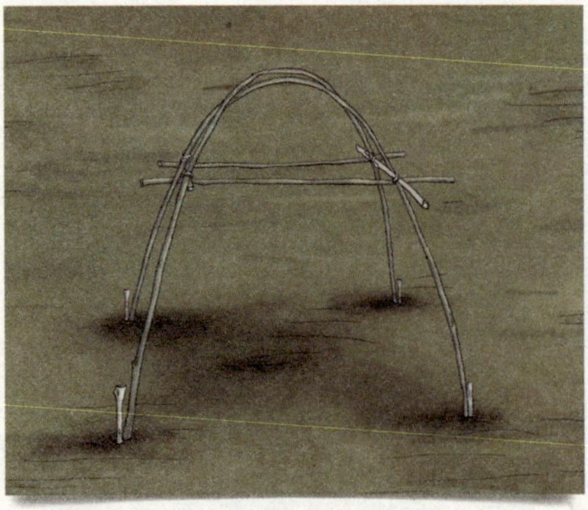

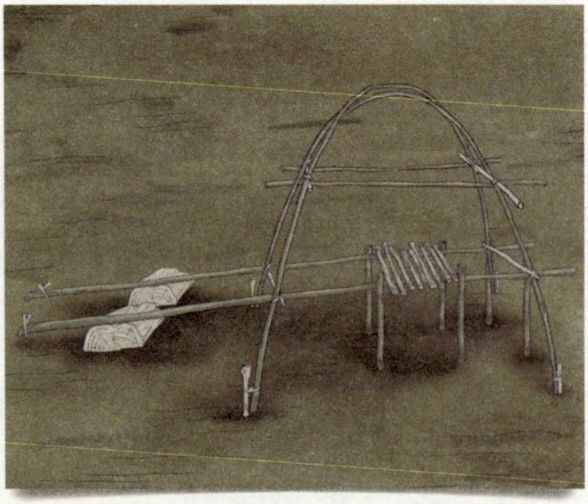

③准备一些干枯的柴草等易燃材料放在搭建好的平台上使之容易被点燃。

④准备一些绿色植物覆盖在圆顶木支架上，使之成为一个披绿色植物的屋顶，注意要留出一个开口便于点火。

⑤用引火棒点燃烟火棚，再将事先预留出的点火的开口封好。如果有信号弹的话，可以将之捆绑在长棒上趁烟火信号向上翻滚时一起点燃伸向烟雾。

》其他种类的求救信号

除了上述的求救信号之外，还有一些发送信号的方法。你要明白的是，不管选择哪一种信号发送方式，跟你所处的环境是密切相关的。

如果你处于一片开阔的空地，可以利用摆出人工几何图形（如直线、圆圈、三角形等）来吸引搜寻者的注意力；在积雪覆盖的地区，可以采用踩踏雪的方式来踩出一些求救符号，再将一些可形成对比的材料（如树枝等）放入字母或符号中；在沙地，你可以用砾石、植物或者海草来组成图案；在生长着茂密灌木的地区，你可以按照想要的图案将灌木砍掉，或者将地面烧焦；在苔原地区，你可以挖掘沟渠，或者将草皮翻过来。除了利用自然环境中可取的材料，你也可以把多余衣服或颜色鲜艳的布块铺在地上，以显示自己的位置。

在黑暗的环境中，你可以选择火或者闪光灯来作为自己的求救信号，手电筒也能作为闪光灯来使用，如果你有的话，也可以使用烟火信号弹来显示自己的位置。

一般来说，从远处或空中很难搜寻到旅行者，但你可以靠一些办法让自己变得醒目一些，比如穿着颜色鲜艳的衣服，或者挥舞颜色鲜艳的衣服或者旗子，如果搜寻的飞机离你很近的话，你也可以用身体姿态或者运动来吸引搜寻者的注意力。

10

第十章 山地求生

山区的环境是复杂多变的。随着海拔的改变，温度、植物、岩石种类、雪的覆盖情况都会发生变化。一般来说，海拔越高，温度就越低，生存条件也就越恶劣。除了海拔之外，季节对山地环境的影响也是很大的，这一章主要讲述的是夏季的山区求生，冬季的山区求生见第十三章。

山地地区的基本环境

山区的分布很广，从南极一直到撒哈拉沙漠的边缘，几乎全球所有的气候区都有山区。一般在潮湿的空气下海拔每升高 200 米，气温下降约 1℃；而在干燥的空气下，海拔每升高 100 米，气温下降约 1℃。

在山区环境中，不同的高度有不同的动植物，所以你所处的高度决定了你可以利用的自然资源的多少。即使在夏季，很多位于北半球温带地区山区的高峰也会被雪覆盖，在这些海拔较高的山区，你不仅要面对寒冷的天气和缺氧的困扰，更有可能遭遇雪崩和冰川裂隙等危险，如果你想获得更高的生存率，就要下降到更低海拔的山区。

在夏季的低海拔山区，你不仅可以解决气温过低和缺氧带来的问题，也可以找到很多可以利用的自然资源。

山地地区的庇身所建造

如果你在山地地区求生，那么选择一个合适的地方来搭建庇身所无疑是十分重要的。你选择的庇身所搭建处应该远离落石、山洪等危险，同时还要避开危险的动物、昆虫等，才能保证你踏实地好好睡一觉。在树木较多的山区，你通常能找到丰富的资源来搭建一个坚固的庇身所。

》单倾斜面的棚子

如果你能找到足够的资源，不妨搭建一个单倾斜面的棚子。单倾斜面的棚子即有一侧遮蔽为倾斜面的棚子，与有单面倾斜墙壁的小屋结构类似，只要搭建一个大的单倾斜面的棚子就可以和你的同伴一起休息。

①根据需要搭建庇身所的大小，选择两棵距离合适的树，将木棍架在合适的高度并将其固定住，在横梁下打上两根垂直的木桩来支撑横梁，将支撑柱与两棵树分别绑在一起，将两根木棍横向堆放在地面上并用木钉固定。

②将一些木棍（根据庇身所的大小决定木

棍的数量）斜向架在树上和地面上的横杆上并固定住，注意两侧的木棍应该贴着两端的树来架设。在斜向木棍的两侧树立起木桩作为两侧墙壁的骨架。

3找一些较细的树枝，将之穿插缠绕在横梁、斜向木棍及两边的木桩上，作为庇身所的墙面。

在纵横交错的屋顶和墙面支架上铺多少覆盖物，取决于当时当地的天气状况。

4从下往上在庇身所的墙面上铺设足够多的枝叶作为覆盖物，注意将较大的覆盖物铺在下面。

5在地面上铺上一层枝叶作为床铺，如果你所在的地方晚上温度较低的话，也可以在庇身所前生火并搭建热反射装置来取暖。

》A 字形棚子

搭建一个简易的 A 字形棚子可能很简单，但搭建一个坚固的 A 字形棚子则要花不少的时间和精力，但如果你要在一个地方待上一段时间，那么付出是值得的。

1找一根结实的足够长的木棍作为 A 字形棚子的横梁，将木棍的一面削平，另一面留下树枝的根部以便架设斜向的木棍。将两根木棍交叉固定在地上，形成 A 字形，将横梁的一头架设在 A 字形骨架上并用绳子固定住，另一头放在地上，注意横梁平滑的一侧朝下放置。在 A 字形处绑上另一根木棍作为庇身所的顶端。

2再准备足够多的木棍，将其一一斜向架设在横梁上，使木杆形成一排 A 字形骨架，在每个 A 字形的交叉处用绳子固定在横梁上。

❸在两侧和顶端的木棍之间穿插上较细的树枝作为庇身所的墙壁，注意在墙的一侧留出一个足够大的出口。

❹在棚子上覆盖上细的枝叶或苔藓等天然材料，注意覆盖天然材料的顺序是从棚子后端向前端，从棚子下端向上端铺设。

❺在A字形棚子的底部铺设枝叶作为床铺，在出口前生火和搭建热反射装置以保暖。

山地地区水源的获得

在一般情况下，在山区寻找水源并不是一件困难的事情，山区中的河流和溪涧或者高海拔地区的冰雪，都能成为你的饮用水来源，重要注意的是你如何选用较为安全的饮用水源。流动的水源比静止的水源更安全可靠，但无论你是从何处获得饮用水，都不要忘了先过滤和消毒，再加以饮用。

》在海拔较低的地区

在海拔较低的夏季山区寻找水源，你可以有很多的选择，寻找流动的饮用水来源（如河流、溪水等）时，要注意水源上流有无污染源（如人类居住地或者动物腐尸等）；寻找静止的水源（如湖水、潭水）时也要选择安全无污染处来取水；你也可以通过采集雨水、露水、植物蒸腾水或者制作太阳能蒸馏器来取水（详见第六章）。

》在海拔较高的地区

在海拔较高的山区，你可能需要通过融化冰雪来获取水源。如果能够找到结冰的江河或者湖泊，你也可以凿破江河、湖泊表面的薄冰来取水，但如果你需要在薄冰上凿洞，就必须特别小心，你要检查冰的厚度来确定冰面能够承受住你的重量，一旦你在冰上凿出取水的洞，就应该不断敲落新结的冰以免洞口再度冰封。

山地地区食物的获得

在海拔较高的山地地区，植物和动物都很难生存，因而那里的食物资源和其他资源一样匮乏，而海拔较低的夏季山区，情况则完全不是这样，你能找到丰富的可以食用的植物和动物。

如果你所在的地区能够找到松树，你可以直接食用松树的嫩芽或者将松针煮成提神醒脑的松针茶，那是非常有营养的，因为松针中含有大量的维生素 C；很多树木（如桦树）的树皮内层都能直接食用或者煮食；如果不是必须的话，就不要食用菌类，因为菌类的营养价值很低，并且食用菌类可能带来中毒的严重后果。

在夏季山区的环境中，你也能够找到很多可以食用的动物类食物。昆虫如蛴螬、蚂蚁，鸟类和鱼类，一些哺乳动物如兔子、鹿等，都是很好的食物来源。

山地地区可能遇到的危险

和其他地区一样，在山地地区求生也有很多需要预防的危险，了解这些可能发生的危险，能够帮你提高在山地地区的生存概率。

》自然灾害

由于山地地区的特殊自然环境，导致在山地地区遇到自然灾害的可能性大大增加，在海拔较高的山区，由于气温较低，你可能会遇到和寒冷地区一样的困境（详见第八章）。在陡峭的山地地区，很可能会遇到落石、崩塌等危险情况。如果遇上暴雨，还可能引发山洪和山体滑坡。在一些自然环境特殊的地区，还要注意火山喷发和山火的发生。如果你不能确定此处的地形如何，千万不要贸然进行攀登，如果盲目攀登可能到半路发现无路可走，到头来你不得不重新回到出发的地点。

》危险动物

如果求生时遭遇出没在山区地区的老虎或熊，那可不是件轻松的事情。在通常情况下，如果你辨别附近有凶猛的大型动物出没的痕迹，最好赶快避开，如果不小心与它们相遇，也要保持冷静，按照本书第八章讲述的应对方法来保护自己不受伤害。当你处理食物的时候，最好不要选择营地所在的地点，如果你有吃剩的食物需要储藏，也不要将它们放在营地中明显的位置，因为这样很可能会将你避之不及的凶猛食肉动物引到你的营地，这无疑是十分危险的。

第十一章
丛林求生

作为一个普通人，你很可能没有想过自己有朝一日要在丛林中生活。但有时候事情就这么发生了，当你因种种原因身陷热带丛林时，很可能并没为丛林求生做好准备，那么在复杂的丛林环境中，你该如何善用周围丰富的资源，为自己找到一条求生之路呢？

丛林地区的基本环境

热带地区从北回归线一直延伸到南回归线，赤道横贯在中间。不同热带地区由于不同的气候状况而有不同的环境，而热带雨林气候则是热带地区比较常见的气候之一，热带雨林主要分布在离赤道 10 纬度以内的地区，温度稳定，气候常年湿润。

热带雨林地区通常高温潮湿、植物茂密，自然资源也极为丰富，然而你决不能因此而掉以轻心，热带雨林中高温多雨的天气很可能让你感觉不适，植物、动物带来资源的同时也会带来侵扰。在行进的过程中，遇到沼泽可能会造成危险，而迷失在植物茂密的丛林之中，对于你和搜救人员来说，都是个麻烦的事。

丛林地区的庇身所建造

搭建一个丛林庇身所能够帮助你避开一些危险的野生动物，使你免受昆虫、风雨的侵扰，这能够帮你获得更好的休息。在丛林中搭建庇身所还有一个便利条件也会让你感到高兴，那就是在资源丰富的丛林中，你能够很容易找到搭建庇身所的资源。

》竹吊床

在丛林中，你经常可以找到结实而有韧性的大竹子，你可以利用它来制作一个竹吊床，但经过削制的竹子会有锋利的边缘，需要特别小心。

❶砍一根大约 3 米长、直径为 15 厘米的竹竿，劈开竹竿两端最后的两节之间的部分，将上面一半竹竿取下。

❷将留下的一半竹竿劈开成 2 厘米左右的条状，把这些条状的竹子分开，横向编织竹条来撑开竹床。

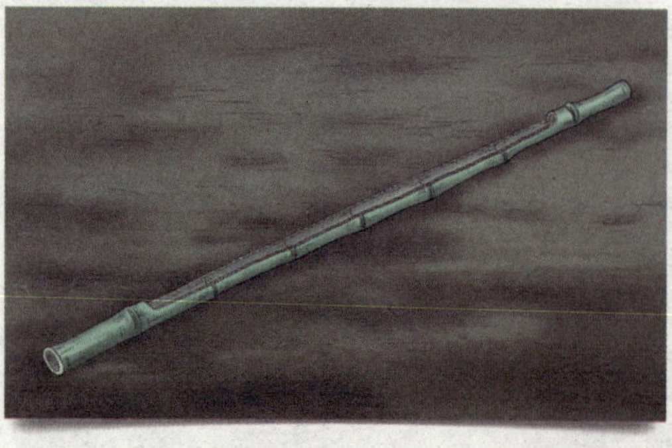

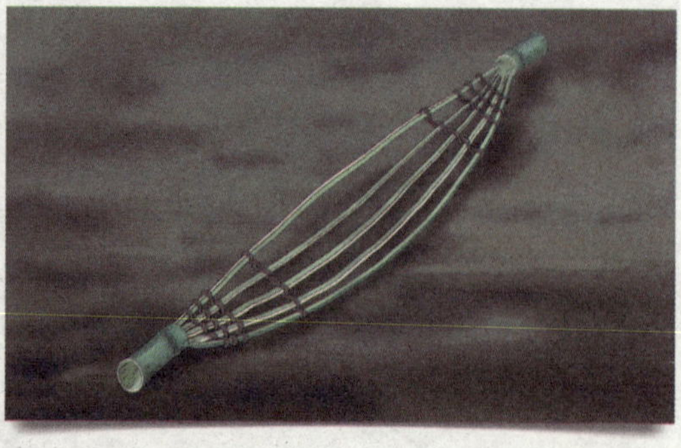

❸在竹竿未切开的两端竹节上分别开孔，在竹孔中穿上绳子，将竹床挂在两棵树之间。

❹将一些树叶和雨披等铺在床上。

》被单式庇身所

只要你有一块防水材料和几根绳子，就能够给自己搭建一个简单的庇身所。

❶找两根木棒固定在地上或者距离适中的两棵树，在木棒或者树上系一根绳子，作为屋脊。

❷将防水布的一端平铺在作为屋脊的绳子下，用一些石块固定住，另一端的两角系上绳子，绕过屋脊线拉直，将雨披上的绳子通过木桩固定在地面上。注意要保证屋顶呈一个锐角以保证下雨时能够快速排水。

》雨披床

如果你携带的是带有按扣的雨披的话，也可以用雨披给自己做一张雨披床，这能够让你休息得更舒服。

❶将雨披折叠，把雨披两端的按扣扣在一起，再将绳子穿过雨披边沿的扣眼固定，以防按扣松脱。

❷找两根结实的木棒，木棒的长度

应该长于雨披，同时结实程度应该足够支撑你的体重，将两根支撑棒分别插入折叠着的雨披的两边。

3找两根短木棒作为横木撑在雨披床支撑棒之间，用乔木结将横木和支撑棒绑在一起，如果横木两端有天然的分叉更佳。

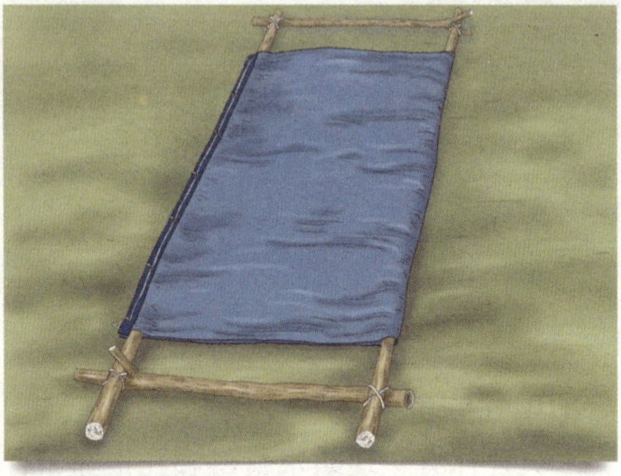

4将制作好的雨披床架在足够粗的圆木上，使雨披床脱离地面。

5如果你还有另一件雨披，可以给自己搭建一个挡雨的 A 字形棚子（搭建方法见第五章）

》A 字形棚子

如果你不想睡得离地面那么近，也可以利用制作雨披床的方法来制作一个休息处远离地面的 A 字形棚子。

1准备七根可以支撑你体重的足够结实的长木棍，将其中两根木棍呈 A 字形交叉固定在地面上，将固定好的 A 字形架子固定在附近的树上能够增加 A 字形棚子的稳定程度。

❷将另一组两根木棍呈 A 字形固定在地面上作为 A 字形棚子的另一端，两端之间的距离应比你的身高长一些，将一根横木固定在两端的 A 字形构架上作为屋脊。

❸将剩余的两根木棍和雨披制成雨披床，将雨披床放在 A 字形棚子的外端，向下滑动直至雨披床卡在 A 字形棚子的骨架上。

❹将防水布或帆布等架在横梁上，四角固定在地面上，使之拉紧。

》丛林竹棚

如果你能够找到足够多的竹子，就可以搭建一个单面倾斜的竹棚作为庇身所，这种竹棚具有很好的排水效果。

❶砍一根长竹子、两根较长的竹子和两根较短的竹子，其中一根较长的竹子和一根较短的竹子固定在一起，形成一根支撑杆，另一根较长的竹子和另一根较短的竹子绑在一起，形成另一根支撑杆，将两根支撑杆拉开一定的距离固定在地面上。再将一根长竹子作为横杆固定在两根支撑杆上。

❷依照上一步的方法搭建一根较低的横杆。

❸砍一些长度足够搭在两根横杆上的竹子，将这些竹子劈成两半。

4从搭建好的竹棚架的一端开始，将劈开的竹子开口朝上地一根一根码放好，再从另一端开始，将劈开的竹子开口朝下依次码放在第一层竹子上，使屋顶成为一个坚固的连锁结构。

5将一根劈开的长竹绑在较矮的横梁上做排水管，注意要让排水管有一定的倾斜度，排水管较低的一头放一个容器来收集雨水。在搭建好的竹棚下覆盖一些树叶等作为休息处。

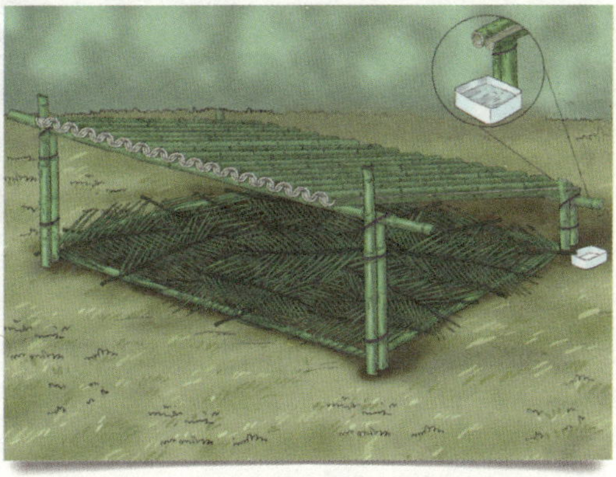

》用树叶覆盖屋顶

在丛林中搭建庇身所，你往往需要在屋顶覆盖上树叶，如何固定这些树叶才能让其变成结实的屋顶用来遮风挡雨呢？其实根据树叶种类的不同，你需要采取不同的方式来搭建屋顶才行。

⊙棕榈藤叶

棕榈藤叶经常被作为建造屋顶的树叶，你可以将这种树叶从叶柄劈开，再层层铺设在屋顶骨架上，也可以将一边的叶子与另一边的叶子交叉编织在一起再作为屋顶覆盖物。

⊙多瓣树叶

如果你找到的是多瓣树叶，可以将树叶叶柄朝上，夹在屋顶的骨架上，注意上下两排的树叶要交叉固定，以免屋顶露出空隙。

⊙叶柄较长的树叶

如果你找到的树叶叶柄较长的话，可以利用它们的叶柄将它们整齐地铺设在屋顶的骨架上。

⊙叶面较为宽大的树叶

一般来说，叶片更长、更宽的树叶更容易完成对屋顶的覆盖，如果你有幸找到这样的树叶，可以直接将它们编织到墙面、屋顶或者热度反射装置的格子里。

在开始搭建庇身所之前，你应该先确定周围没有危险。如将要倒下的树木等；在你清理将要搭建庇身所的地面时，不要直接用手清理，以免被昆虫或毒蛇咬伤；在天黑之前将庇身所搭建完毕，因为在昏暗的光线下使用刀是十分危险的；注意饮水和休息，因为在高温潮湿的丛林环境中，耗费过多的体力可能会使你中暑或脱水。

丛林地区水源的获得

你可以很容易地在丛林中找到水源，但在你饮用它们之前，应该将其煮沸或进行别的处理。在丛林环境中，如果你对饮用水的处理漫不经心，就很可能会患上痢疾，在求生的过程中，这是十分不好受的。

一般来说，植物中取得的水是安全可靠的，但为以防万一，还是进行净化消毒再饮用为妙。

》雨水

在丛林多雨的环境下，收集雨水是最容易、最快速的获得水源的途径，而从这一途径收集来的水，往往也比较纯净。你可以用自己现有的盛水容器来收集雨水，你也可以通过制作一个雨水收集器（制作方法详见第六章）来收集雨水，这无疑要更迅速一些，你收集到的雨水也更多。

》植物水

除了雨水之外，植物水是丛林地区另一个可靠的饮用水来源。只要你能够了解一些关于植物的知识，就能让植物为你提供可靠的饮用水。无毒的蔓藤汁液是很好的淡水来源，并且很容易找到；竹节中往往充满了水分，你可以在竹节上钻洞直接饮用，也可以砍下竹节作为自己的储备水资源；香蕉树和芭蕉树也是绝佳的水源，你只要砍下整株植物，然后在残株上挖洞取水即可，如果前几碗水略苦可以倒掉不用。如果你碰见无花果，可以在树干切一个口，然后用管子吸取水分；有些有囊状树叶的植物会成为天然的雨水收集器，但在你饮用其中的水之前，要好好检查一下其中有无昆虫等异物，并且煮沸之后再加以饮用；植物的根部是优良的饮水来源，有些植物的茎部也含有很多水分，许多植物果实中都含有大量的水分，你往往能从这些部位获得饮用水。

丛林地区食物的获得

在丛林中，你可以轻而易举地找到很多植物和动物资源，因此在这里你不用忧愁获得食物的问题，但你很有可能被这众多种类的植物和动物所迷惑，误食一些有毒的食物，因此你需要辨别出哪些食物是安全的。

》植物类食物

在热带雨林中，可供食用的植物很多，很多植物的果实如香蕉、杧果、面包树、无花果、木瓜和椰子等都能食用，但小而青的香蕉是不宜食用的，它们可能会使你产生腹泻，导致脱水。你不仅可以食用上述植物的果实，也可以食用它们的嫩芽，如果你能找到竹笋，则可以直接生吃。在丛林中找寻可食之物时要注意几点：要挑选无毒可靠的植物作为食物，如果你不能辨别某种食物的可食性，最好不要食用；丛林中可供食用的食物很多，如非必要，不要去摘取那些要费很大力气才能取得的食物；在炎热的环境中，食物是很容易腐烂变质的，因此摘取食物时不要摘取过多，而要留下一些食物保证下次食用时再摘取。

》动物类食物

几乎所有丛林中的动物都是能够食用的，在腐烂的木头中的蛴螬、白蚁等昆虫，鸟类和丛林河流、湖泊中的鱼类，都是不错的美食，未受精的鳄鱼蛋也可以食用，但在获取它们时，你必须要保证自身的安全。

丛林地区可能遇到的危险

在热带雨林这一复杂的环境中，你可能会遇到许多在其他地区不会遇到的危险。

》昆虫滋扰

在高温、潮湿的丛林地区求生，你几乎不可能躲过昆虫的侵扰，尽管这些昆虫可能不会对你的生命造成威胁，但它们会搅得你难以入睡，或者让人感到极其不舒适。如果有水蛭吸附在你身上吸血，不要将之强行拉出，而是要用浓盐水等洒在水蛭身上，使之离开你的身体；蚊子也是丛林中一种让人厌烦的昆虫，它们不仅让人难以入眠，还可能会携带疟疾病菌，要想躲避它们，你需要在远离水或者沼泽的地方搭建自己的营地，如果你有蚊帐或者驱蚊水，也可以用上。除了水蛭和蚊子，还有很多昆虫可能会打扰你的休息，因此，当你睡觉时，最好睡在距离地面有一段距离的地方。

》危险动物

热带雨林不仅是植物的乐园，也是动物的天堂，在某些大型的食肉动物眼里，你很可能只是食物链的一环，因此你最好小心避免与之接触。不仅凶猛的食肉动物（如鳄鱼和大蟒蛇）会威胁你的生命，那些看似无害的生物也可能会陷你于危险的境地，在休息之前都要先检查一下休息处附近是否有毒蛇出没，你还要小心那些色彩很鲜艳的蛙类等，因为它们也可能是有毒的。

》中毒、疾病

被毒蛇、毒蜘蛛等咬伤或者接触了一些有毒的动物都会让你中毒，除了有毒动物之外，有很多植物也是有毒的，它们可能会散发出某种有毒且易燃的液体，人接触到后会有剧痛感或者产生过敏症状，如果你不能分辨哪些植物是无毒的，就不要接触到它们。在丛林浓重的湿气中很容易发生感染，所以，身上能遮掩的部位要尽量遮掩住。

》迷失方向

在丛林中，迷失方向是十分危险的。因为茂密的植物会让你的导航变得十分艰难，你会发现很难找到一条走出丛林的路，搜救人员也很难在茂密的丛林中寻找你的踪迹。一般来说，丛林里的河通常都会流往下游文明发达的居民地，一直到注入海中，你可以根据这一点来找路。需要注意的是，如果你要在茂密的丛林中点燃烟火信号求助，就要注意搜集干燥的引火物，还要保证烟火产生的浓烟能够穿透丛林的各层，因此你最好选择植物较稀少的地方来点火。

小/贴/士

丛林求生的重要工具

尽管在前文中已经详细介绍了荒野求生中的各种必备工具，但在不同的环境中不同工具的重要程度是不同的，这里简单罗列了几项丛林求生中比较重要的装备。

刀具：一把锋利的砍刀能够帮助你扫清丛林行进路上的障碍，获得食物，还能够用来制作庇身所或渡水的工具。

指南针：指南针是丛林行进中的必备装备，因为在遮天蔽日的茂密丛林中，你很容易迷失方向。

吊床和蚊帐：吊床和蚊帐能够让你离开潮湿的地面，避开可恶的野生动物和烦人的昆虫，让你睡个好觉来恢复精力。

鞋和束腿：在丛林行进中，一双舒适的鞋能够很好地保护脚部，使行走更轻松，绑腿则能够阻止丛林中的昆虫等进入你的裤腿。

12

第十二章 沙漠求生

在沙漠这样的特殊自然条件之下，要想求得生存是十分艰难的，极端的气温和稀缺的水源会给你造成很大的威胁，你必须要了解所处之地的地形以及天气状况，还要有基本的求生知识和坚强的求生意志，才能在这样的环境下生存。

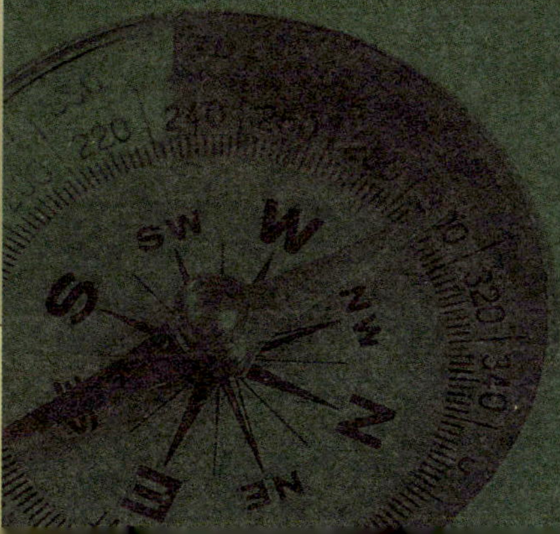

沙漠地区的基本环境

在人们的印象中，沙漠总是炎热干燥的，遍地布满黄沙。实际上，沙漠的类型并非单一的，而是有很多种，而这些不同类型的沙漠地区环境也各不相同。

》山地沙漠

山地沙漠中通常分布着一些小山或山脉，山与山之间是平坦、干燥的盆地，有些平坦的地区会渐渐或突然升高。高地上很少下雨，但一旦下雨就可能引发山洪。雨水的蒸发速度很快。在这些雨水的影响下，一些生长期较短的植物可能会长出来。没有蒸发的雨水流进盆地还可能会形成含盐量较高的浅湖泊。

》多岩石的高原沙漠

多岩石的高原沙漠上大量分布着坚硬或碎裂的岩石。这些岩石可以用来遮挡阳光。有些地方还有风蚀山谷，这些山谷的底部较为平坦，可以作为营地，但一旦下雨，山谷处就会出现洪水，变得危险。

》沙丘沙漠

沙丘沙漠地形开阔，布满沙子和砾石，有些地方会有很高的沙丘，在这种沙漠中穿行是十分危险的，能否安全通过这类地区主要取决于沙子的质地和沙丘斜坡的相对风向，除非不得已，否则尽量避免穿越沙丘沙漠。

》盐沼

盐沼的地形通常较为平坦，由于盐沼是干旱地区雨水汇集、蒸发留下大量高盐度的水或者碱盐形成的，土地具有极高的盐分，因此十分荒芜，除了一些地方零星生长的草，几乎没有其他植物，这种类型的土地也极易腐蚀靴子、衣服和皮肤。盐沼的水含盐量很高，不能饮用。在一些绵延数百平方千米的盐沼地区，往往有大量的昆虫，且这里的很多昆虫对人有攻击性，因此在行进时，应该尽量避免穿过盐沼地区。

》深裂地形

深裂地形（旱山或旱谷）几乎存在于所有的干旱地区，这种地形是由于暴雨侵蚀松软的泥土而形成的小型峡谷，旱谷的深度、宽度和方向都变化多端，因此穿行其间很容易迷路。这种地形可以成为你很好的庇身所，但千万不要试图穿过它。

不管你所处的是何种沙漠环境，它们都有一些相同的环境特征，那就是昼夜温差大、降雨量少、日间强烈的光线照射和稀少的植物。

沙漠地区的庇身所建造

在沙漠环境中求生你很可能需要采取与别处不同的行进和休息方式，即白天休息，夜晚行进，这能让你避过沙漠白天毒辣的阳光。但即使在白天休息，你也需要一个合适的庇身所来遮挡阳光，与其他地区不同的是，沙漠庇身所并非为了避雨而建。实际上，你应该尽一切可能来获得雨水，在有雨的时候，应该尽量收集雨水，并让全身淋湿，在沙漠上，这种机会可并不多见。

》天然庇身所

在一些多岩石的沙漠地区，如果你能找到一处天然的岩壁或者洞穴作为遮阳的庇身所，那真是再好不过了。但你需要注意的是，这些地方很可能会有蛇、蜘蛛、蝎子等栖息其间，在你歇息之前，应该先仔细察看一下。

》汽车庇身所

如果你有现成的庇身所，就没必要花费时间和精力再建一个了。一辆汽车就是你建造庇身所的绝好材料，利用汽车来建造庇身所还有另外一个好处，那就是，如果搜寻者来到你被困的沙漠地区，一辆汽车远比一个人容易发现得多，因此待在交通工具旁是更好的选择。

但是，以汽车为庇身所并不是说你需要待在汽车中，因为白天汽车中的温度会相当高，而到了晚上，汽车中的温度又会变得很低。你可以在汽车下挖一个 15 厘米深的坑，再沿着坑洞的侧面建起沙障来挡风，当然别忘了给自己留出出口。

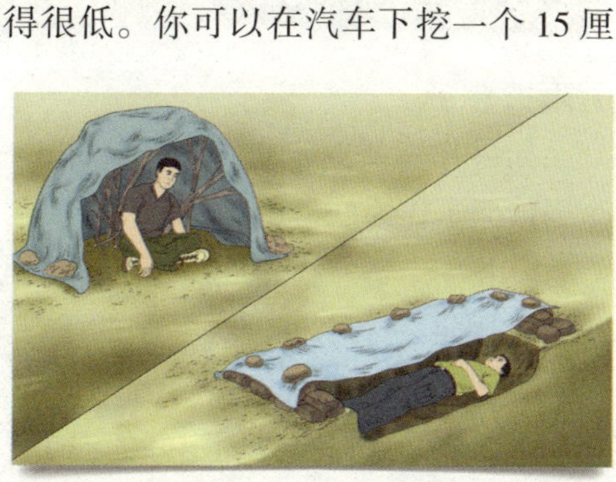

》简易天然庇身所

如果你无法找到天然庇身所，也没有汽车可以利用的话，不妨搭建一个简易的庇身所。只要你有防水布或者类似的装备就行。你可以将之铺在地上，将自己包裹在其中，也可以将防水布遮盖在草丛、树枝上来撑起一个棚子，或者找到一处天然的凹陷，在凹陷四周用石块或沙子垒起一段墙，将防水布盖在一侧，用石头压上，作为简易庇身所。

》沙漠坑床

当你没有直接可以使用的交通工具来搭建庇身所时，也可以搭建一个沙漠坑床来作为庇身所。

❶在地上挖出一个坑，坑的大小以能够容纳你和行李为宜，将从坑中挖出的沙土和石块等垒在坑的周围。

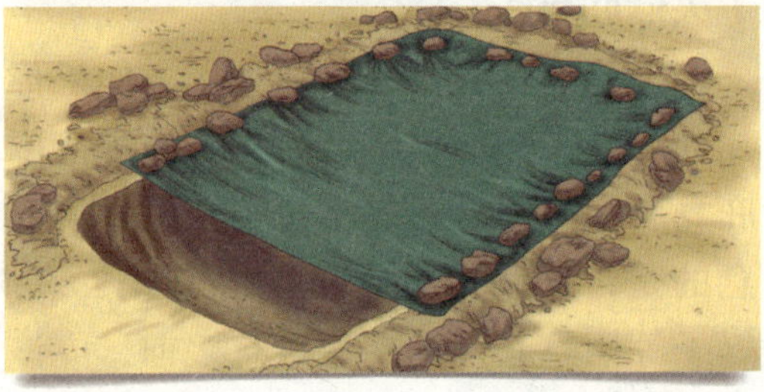

❷将雨披或者防水布平铺在沙坑上，防水布一定要盖到沙坑的边沿，用石头等压住防水布。

❸将另外一块防水布盖在石头上，再用一些石头压住，使之成为沙坑的第二层覆盖。这种双层遮盖的方法有助于降低坑内的温度，如果你只有一块防水布，可以试着将之折成两层来构筑沙漠坑床。

如果你有绳子，可以将防水布的四角系在4根固定在地上的木棒上，如果找不到木棒，可以用垒起的石头来代替，在两层防水布之间至少留出15厘米距离。如果能找到树叶，可以将之放在两层防水布之间，以保证两层防水布始终是隔开的。

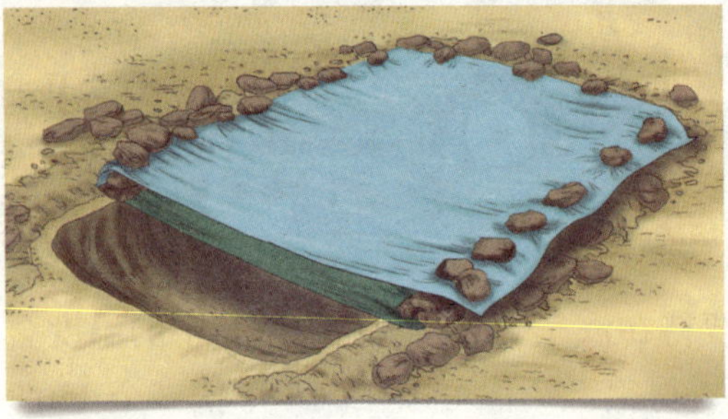

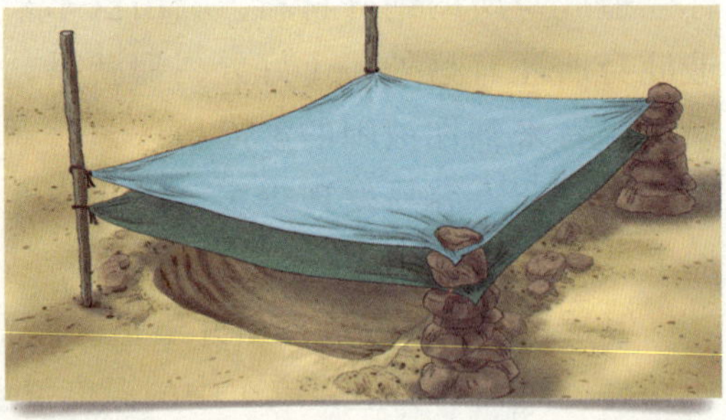

》雨披棚子

如果你能找到木桩，也可以搭建一个雨披棚子作为庇身所。

❶找一个适宜搭建庇身所的阴凉处，在地上固定一个木桩，将绳子的一端系在木桩上，另一端用石头或者木钉固定在地上，将防水布搭在固定好的绳子上，

四角用石头或者木钉固定。

❷将另一层防水布按照上面的方法搭在第一层防水布的上方。

❸如果是晚上待在庇身所里，就要做好保暖工作，这时可以取下下层的防水布盖在身上，同时用石头、砂砾等固定住下层覆盖的两边和底部，来防止热气散失。

由于沙漠昼夜气温相差很大，你的庇身所应当能够给予你在一天中不同环境中的保护，你的庇身所还要能够阻挡风的侵袭。不要在一天中最热的时间来搭建庇身所。在建造庇身所的过程中，注意补充水分，如果你有队友的话，就轮流干活。

沙漠地区水源的获得

在沙漠地区求生，如何获得水是一个很重要的问题。在沙漠中，你可能需要大量的水来保持体内水分的平衡，但寻找水源又是十分困难的，因此，你最好在深入沙漠之前储备足量的水。尽管沙漠地区严重缺水，但也并不是完全无法寻找水源。

》可能存在水源的地点

在山的高处或者迎风面，最有可能发生降水，这些水可能会汇集在山脉和高山的底部；如果在干涸河流、小溪的凹处看到潮湿的泥土，在此处进行挖掘可能会找到水；在比较干旱的地方如果看见某处有植物集中生长，在此处向下挖可能会找到水；在有岩石的地方，岩石还可作为天然的蓄水池，降雨之后可能会蓄有雨水；跟着动物的痕迹，如脚印、粪便或者飞行着的鸟，也可能会找到水源。

》露水、霜、雪

由于沙漠昼夜温差较大，在沙漠里的某些夜晚，可能会出现露水、霜、雪等，你可以用海绵来收集这些水，或者制作一个露水收集器（制作方法详见第六章）来收集露水。尽管你收集到的水可能不多，但在干旱的地区，即使只是少量的水也是十分珍贵的。

》植物水源

尽管沙漠中的植物稀少，但也能找到一些植物。仙人掌是沙漠中常见的植物，想要在有着锋利刺的仙人掌中取水，你需要去掉刺，切开仙人掌，将仙人掌的果肉捣烂来获取水分；对于筒形仙人掌，你可以切掉顶端，捣烂果肉，吮吸里面的液体。龙舌兰的中间有一簇厚而坚硬的叶子，水可能会在这些叶子的中心位置汇集；如果你能够找到其他的植物，也可以利用植物的蒸腾作用取水（具体方法详见第六章）。

沙漠地区食物的获得

在沙漠环境中获得食物并不像获得水那么艰难，沙漠地区虽然物资匮乏，但还是可以找到一些植物和动物来作为食物。

》植物类食物

所有的草和大多数植物嫩芽是可以食用的，一些植物的叶子也可以煮食；椰枣树的果实和猴面包树的果实都可以食用；将新鲜的仙人掌的果实去掉外面的刺，剥开后可以生吃。

》动物类食物

沙漠中，由于白天温度较高，动物一般不会出来活动，然而在一些阴凉处（如洞穴中和岩壁下），你可能会找到啮齿动物或者爬行动物。昆虫（如蛆虫、蝗虫、蚂蚁等）都可以生吃，大型蜘蛛可以烹煮后食用；如果你找到了蝎子，可以切掉其尾巴和钳子，烤熟后食用；如果找到了蛇，将之杀死后去掉头、尾、内脏，剥皮后烤熟或煮熟食用。

沙漠地区可能遇到的危险

高温和自然资源的匮乏使沙漠求生变得异常艰辛，在这样的情况下，你更要了解自己所面对的危险并尽量避免危险的发生。

》水的缺乏

在沙漠中，最为危险的就是水的缺乏。在这酷热的环境中，你一定要设法找到水源并保护好水源。

在深入沙漠之前，你应该准备足够的水并带上一些能够收集水的工具，在地图上找到水源或者那些可能存在水的地方。

在气温较高的白天，你可以休息在阴凉处以保持体力和体内的水分。如果你需要在白天活动，那么最好不要跑动，要平稳地走动以避免出汗。

将衣服扣紧，将袖子放下来，用围巾将头和脖子保护起来，这样既可以保存汗水，也能减少阳光和风沙的伤害，如果你要排尿的话可以将尿排在衣服上。用鼻子呼吸，拿东西把嘴遮住，避免水蒸汽透过呼气流失过多，不要说话或者过于激动。

避免在不必要的时候吃东西，因为你的身体需要水来消化食物；除非水源充足，否则不要用水清洗东西或者烹饪；喝水的时候不要大口地喝水，要小口小口地啜饮，可以在嘴里含一小口水，这样能避免脱水；避免吃盐，不要饮酒、喝咖啡、喝茶或者喝糖水。

》光和热的伤害

沙漠地区求生的另一个危险就是光和热的伤害。

在气温较高的沙漠地区，很容易出现中暑等热伤害的情况。因此无论你是否感到口渴，都应该定时补充一定的水分。你应该尽量在白天休息，在凉爽的晚上或夜间工作。但由于沙漠中昼夜温差很大，所以晚上活动时要注意保暖。

在沙漠地区强烈阳光之下暴露时间过长可能会引起皮肤灼伤，如果情况严重，灼伤部位可能会感染，因此要将衣服穿得严严实实的，尽量避免裸露皮肤，对于暴露在外的皮肤要涂抹足量的防晒霜。

》动物伤害

沙漠中的昆虫（如虱子、螨、蜂、苍蝇等）会让人感觉十分不适，并且可能携带病毒，给你造成威胁；蜘蛛、蝎子、蜈蚣或是蛇类经常栖息在洞穴或者石头下等阴凉的地方，当你在这些地方休息之前，一定要先检查一下，以免被这些动物咬伤，它们很可能是有毒的。

》风沙侵害和迷失方向

风沙会对人的身体产生极大的伤害，沙子上的闪光会使眼睛疲劳。沙粒入眼，可能会刺痛眼睛，并引起发炎、红肿，因此要戴上护目镜来保护眼睛；夹杂着沙子或尘土的风会使你的嘴唇或其他暴露的皮肤皴裂，你可以使用唇膏和润肤霜来减缓这一问题；风沙还会影响无线电的通话，阻断你与外界的联系。

在漫天风沙中迷路是一件很危险的事，遇到这种情况，你应该戴上护目镜，用衣服将口鼻都遮起来，躲到庇身所中，等待风暴停止。在沙漠中，你可能会遇到海市蜃楼这样的光学现象，这种现象还会使你识别目标、发现人员、辨别方向发生困难，如果你来到一个高一点的地方，或许可以避开贴近地表的热空气，从而克服海市蜃楼的幻境，你也可以在黎明、黄昏或月光下侦察地形，因为海市蜃楼在这种情况下出现得较少。在有月光的夜晚，你的视野可能会非常好，而在没有月光的夜晚，行进会变得非常危险，你必须要小心，避免迷失方向或者发生掉进沟里等危险。

第十三章 寒冷地区求生

如果你不幸被困于寒冷地区的野外环境中，你所遇到的困难可能比你想到的还要多。在寒冷的环境中，你会发现，这里不仅温度极低，自然资源也极为稀缺，因此你必须要依靠自己的力量来建造一个舒适保暖的庇身所，要学会在物资匮乏的环境中找到水源、食物，还要保护自己不受低温等因素的伤害。

寒冷地区的基本环境

要想在寒冷地区生存首先要了解寒冷地区的基本环境。常见的寒冷环境包括极地环境和冬季的山区。

》北极地区

由于洋流的运动，北冰洋表面的海冰总在不停地漂移、裂解与融化，要在北极地区生存下去，最大的威胁不是低温，而是潮湿的环境。北极地区虽然比南极大陆温暖，但在北极大陆求生的难度不亚于南极大陆。在北极大陆，经常会出现冰雪融化后再冰冻，冰冻后再融化的情形，这就使北极的气候变得极为潮湿，在北极的夏季，这种情况会变得极为普遍。这样的情况不仅带来了潮湿的环境，也造成了其他一些潜在的危险，如危险脆弱的薄冰。在这种环境下求生，你一定要保持自身和装备的干燥，还要小心脚下。

》南极地区

同北极不同，南极的气候十分干燥，在这里你面临的主要挑战来自于强风和暴风雪，在寒冷多风的南极，风会加速带走你身体的热量，让你感觉更加寒冷。在这里，冬季的气候会变得更加糟糕，尤其是在南极洲陷入极夜的时节，想要在南极求生几乎是不可能的。

》冬季的山区

除了极地地区，冬季的山区也是十分寒冷的。除了寒冷的气候，极高的地势也可能会带来一些问题（比如空气稀薄）。在冬天的山区，冰河和冰缝都会给求生者带来巨大的危险，更不用提雪崩了。因此，如果可能的话，要尽快下降到海拔较低的地区。

寒冷地区的庇身所建造

想要在极端寒冷的气候环境下生存，建造庇身所来躲避风雪和取暖无疑是十分重要的。

》天然庇身所

如果你运气好的话，可能会发现一个现成的庇身所。如果你找到一棵有宽大树枝

露在雪面上的长青树，那么可以在下风处向下挖出一个坑作为庇身所，但要在庇身所下方铺一些粗树枝来隔绝寒冷并注意通风；你也可以找一棵被雪包围的有低矮树枝的大树，如果下挖没有阻力的话，说明下面很可能有个雪洞，你可以在下风处向下挖出雪洞，要注意保暖和通风。

》雪洞

你也可以选择建造一个雪洞作为自己的庇身所。但建造雪洞一定要挑选合适的地点。选择一处倾斜的雪面，所选择地点的降雪要很密实同时又不至于难以挖掘，如果你所在的地方长期降雪且降雪量很大，你就要选择在迎风一侧建造雪洞，否则你很可能会被雪埋住。

在挖掘雪洞时，先挖出一条隧道作为雪洞的出入口，然后凿出一个被分为上下层的洞，雪洞的下层作为地板，上层作为睡眠用的平台，要考虑到睡眠用的平台可能会因为雪的凝结而变小，所以事先要给自己留出足够大的空间；将天花板建造成拱形，使出入口一层成为一个朝上的斜面，并在地板下挖一个洞穴，以便冷气沉降到睡眠平台以下，将雪洞的墙壁修整平整防止滴水，在雪洞四周挖出一个沟渠以便将融化的雪引流到入口较冷处重新冻结；在雪洞顶留出至少一个通气孔，通气孔不要正对着风向，以树枝标记雪洞的位置，最后切下一块薄而密实的雪作为雪洞的门。

》雪窖

雪窖类似于雪洞，但雪窖的建造不必依托地势。雪窖不能作为长期的庇身所，但搭建雪窖要比搭建雪屋容易得多，因此如果需要搭建短期庇身所，可以选择雪窖。

❶找一处较为平坦周围有足够积雪的地方，画一个圆圈作为将要建雪窖的位置，

将此处的雪踩实，用防水布或者其他材料盖住背包，里面放上一些树枝等将防水布撑起，作为雪窖的内核。

❷将雪堆在搭建好的雪窖内核上，层层压紧，要保证其厚度至少达到 25 厘米。等待雪自然硬化 1~3 小时。

❸在雪窖主体前堆一个小雪堆留作搭建入口的隧道之用，在雪窖主体上插入长度相等的导棒，来保证雪窖墙壁的厚度均匀。

❹等雪完全硬化之后，向雪里挖掘，将背包和防水布取出，搭建一个高一些的平台来睡觉，将雪窖内壁整理平整，拔掉几根导棒作为通气孔。

》雪沟

一个比较省时、省力的方法是建造一个类似于战壕的雪沟作为庇身所。

❶找一块能够遮挡风雪并且雪比较松软的地方，挖出一个雪沟，雪沟的大小要能够容纳你和行李，雪沟的深度要使你翻身时不至于感到费力；在雪沟底部铺设一层隔绝寒冷的材料。

②找较粗的树枝在雪沟上搭一个架子，再将较细的树枝均匀地铺设在雪沟上方，注意给雪沟留出一个入口，以方便进入。

③在铺设好的树枝上盖一层防水布或其他可代替防水布的材料，边缘用石头或其他物品固定。

④在防水材料上铺一层厚厚的雪。如果你想要生火，可以用圆青木在入口处生一小堆火。

》雪屋

如果你有切割雪块的工具的话，也可以建造一个有倾斜屋顶的雪屋，这种雪屋虽然建造起来比较费力，但较为坚固，空间也更大。

❶选择一个有遮蔽的地点，用刀或者其他工具切割出一个大小合适的雪沟，在雪沟中的一侧挖一条更深一些的槽，以便雪沟中的冷空气沉积在那里。将从雪沟中切割出的平整的长方形雪块立在雪沟旁边。

❷在挖好的雪沟底部铺一层树木枝叶，分别将切割好的雪砖的一头削尖，将两块雪砖削尖的一头靠在一起作为屋顶，用这种方法将屋顶搭建好，在前方留出一个位置作为出入口。

❸用 3 块雪砖在出入口处搭建一个门，切割一块较大的雪砖用来封住雪屋的另一侧开口，当你进入雪屋之后可以用背包挡住出入口。

》圆顶雪屋

建造圆顶雪屋需要一定的技术，还要费一些力气，但你可以不用向下开掘空间了。

❶在地面上画一个直径约 4 米的圆形，在附近采集足够数量的雪砖，雪砖面的大小为 0.5 ~ 1 米见方，将第一层雪砖堆成锥形并向内倾斜，以便于堆放第二层雪砖。

❷逐层依次将雪砖垒好，直至圆顶雪屋搭好，用雪填好雪砖之间的缝隙。

❸切割出一个入口，并用剩余的雪砖搭建出一个小门以供出入。

》利用遮蔽物搭建的雪屋

如果你有一块防水布、帆布或者其他遮蔽物，则可以利用其搭建一个简易的雪屋。

❶在地上画出一个方形或者圆形来标示雪屋的外形，但大小要小于你的遮盖物。在你画出的形状上用雪砖建起约 1 米高的雪墙。

❷将遮盖物覆盖在搭建好的墙上，再用雪砖压住。

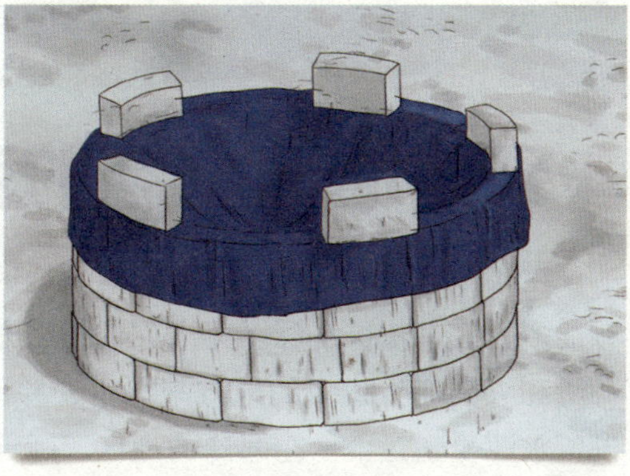

❸切割出一个出入口并用雪砖搭建出一个可供出入的隧道，在隧道下方挖一个沟。最后用木棒或者其他工具将遮蔽物撑起，以获得更多的空间，也能够防止降雪的堆积。

注意事项

在寒冷地区建造庇身所，需要注意：

❶选择一个合适的地点，事先观察附近有无可以利用的资源（如树枝、密实的雪等），不要在开始建造之后才发现地点不合适。

❷庇身所的大小能够容纳你和装备即可，没有必要费力气建造得过大。

❸注意庇身所的通风情况和其他可能发生的危险（如雪崩等）。

❹当你在庇身所之内时，应将挖掘工具留在庇身所内以防被困在内，将重要的工具系在身上以免遗失在雪中无法寻找。

❺离开庇身所时要做好记号以免自己回来时找不到庇身所的位置。

寒冷地区水源的获得

在寒冷地区，水源的获得和其他地区一样重要，根据你所在的位置和时间，你有很多方法来获得水源。无论你用什么办法来获得水源，都要选择一个尽量远离庇身所和人类产生垃圾的地方来取水，并保证团队中的所有人都知道哪里是取水点，以免水源受到污染。在寒冷的地区，睡前不要喝过多水，因为那会导致你半夜从睡袋中爬起来上厕所，这会消耗身体的热量。

》河流、湖泊等

在夏季的白天，靠近海岸线的冰河会融化，而一些淡水湖泊、池塘中的未结冻的水也是可以饮用的，但一定要先过滤、净化后再饮用。夏季，在冻原地区还可能会发现呈棕色表面的水，在饮用前要经过净化和过滤。

如果能够找到可饮用的自然融水，就不要去自己融化冰雪来饮用，因为这样不仅费时费力，还会浪费宝贵的燃料。

》冰雪融水

尽管当你运气好时可能会找到自然融水，但在寒冷地区，你通常需要融化冰雪来获得饮用水（融化冰雪获得饮用水的方法详见第六章）。极地地区的水源一般要比其他地区卫生一些，但为保险起见，还是要净化后才能饮用。

不要试图用嘴去融化冰雪，那会让你冻伤并消耗体内的热量，严重的情况下还可能会导致体温过低，在饮用冰雪融水之前，要确保它们已经完全融化。

一定要寻找洁白、纯净的冰或雪来融化饮用。如果既能找到冰又能找到雪的话，就融化冰，因为冰比雪融化得更快并且同样体积的冰和雪，融冰所得的水量更多；如果没有冰，就选择较密实的雪来作为水源。

》水的储存

由于雪是较好的绝缘体，因此可以将水放在一定深度的雪下，这样即使气温比较低，瓶中的水也不会完全结冰，放置水瓶时要将水瓶倒置，这样即使瓶底结冰，你也可以从瓶口喝到未结冰的水。

寒冷地区食物的获得

寒冷地区的食物资源匮乏，但你还是可以通过一些常识来找到食物的。

》植物

在寒冷的地区，你很难发现植物的踪影，但如果运气好的话，你还是能找到一些可食的植物。云杉、松树、极地柳的皮和嫩芽都可以食用，你也可能在海岸线上裸露的岩石上找到一些地衣和苔藓，但在食用它们之前要煮熟或烤软。

极地区域的大多数植物是可以食用的，但也有一些植物是有毒的，你要选用那些确定可以食用的食物来食用，如果不能确定植物的可食性，就用植物可食性测验来测试一下（详见第七章）。

》动物

在寒冷的地区，你也可以找到一些动物。在南极，你可以找到企鹅，它们是可以食用的；你可以在北极海岸地区发现北极熊，但它们是十分危险的，除非万不得已，否则最好还是远离它们，而北极熊的肝脏中含有大量的维生素 A，是不能食用的；海豹和海象也能为你提供必要的食物来源，射杀它们时最好是将其杀死在冰面上而不是水里，否则你需要费很大的力气才能将它们从水中拖出；在一些寒冷的地区，你还能找到驯鹿、麝牛、麋鹿和驼鹿，有时还能碰到狐狸和狼，但不管你捕猎何种动物，都要小心；在一些地区的夏季，你可以从海岸边、小溪里、河里或湖里抓到鱼类或者其他水生动物来食用。

当你捕捉到猎物之后，要趁猎物还温热时将它们剥皮、屠宰，否则猎物很快就会冻硬，如果没时间将动物剥皮，至少要去掉猎物的内脏、味腺和生殖器再进行储存。

寒冷地区可能遇到的危险

在极端寒冷的环境下，你可能会遇到很多危险，如果能事先对危险有一定的预估，也许就能降低这些危险带来的伤害。

》身体伤害

在寒冷地区要面临的最大挑战就是低温的环境。低温的环境可能给你的身体带来很多伤害，其中以冻伤和体温过低最为常见。轻度冻伤只涉及皮肤，深度冻伤则会影响到皮肤下的组织，如果皮肤灰暗，略呈白色或者手脚失去知觉，说明你已经患了冻伤。手、脚以及暴露在外的脸部最容易被冻伤，如果你有同伴，要不时互相检查一下对方有无冻伤；如果你是一个人，则要时刻注意自身的情况，并保护好容易冻伤的部位。如果你出现行动迟缓、身体协调能力下降、判断力减弱等症状，很可能是体温过低，为避免这种情况的发生，一定要注意保暖。

在寒冷的环境中，人体也会脱水，这是因为在寒冷的天气中，温暖厚重的衣服吸收掉你的汗液，而寒冷天气中你的排尿量也许会有所增加，这都会导致体内的水分流失。要确定自己是否脱水，你可以检查自己留在雪地上的尿液的颜色，如果尿液是浅黄或者无色，说明体内的水分含量处于正常状态；如果尿液呈深黄色，说明你已经开始脱水。要避免脱水情况的发生，应该及时补充水分。

在寒冷地区，有很多被冰雪覆盖的环境，在这种环境下长时间行进可能造成日光灼伤和雪盲。

在这种环境中，阳光会直接照射在你暴露在外的皮肤上，从冰雪上反射出的光线也会照射到这些地方，因此，你需要将暴露在外的部位涂上防晒霜和唇膏。

雪盲是强烈的阳光照射在冰雪上产生紫外线辐射引起的眼睛疾病，当你感觉到眼睛疼痛、流泪、发红、头痛时，就可能是出现了雪盲的症状。如果发生雪盲，要用纱布将眼睛包好直到症状消失，否则眼睛可能会受到永久性的损伤。你可以带上太阳镜来预防雪盲，如果你没有太阳镜，也可以用中间有一道切口的布片或树皮代替，将木炭涂在眼睛下方的部位也能降低雪盲的发生。

尽管处于寒冷的环境下，也要好好保持自身的卫生，才能保证身体健康。如果气温条件允许，你可以选择洗雪浴盐，即用雪来擦洗身体，同时你可以将衣服在阳光下晒一晒，还要记得定期清洁牙齿。

》物资匮乏

在寒冷地带的另一个危险是物资匮乏，在这种资源稀缺的环境中，你可以利用的东西相当有限。你可能找不到能够用来生火的材料，无法生火取暖，可能找不到食物来维持生存，这些都会对你的生存造成一定的威胁。要克服这些问题，一是要自己准备一些必要的用品，二是要积极开动脑筋寻找寒冷地带可用的资源。

》其他危险

在极地地区和冬季的山区，极端的天气也会制造出极端的危险。比如身处北极地区，由于冰雪不断融化、结冻，冰层变得异常脆弱，找出一条合适的路线是极其困难的。除了不断变化的冰雪，暴风雪和雪崩也是身处寒冷地区需要注意的危险。除此之外，也不要忘了寒冷地区的危险动物，如北极的北极熊等。

小/贴/士

在寒冷地区用火

野外求生时，火是一个很重要的元素，在寒冷地区更是如此，无论是烹煮食物还是取暖都要用到火，但在寒冷地区，不谨慎的用火也是十分危险的。

因为在寒冷地区搭建的庇身所很多是以冰或者雪来搭建的，如果没有控制好燃烧的火，很可能会导致辛苦搭建的庇身所毁于一旦。如果仅仅是庇身所遭到损伤还可以应付，如果因庇身所的融化坍塌造成身体损伤就十分危险了。因此，在生火取暖时不应与庇身所距离过近，另外在取暖或烘干衣服时，必须小心不要烧着或烤焦衣服和装备。还有一点要十分注意，那就是如果在庇身所中生火取暖，要注意通风换气，否则可能会导致一氧化碳中毒。

在寒冷的环境中，很可能难以取得生火所用的燃料，这时候你就要好好珍惜手中持有的材料了。一般来说，只要有很小的一堆火，就能够产生足够的热量来取暖或者加热液体，在封闭的避身所里更是如此，这能够最大限度节省生火的原料，当你燃料有限的时候，就不要轻易浪费。

14

第十四章 海洋求生

地球表面的大部分都被海洋所覆盖，有很多人滨海而居，依靠海洋生活，但是如果在海中遭遇意外是十分危险的。不得不说，海洋是一个极富挑战性的求生环境，本章中所指的海洋环境，不仅包括远海环境，还包括海岸环境。

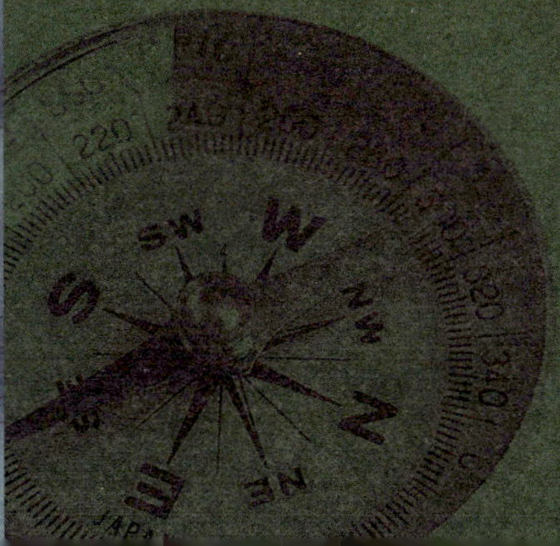

海洋地区的基本环境

地球表面71%都被海洋所覆盖，从极地至冷至寒的冰洋到热带温暖的地区都有海洋环境的存在，这种求生环境可以算是所有环境中最严酷和富有挑战性的了。

》远海环境

在远海环境中，你的行动很大程度上都要由海风和海浪决定，有时候，它们不仅无法帮你朝着正确的方向前进，还会带给你巨大的危险。在海洋中漂流，你可能无法建造一个合适的庇身所，因此，你必须忍受焦灼的阳光或者凛冽的寒风。在广阔无垠的海洋环境中，物资是十分匮乏的，最糟糕的是，你很难获得淡水的补充，在这样的环境中生存，很大程度上要依靠自身携带的装备。在这种情况下长期生存几乎是不可能的，你生存的希望只有寻找陆地或者获得救援。

》海岸环境

海岸环境有很多不同的种类（如沙滩、岩石海岸、峭壁、珊瑚礁等），但总的来说，在海岸环境中求生要比远海环境容易一些。海岸边缘地带有大量的动植物，这给你带来了丰富的可利用的求生资源，你或许还能够搭建一个庇身所来遮风挡雨，更重要的是，在这里你可能会找到淡水资源。

海岸地区的庇身所建造

在海岸地区，你还是需要一个庇身所来安顿自己的。你可以利用潮汐带上岸的漂流物给自己在海滩搭建一个庇身所。

❶在涨潮线以上的海岸上选择一个位置，挖出一个壕沟，其大小要足够容纳你的身体和装备，深度要让你翻身时不至于感觉困难。

❷找两根与壕沟长边等

长的浮木，在浮木上堆上石头和沙子等。如果没有找到较长的浮木，可以将短的浮木排成一排。

3找一些长短相近的短木平行搭在两边的两根长浮木上，将一些细的树枝固定在浮木架子上，一定要固定住，注意要留出入口的位置。

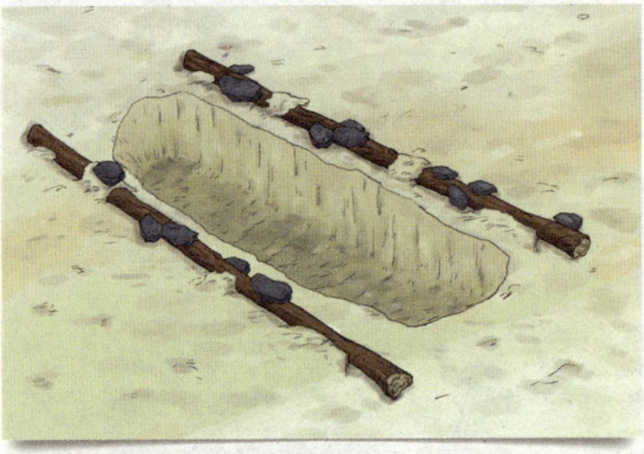

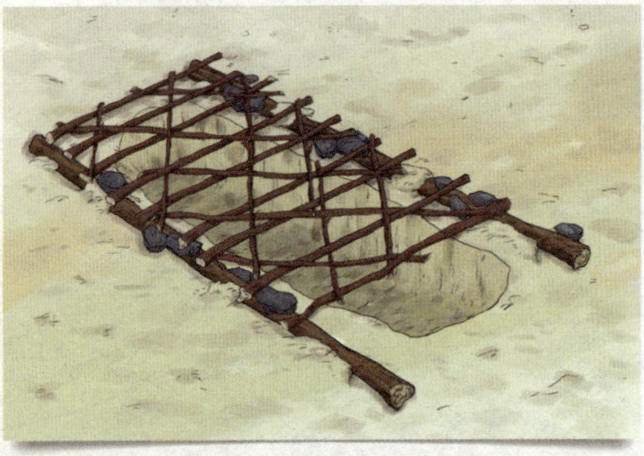

4将防水布盖在搭建好的架子上，上面用石头压好。如果没有防水布，你也可以寻找海岸上的树叶（如棕榈树叶等），将树叶密实地盖在搭建好的架子上来代替防水布。

5在防水布上均匀地铺上一层厚厚的沙子，注意不要将架子压垮。

海洋地区水源的获得

和沙漠环境一样，在海洋环境中寻找饮用水也是十分困难的。然而与沙漠环境不同的是，在海洋中，你的周围都是水，但这些水却是不能喝的。不过有一些办法能让你收集到一定的淡水或者将不能饮用的海水转化成淡水。

》收集淡水

如果你在海洋中航行不幸遭遇海难而只能依靠救生筏来求生时，你就要仔细考虑一下如何获得饮用水的问题了。尽管救生筏上一般都储存有一定量的饮用水，但

对于可能需要长期漂流的你来说，并不能满足需要。这时你可以通过接雨水来为自己收集饮用水。大多数的现代漂流筏都带有雨水收集系统，它能够帮助你收集救生筏表面的雨水和露水，使之流入救生筏内的集水器中。如果你的救生筏没有此系统，你也可以用防水材料制作一个类似的装备，只要在下雨时将防水材料向上展开呈碗状，你就能收集到一定量的雨水，你还可以用海绵收集救生筏表面的露水，然后拧出。

》处理海水

如果你有能将海水转化成淡水的装备，那真是再好不过了。太阳能蒸馏器能够利用太阳能来蒸馏海水。放在容器底部的海水在从透明的塑料布射进来的阳光作用下蒸发，在塑料布顶部冷凝成纯净水并滴流到两边，然后通过一根管子收集。现代救生筏上的大多数蒸馏器都是可充气的。还有一种叫作反渗透泵的手动设备可以在高压下抽取海水，并通过一层薄膜过滤出盐分获得淡水，这种装置根据型号的不同，性能也

有一定的差异。如果你身边没有现成的海水处理装置，你也可以自制太阳能蒸馏器或者利用吸水材料来收集蒸馏淡水（制作方法详见第六章）。

》利用自然资源获得饮用水

尽管海洋地区的资源匮乏，但你还是能够从自然环境中获得一些资源来补充水分。北冰洋中古老的海冰几乎是不含盐分的，这种冰呈浅蓝色且容易裂成碎片，而新冰则坚硬并且呈灰色，但是由于靠近冰山十分危险，如果不是万分危急，最好不要用此法取水。

大鱼的脊柱和眼睛中的液体可以饮用，海龟的血液也能够饮用，必要时你可以从这些动物身上获得水。

海洋地区食物的获得

在海洋地区，你可以依靠海洋生物为食，但如果你对它们的习性一点儿也不了解，恐怕获得食物也是十分困难的。

》远海地区食物的获得

在远海地区，你的主要食物来源是鱼类。如果你没有钓鱼的装备，你可以用自己手边的工具来自己制作（详见第七章）。如果你有能够发光的设备，不妨用来在夜间吸引鱼，留心你的船底，这些能够遮挡阳光的地方可能会有可食用的海洋生物。在抓鱼时要小心不要被鱼线或者鱼鳍等所伤，不要冒着翻船的危险去捕捉大鱼。如果你所在的地区气候比较温暖，你在抓到鱼之后就要马上处理，将不需要的部分丢入海中，留下一些鱼的内脏作为捕鱼的诱饵，将吃不了的鱼肉晾干保存。有一些鱼是有毒的，你需要小心观察以避免误食。

除了鱼类之外，海鸟是远海环境中不错的食物来源。因为海鸟可能会在你的船上休憩，你可以设置陷阱来捕捉海鸟。如果你看到海藻，可以将其捞起食用，然而海藻是咸的，如果你没有足够的饮用水，就不要多吃。看见海藻说明你离陆地不远了。

》海岸环境食物的获得

在海岸地区，你有很多食物可以选择，鱼类则是不错的食物来源，但要小心有毒的鱼类。在海岸地区，你通常可以找到很多能够食用的软体动物（如章鱼、海螺、蚌类等），其他的一些海洋动物（如螃蟹、龙虾、藤壶、海胆、海参等）也都是能吃的。有时你可以在海滩上找到海鸟的巢穴，你可以取得鸟蛋来食用。海草通常比较咸，如果你有足够的饮用水，也可以尝试食用它们。

海洋地区可能遇到的危险

在海洋地区这一特殊的环境中，有许多危险是在其他地区不会遭遇到的，这些危险可能会让你的求生之路变得十分艰难。

》饮用水的缺乏

对于所有在海洋地区求生的人来说，获得饮用水都是一个大问题。因为你很难找能够提供大量饮用水的水源，你应该根据目前拥有的水量，能够利用器具产生的水量和所有人员的身体状况来制订一个供水的计划，以保证水的供应。注意保存淡水资源，使之不被污染或者蒸发。千万不要试图饮用尿液或海水，也不要在饮用水缺乏的情况下吃很多东西。

》天气和风浪

海洋地区的天气瞬息万变且无法预料，这将给你带来巨大的危险，在海上尤其如此。在波涛汹涌的海上，你需要保证自己的船只不被倾覆，在面对大风浪时，你可以将船头迎着风的方向，从海浪上越过，如果你的船上有海锚，可以将它放下帮助你迎击风浪，要时刻警惕随时会发生的变化，因为海流会对船和海锚的性能产生一定的影响。

》身体不适

在海上漂流时，最可能让你产生不适的就是晕船。晕船会使你身体疲劳，会严重消耗体内的水分，它还会影响你的求生意志，这无疑是十分糟糕的。如果你有晕船药，最好尽早服用，并在恶心症状消失之前，不要吃任何东西。

在海洋环境中，你不仅要面对太阳光的直射，还要面对水面对阳光的强烈反射，为了避免眼睛因光而失明或者皮肤长期暴露在强光环境下被灼伤，你应该戴上墨镜，遮盖好皮肤和头部，并尽量待在有阴影的地方。

在炎热的天气状况下，你可以用海水弄湿衣服，这能够帮助你降低体温，还能避免皮肤由于长时间的暴晒引发脓肿和皮疹。不要过度消耗体力，尽量休息，及时补充水分以避免中暑。在寒冷的环境中，你应该注意保暖以防止冻伤和体温过低的情况发生。

在海洋环境中，也存在着许多可能对你造成危害的生物，如有毒的海蛇、凶猛的鲨鱼等，因此你需要仔细观察周围环境，避免受到伤害。

》不能及时获得救援

在海洋环境下，如果你不能获得及时的救援，很可能会陷入危险的困境并迅速